2014 年 8 月 19 日 于伟校长在就职仪式上讲话

欢迎一年级小学生入学

石中英教授等教育哲学专家在附小参观考察（2015）

基于"率性教育"理念的小学教育教学改革研究与实践荣获国家级教学成果奖二等奖

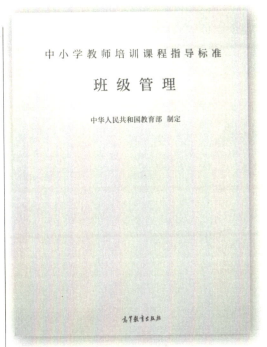

于伟校长主持制定的《中小学教师培训课程指导标准（班级管理）》（2020）

佐藤学教授访问东北师大附小（2017）

叶澜教授访问东北师大附小（2018）

李政涛教授等专家学者参加东师附小教学研讨（2018）

于伟校长在第二届批判教育学国际学术研讨会上与 麦克莱伦等学者讨论（2018）

在第四届全国儿童哲学与率性教育高峰论坛上作学术报告（2018）

与研究生在一起的每周一次研究交流

与孩子们在一起

于伟校长在课堂听课

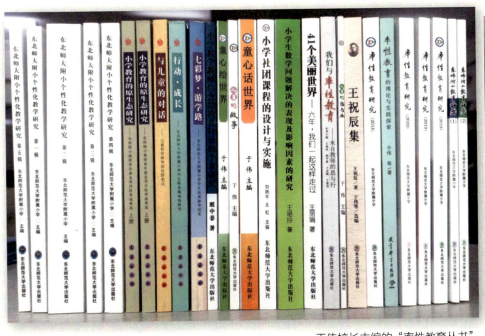

于伟校长主编的"率性教育丛书"

在六年级毕业典礼上讲话（2021）

从书斋走向田野：
率性教育行思录

YUWEI ZHU

于 伟/著

CONG SHUZHAI
ZOUXIANG TIANYE
SHUAIXING JIAOYU XINGSILU

北京师范大学出版集团
BEIJING NORMAL UNIVERSITY PUBLISHING GROUP
北京师范大学出版社

图书在版编目(CIP)数据

从书斋走向田野：率性教育行思录/于伟著. —北京：北京
师范大学出版社，2022.7(2025.8重印)

　ISBN 978-7-303-27759-9

　Ⅰ.①从…　Ⅱ.①于…　Ⅲ.①小学—教学研究
Ⅳ.①G622.0

　中国版本图书馆 CIP 数据核字(2022)第 013732 号

CONGSHUZHAI ZOUXIANG TIANYE:SHUAIXINGJIAOYU XINGSILU

出版发行：北京师范大学出版社 https://www.bnupg.com
　　　　　北京市西城区新街口外大街 12-3 号
　　　　　邮政编码：100088
印　　刷：北京虎彩文化传播有限公司
经　　销：全国新华书店
开　　本：710 mm×1000 mm　1/16
印　　张：19
字　　数：264 千字
版　　次：2022 年 7 月第 1 版
印　　次：2025 年 8 月第 3 次印刷
定　　价：68.00 元

策划编辑：郭　翔　　　　　责任编辑：刘　溪　郭　翔
美术编辑：焦　丽　　　　　装帧设计：焦　丽
责任校对：张亚丽　　　　　责任印制：马　洁

不忘初心

今天，是我来到东北师范大学附属小学（以下简称"附小"）工作整 4 年的日子。最好的纪念是回顾反思，回顾反思的主题就是不忘初心。

第一个问题是教育的初心是什么，教育到底为了什么，我们如何来思考教育。叶澜老师讲，教天地人事，育生命自觉。海德格尔讲天、地、人、神。史宁中教授认为人与工具的关系很重要。现在都在讲核心素养，那么这个时代需要什么样的核心素养？我们可以从四个维度看看。

第一，人和自然的关系。我们的文化传统和哲学传统里经常谈天人合一，说到底这和我国长期处在农业社会阶段有关系。人和自然的关系，现在尤其突出，这和教育有密切关系。从幼儿园到小学，孩子们有什么样的自然观很重要，我们期许孩子们能把自然的一切看作一种恩惠，能够用节俭的目光看待自然给我们的一切。在西方发达国家这已经成为潮流，如日常生活中尽量用一些可循环使用的环保材料，购物用布袋，垃圾分类，节约能源，少开汽车，倡导步行、骑自行车，但我们国家现在做得还不够。从小做、人人做才有希望。如何处理好人与自然的关系，应是教育培养人核心素养的重要方面。因此附小的孩子们开展诸如垃圾分类的一些活动非常有意义。看一个城市、一所学校的文明程度、发展水平，不是看楼多高，而是看最不起眼的地方做得怎么样，比如下水道怎么样、操场怎么样。就是那么一个不起眼的地方，才能看出水平。显然从人和自然的角度反思，我们发现自己还是存在差距的。我们不能盲目地简单讲我们如何厉害。如果人们真把自然征服了，大概也是人类灾难来临之时。

第二，人和他者的关系。这是老问题了，荀子讲"群"，人能"群"。赵汀阳也非常强调共在、共可能。过去我们有"群育"的专名，有中国特色。潘光旦先生的一个重要贡献就是倡导"群育"。台湾地区现在还称为"群育"，这实际是民国时期保留下来的叫法。"群"的思想重要，实际我和他者的关系不仅仅是我和某个人的关系，也包括我和"群"的关系，这里包括我们和其他国家的人的关系。所以核心素养，也包括我们对不同种族、不同民族、不同国度的人们的理解。过去我们叫国际理解教育，其实还不能仅仅叫国际理解教育，也可以称为理解他者的教育。他者包括不同民族、不同文明、不同信仰、不同国家的人，怎么理解他们、怎么与他们相处，这是我们要想的，所以有人说我们附小的孩子到国外去能够比较好地处理和外国孩子、老师的关系，显然与家庭和学校的长期的他者教育熏陶有关系。

第三，人和内在自我的关系。我们经常说人和自我的关系，实际上就是人和内在自我的关系，就是如何看待自己，现在变得越来越重要。过去基本上讲"我们"、讲"群"，很少想也很少讲自己，讲"大我"不讲"小我"。从人类看是这样，中国亦是如此。从人类这几百年来看，"小我"重要了，个体重要了，这也有问题。当从"大我"走向"小我"的时候，个体是变得重要了，同时个体也变得很孤独了。过去在农村、在街道，住平房、住土房，是和他人在一起，共在，没有多少隐私。但有一个好处，孤独比较少，因为没有时间孤独，没有空间孤独。现在人为什么心理问题突出了呢？和社会环境变化有关系，和竞争有关系，和时空的变化有关系。在达不到温饱时，根本没有精力关注自己、关注"小我"。温饱无忧了，就有沉思的时间了。所以我们说到核心素养，一定要涉及"我"意味着什么，因为"我是谁""从哪里来""到哪里去"还仍然是一个需要回答的难题。

第四，人和工具的关系。我们要考虑人和工具的关系。这是一个非常重要的视野，不论是人类历史发展阶段的划分，还是其他角度的划分，大概都涉及工具。旧石器时代、新石器时代、青铜器时代、铁器时代、蒸汽时代、电气时代、原子能时代和现在的"互联网＋"时代都是如此。工具确实改变了人存在的方式。

这四方面对我们思考教育问题，对反思附小的改革发展有意义，对我们思考核心素养有意义。

第二个问题是人意味着什么，儿童意味着什么。这也是 4 年来我特别关注的。

人从哪里来？我十分关注进化论以及相关的基因论、进化心理学、神经教育学。读了《三联生活周刊》2017 年第 23 期刊载的《中国人从哪里来？》(袁越撰写，文字长达近百页)，我深受启发。作者看了大量的文献，大都是英文文献。我们经常说不忘初心，对我们来说很大的一个问题就是人是从哪来的，人意味着什么，人类意味着什么。人是教育的一个重要出发点。研究人重要，研究教师重要，研究儿童更重要。人很重要，我看一个材料说人类存在 500 万年，我现在用的是比较保守的数字——300 万年，如果一代是 20 年的话，现在的一个孩子身上至少承载着 15 万代人的基因和经验。所以附小新学期开会的时候，我要讲这个观点，就是当你看某个孩子不可思议的时候，我认为是可思议的。因为你只看到了巨大冰山的一角。我们有共同的基因，基因还有变异，每个人基因有差异，经验也有差异。人从哪里来？人类从哪里来？看起来离我们很远，其实就在我们身边。我们每一个人都是幸运儿，我们身上都承载着 15 万代人的基因和经验。

儿童意味着什么？我重点看了三本书。第一本是艾格勒·贝奇、多米尼克·朱利亚主编的《西方儿童史》，中文版近 1100 页。第二本是阿利埃斯著的《儿童的世纪：旧制度下的儿童和家庭生活》。第三本是恩格斯的《英国工人阶级状况》。看完这三本书后的感受是，我们现在的儿童是幸运的。为什么这么说？因为我们今天难以想象过去的那个时代儿童意味着什么。我们看到了今天儿童的幸福，但是我们好多人没看到昨天儿童之不幸，甚至极其不幸。1844 年，24 岁的恩格斯写的《英国工人阶级状况》，详尽地调查了英国的工人阶级和儿童的状况。在曼彻斯特，工人的孩子有 57% 以上不到 5 岁就死掉。现在我们的婴幼儿死亡率非常非常低。我们有的同学不知道，以为人类自古以来都像我们一样，婴幼儿基本都没有夭折的。看一看《西方儿童史》，从这一条来看不能说人类不是进步的。那个时候人的平均寿命是很短的，现在平均寿命在 70 岁以上。不回顾过去不行，我们看问题要有历史感。

过去的儿童干什么？在夸美纽斯那个时代，一半以上的儿童是童工，还有相当多的儿童在流浪，因此教会办了很多学校，目的是收养，也是为了培养信徒，然后再学点字，所以过去的学校和今天的学校不是一个概念。过去的学校不像我们今天是统一年龄的，在 19 世纪以前，还没有我们这样的学校。那时一个班有 8 岁的，有 18 岁的，甚至有 28 岁的。我们现在这样整齐划一的学校出现也就 100 多年，所以我们对学校的理解、对教育的理解，不能仅仅从今天来看。现在的学校仅仅存在了几十年上百年，但人类的教育已存在几千年了。所以我们要研究学校意味着什么，回到最初意味着什么。在人类历史相当长的时间里，在绝大多数时间里面，儿童的命运是悲惨的。到了 19 世纪，有 70% 的人活不到 15 岁，有的活到了也没有改变多少命运。就像恩格斯讲的，在工厂里面做工，有的孩子过早地死去了，因为劳动保护的各种条件有限。现在有的孩子命运也不好，从世界来看，凡是有战乱的地方，最遭罪的是孩子；某些国家还有童工，还有受虐待的。当我们看附小的教育和中国的教育的时候，不要忘了国际视野和历史视野，不然我们看到的仅仅是鼻子底下的当下。就像看一个孩子的时候，不要仅仅看他现在的状态，还要想到他身后支撑着他的 15 万代基因与经验。

我还想到了有几本书的观点和这个有关系，如布尔迪厄的《世界的苦难：布尔迪厄的社会调查》，保罗·威利斯的《学做工：工人阶级子弟为何继承父业》，他们的观点和恩格斯的观点有些是一脉相承的，工人阶级子弟为何继承父业？为什么不想学了？为什么要反抗？那时候恩格斯在反思为什么贫困人口会犯罪、会吸毒、会酗酒，我们现在也要思考这样的问题，因为当今世界上还有这样的问题。我们要从这样的视角看问题，看看福柯写的《规训与惩罚》，福柯笔下的法国儿童是什么样的。这样当我们再看到"儿童"两个字的时候就会有历史感，而不仅仅只是现状的描述。

附小的孩子是比较幸运的，至少在学校的课堂里还是比较幸运的。我承认现在的孩子也有命运不好或者遭遇苦难的时候，比如有的孩子休息时间少、娱乐时间少、游戏时间少、自由时间少、自由选择较少，有的身心状况也不是很好。因此我们确实要从历史的视角来看现在的孩子，从这个意义上讲，孩子们的生活没有我们想象中的那么幸福。自由是幸福的前提，现在的孩子没有自由又哪有幸福，难道长得胖就幸福吗？吃得好并不一定就幸福，孩子过得幸福还应该有更大的自由空间、有更多的选择和尊严，这很重要。在现在的教育中，对孩子不够尊重的情况还是存在的。

孩子们很不容易，他们每天都在接触新东西，都在学习，我们成人为什么还不满意？我们不要随便打孩子，打了之后孩子会有逆反心理，孩子怎么做都不对，父母都不满意，有的孩子干脆就破罐子破摔了，什么都不好好做了。有的孩子 15 岁之后一旦跟父母彻底闹翻，父母就没办法了，因为孩子已经彻底逆反了，甚至还离家出走，因为他们觉得回家没有温暖，没有肯定，都是否定。就像《学做工：工人阶级子弟为何继承父业》这本书中体现的，因为工人的孩子上学也当不了官、赚不了大钱、当不了贵族，也没有尊严，所以干脆就当混混。这种状况不光发生在 18、19 世纪，也发生在当代西方，所以我们不能把"保护天性"当作是一句空话，它涉及的是孩子的未来。孩子的天性得不到保护，孩子可能就没有尊严。

这几年，我还关注了研究儿童的其他著作：一是皮亚杰的；二是维果茨基的，最近我买了九卷本的《维果茨基全集》；三是丰子恺的，已经买了他的五十卷全集，丰子恺从艺术家的角度深入地走进了儿童的世界；四是儿童哲学，这是四年来我始终关注的，关注儿童哲学有助于我们走进儿童的精神世界，去思考"儿童是怎么想问题的""如何尊重儿童的思考"等。

第三个问题就是哲学何为，理论何为，即哲学能做什么，理论能做什么。多年来我们一直关注赵汀阳，赵汀阳是位很值得我们关注的哲学家。哲学能帮助我们思考根本的问题、原初的问题，然后寻找出新的问题，就像我是谁、从哪里来、到哪里去等。在今后的研究中，以下几个词很重要：第一个词是"可能"，这和"应该""必须"是相对的。第二个词是"偶然性"，这就意味着不去简单否定偶然性。其实在儿童教育里，儿童最怕"应该"也最怕"必须"，孩子喜欢的事物，父母和老师需要给他们空间，孩子也喜欢选择。我们现在吃饭都知道要去吃自助，过去没有条件能吃饱就不错了。如果有条件，可能好多人都喜欢过高质量生活，高质量即意味着你有一定的选择，当然也意味着你失去了不少选择。第三个词是"创造"。好的教育、率性教育的未来要考虑这 3 个要素：可能、选择和创造。我们能给孩子的发展提供什么可能？提供什么选择？提供什么样的情景让他去创造？可以这么说，孩子每天都在创造，孩子走的每一步都是创造，画的每一幅画都是创造，还有写诗，对于孩子来说，这些都是原创，附小老师孙劼做的一些探索很有意义。如果非要按照成人标准来要求孩子，那孩子就没有诗，也没有远方了。如果我们能够把标准降一降，让标准符合孩子们的实际，孩子就有诗和远方了。所以赵汀阳的"可能""选择""创造"三个词非常好，有了这三条，孩子们才可能有幸福的生活、美好的生活。有选择的生活、有可能的生活、有创造的生活，才可能是幸福生活；没有这些的生活可能是机器的生活，可能是宠物的生活，可能是奴隶的生活，但不是有尊严的生活。因为哲学中一个很重要的词是"不"，是否定词，在教育中我们是否允许孩子说"不"呢？附小的孩子是可以说"不"的，但还不够。

亚里士多德在《形而上学》第六卷中将人类的知识（episteme）分成三类①。第一类是思辨的科学的（theooretikee），即对自然的研究和沉思，自然科学的好多方面都是这个立场的，我们对自然的研究和沉思，大概都属于科学意义上的。第二类是实践的（parktikee），包括伦理和政治，都是为了"善"的目的而改变对象的活动，如政治实践，涉及城邦管理的智慧和技艺，教育就是典型的一种实践，因为教育的目的是使人向善的。第三类是创制创作的（poiccsis），这种创制不但是用砖石造房屋，也包括用文字来作诗，所以诗人称为 poietes。教育一方面是实践之思，另一方面是创制之为。教育应该是实践行动，创制之为，还要加上反思。一名优秀的教师，不仅要有创制之为或者叫创制之能，即基本功、教学艺术，还要有实践行动，即从"教"的本义来看教育是使人向善的活动。第 24 届世界哲学大会的主题——"学以成人"，成人的目标显然是向善的。我们过去说"教以成人"，现在强调"学以成人"，当然这个"学"是广义的。《论语》中的《学而》是第一篇，这可能是偶然，也可能是必然。所以教育能够帮助学生，帮助儿童在未来进行选择是很重要的，因为选择涉及善和恶，选不好就是作恶，选好了就是向善。作家柳青在《创业史》中说：人生的道路虽然漫长，但紧要处常常只有几步，特别是当人年轻的时候。

《周易》的思想贯穿着三个词：第一个是"变易"，变化之意；第二个是"简易"，大道至简；第三个是"不易"，即天地确实有千变万化，但是唯一不变的就是阴阳转化。《周易》最核心的思想就是阴阳，是对立统一；生命在运转，我们经常说"时来运转，否极泰来"，好事未必就能好到底，坏事未必就一直坏。天有不测风云，总在变化，不变的是天天变。《周易》中的乾卦、坤卦、蒙卦、贲卦等，都有丰富的教育思想。《周易》很重要，它抓住了哲学的实质和人类面临的根本困境——预测未

---

① 汪子嵩、范明生、陈村富、姚介原：《希腊哲学史》第三卷，71 页，北京，人民出版社，2014。

来，人们为此困惑。《周易》体现了赵汀阳所说的哲学的本质，即对行动的思考，预测未来的目的就是行动。赵汀阳的《第一哲学的支点》就是行动，实际上人们每天都涉及选择。因此《周易》体现了哲学的根本精神，体现了中国智慧。

关于西方哲学，我最近读了三本书，一本是拉美特利的《人是机器》，这里有关于儿童和教育的思想，原来我只是翻了一下，没有深入地看，现在发现它不愧是名著，名著里边一定有深邃的思想。

第二本是梅洛-庞蒂的《行为的结构》，这本书实际上是他对心理学思想的反思，出版于 1942 年。梅洛-庞蒂对条件反射、对弗洛伊德的心理学等做了深刻的反思，他认为心理学要倡导有机论和整体论，不能就事论事。在这本书中，他大量引用了肯特·戈尔茨坦（Kurt Goldstein）著的《机体论》中的内容。梅洛-庞蒂在写完《行为的结构》后才写的博士论文《知觉现象学》。梅洛-庞蒂还深受格式塔心理学的影响，因为格式塔就强调经验与行为的整体性，要从整体看局部，从局部信息可以把握全部。人的知觉有一个恒常性的特点，从这个特性可以看出一个小孩的知觉发展水平，如果他能从局部信息认出整体，那就说明他的知觉发展水平提高了。

第三本是我又重新读的黑格尔的《哲学史讲演录》，这是根据他给学生讲课的笔记整理出来的。我重点看了第四卷，以及对洛克、莱布尼茨、卢梭等的看法。第四卷直接讲近代以来的哲学家，从培根开始，到康德，再到费希特……经典的书，开始读的时候一定会觉得枯燥，但读着读着就会感到有滋味了。比如开始读赵汀阳的书就会觉得很枯燥，但是再读就不一定了。赵汀阳有一套自己的概念体系，要是不熟悉就会觉得哪儿都陌生，但是如果硬着头皮读下去，这样同类的书就会越读越熟悉，越熟悉就会越愿意读下去。

今天围绕"不忘初心"主题，想到了一些问题，其核心就是要很好地把握我们思考的根本问题，如人（儿童）意味着什么，教育意味着什么。教育是使人向善的活动，学做人是教育的目标，所以我们要在天、地、人、工具或者天、地、人、我、物的大背景下重新思考我们的教育，重新思考率性教育。

教育学和医学很像：医学研究的重点不是医生，而是病人，是病状，病怎么形成的；教育学研究的重点也不是教师，教师是重要，但教师不是教育中第一位值得研究的。教育研究的主战场是教育的对象、内容和手法，而不是组织者。教师把孩子教好才是最重要的，所以最重要的问题是怎么才能教好孩子，教什么和怎么教，即儿童、课程与教学，还有德育。不是说研究教师不重要，而是说主战场应该在课堂、在活动、在儿童。要盯着儿童、盯着课堂、盯着活动，才有可能把教育研究明白，而不是仅仅盯着作为教师的自己。别人可以研究你，你也可以自己反思，主要是反思你对儿童的认识有多少变化，你的课堂教学包括对内容的反思，对自身行动表现的反思。作为研究者的教师和一般教师的区别就是研究型教师不是"教教材"，也不是拿着参考书备课，而是"用教材教"。附小就是这样，不拘泥于教科书和参考书。初中和高中可能还是没办法，总有考纲，按考纲做就好，教材的东西有些可以不讲。下一步各位无论是选题也好，思考也好，都要围绕着率性教育来做文章。我们是研究和践行率性教育的主力军，包括附小团队、在读的研究生以及学部的团队等。

基础教育国家级教学成果奖是政府和专家们对附小率性教育的肯定，今天是未来附小率性教育的再出发。我们要起草一个行动纲领，规划一下未来几年我们应该做些什么，我们现在比四年前对率性教育的理解、实践和认识要深入多了。我们也不想轰轰烈烈，只是想进一步改进，一步一步地做，只是想让孩子们成长得更好，就像叶澜老师说的"教天地人事，育生命自觉"。"生命自觉"就是要让孩子学会在可能的世界里选择和创造，时时看自己的选择，时时有自己的创造，这就是生命自觉很重要的内涵。"自觉"就意味着清楚"我是谁""我从哪里来""到哪里去"等问题。所以高更的《我们从何处来？我们是谁？我们向何处去？》的画作就很厉害，李泽厚把他最重要的理论精华浓缩在《人类学历史本体论》一书中，他选了高更的这幅画作为该书封面。这幅画画出了人类的困惑，是高更在 100 多年前的画作。李泽厚不是随便选画的，作为美学家的他选的都是有深刻寓意的。李泽厚说，这本书就是想为人类破解这些难题提供一点思考。

从附小的培养目标来看，我们是要为培养走在时代前列并肩负起天下兴亡的合格公民奠定基础的。我们要有这样的社会责任感，要有危机感，要守一望多，立足自己，放开眼光。

（本文为作者于 2018 年 8 月 19 日与附小团队、研究生团队交流实录，是为序）

于伟

2021 年 9 月

第一章　角　色

担任东北师范大学附属小学（以下简称"附小"）校长不仅意味着自己的工作重心第一次走出大学，更意味着要重新回到管理者的角色，从实践者的角度重新考虑学校面临的政策环境、复杂的社会关系以及众多现实状况，然而这并不是我最担心的事。我最担心自己如何对附小的学生负责，如何对附小的教师负责，以及如何对这样一所有全国影响的优质小学的未来负责。这当然也是我家人担心的事。但这是组织上的任命，必须服从。最终，我怀着对家人的愧疚以及对未来的迷茫和无助，忐忑地接下担任东北师范大学附属小学校长的任命，开始了从大学教授到小学校长的角色转变。

一、一个理论工作者的实践本领恐慌

大多数的教育理论工作者都曾有过到小学任教的梦想，尤其是在获得一些理论进展的时候。我也不例外，很久以前我就想过去小学当一名语文教师。我设想自己可以凭借丰富的知识以及多年修习的理论素养，给学生们讲传统、讲文字、讲生活。孩子们一定很喜欢听，我也一定是一位优秀的、与众不同的小学语文教师。但是和其他持有这样想法的理论工作者一样，我也仅仅是想想，并没有付诸行动。事实上，这种幻想要么是对自己理论研究运用到实践的自信想象，要么是在渴望一种闲适的生活状态。当我真正准备踏入附小，成为一所小学的第一负责人时，内心更多的是恐惧。

(一)因缺乏实践经验而慌乱

做一名普通的教师当然和做校长不一样，如果说对小学教师我还心怀幻想的话，对校长我更多是茫然和慌乱。过去的工作经历和工作性质使我十分重视"体验"。什么样的体验呢？我认为只有在物理空间中与对象有过现实接触的经历，确切地说是指在一个较长的周期内，亲自做过、切身体会并达至沉浸其中的经历，才可能真正称得上了解对象，才有资格管理对象或者服务对象。以我过往的经历为例，从事学生工作时，我和学生相处了 15 年，所以才能说自己了解青少年；担任远程与继续教育学院院长 5 年，让我有机会接触来自全国各地的校长和教师，所以才会在全国做那么多场教师教育的报告；担任了两年农村教育研究所所长，让我深入各地农村，所以才研究教育现代化和本土化问题。如今，没有做小学校长的体验，我不知道如何做好这个工作。不仅如此，我甚至没有做过小学教师。我认为自己当校长的资格是值得怀疑的，我也疑惑为什么学校领导会选择一位研究教育哲学的教授去担任小学校长，而不选择一位研究课程与教学论的教授。

在东北师范大学(以下简称"东北师大")教育学部期间，我的学术兴趣在现代性、后现代以及中国教育哲学史上，一直做的都是以文献为主的"大理论"。我的学术理想之一是梳理 1919 年以来中国教育哲学的发展，让那些淹没在历史长河中的人(如吴俊升、瞿菊农等)发声，并写出一本中国教育哲学史。我还希望研究清楚教育哲学的本质，让教育哲学为更多人所理解。这些研究有哪些能与小学相关，怎样相关，关联建立之后如何落实都使我犯难。我还记得，当我离开东北师大教育学部的时候，把所有儿童哲学的相关书籍都送给了学部的王澍老师。当时自己对前途一片茫然，一时还无法找到自己过去的经历和未来工作之间的连续性，似乎学术道路将要面临一次断裂。

职务调配的匆忙也使我没有足够时间详细调查附小的情况，更没有时间思考如何做校长。同时，我还面临着很多其他任务，包括与大学教育学部交接工作、考虑我的书如何处理、准备上任的发言稿等。这也体现了理论工作者面对实践的窘迫。理论工作者最不喜欢受人限制和催促。我们的习惯是抓准一个问题，广泛收集资料，对资料进行分析，贯通资料的逻辑，一切准备工作就绪后胸有成竹地慢慢酝酿动笔。但是实践是紧迫的，容不得三思而后行。

初到小学，大学交代的任务要完成，小学的事情又分外繁杂，要转换适应角色，一时忙乱异常，顾此失彼。正如布迪厄所说，实践具有紧迫性。[①] 我缺少相关理论，更没有历史经验，因此难以从容应对。

现在回想起来，自己在听到调任那一刻的反应，以及之后为当校长所做的准备，都只是一种直觉式的应对。我很清楚地知道实践不会给我足够的时间去做理性分析，类似这种措手不及的情况在以后的工作中还会多次出现。

(二)对承担责任的焦虑

当初我和家人最担心的问题是责任。担任附小校长，意味着我做的每一个决定都会对附小所有师生产生直接的影响。它不像教育理论对实践的影响是一个潜移默化的过程，需要很长的周期。

实践者常常面临的情况是：迅速决策、立竿见影。立竿见影之后，紧跟着的是对所有对象负责。责任对理论工作者，尤其是人文科学的研究者来说并不是一个值得过多关注的问题。只要我们确保不抄袭，论述有理有据，就没人苛责。再加上在理论研究中争论是常有的，多元化、个性化的理论阐释已逐渐为公众所接受。人们很少对纯理论进行对错划分，也极少对之进行利益权衡。但是对错、利益却是实践者最关心的问题。因此，从上任的那一刻起，我便时时承受着来自各界的评价。小学校长又是一个极其特殊的职业，它不仅面对的是脆弱的小孩、敏感的家长，而且还承载着祖国未来发展的希望。

东北师范大学附属小学是一所十分优秀的学校，无论是管理理念、师资队伍，还是在校学生，一直都得到社会的高度认可。我的到来，到

①　参见[法]布迪厄：《实践感》，蒋梓骅译，127 页，南京，译林出版社，2003。

底是带领附小奔向更高的发展层次，还是让附小退步，大家都在拭目以待，审视的目光落在我所做的每一个决定上。每一个决定都有一个现实的结果摆在眼前，每一个结果都会立刻直观地告诉你是对是错。在一所小学里，允许校长犯错的机会并不多。这是我以前从事理论研究从未遇到过的。

不仅如此，现在公众对教育的关注度空前高涨。新闻中报道的校园儿童伤害事件，也无形地给学校增加了压力。刚来附小的一个月，我几乎天天失眠，整天担心新闻报道的事发生在自己的学校。附小每天放学有几千人同时来接孩子，万一混进了坏人怎么办？因此，我和助手商量，让学校保安系统安装电子门禁。这才让我渐渐安心下来。

(三)为处理理论与实践的关系而茫然

责任担久了就成为一种习惯，慢慢地也不觉得是重负了。但是有一个问题却一直横在心中，那就是经久不衰的经典话题：理论与实践的关系。以前，我甚至很少认真地思考这个问题，因为从未想过将自己的研究成果直接应用到教学一线，这不是我的学术兴趣。但是现在我需要直面这个问题，而且必须解决这个问题。

到附小一个月左右，我就公开提出了未来计划在附小实行的教育理念——率性教育。很多同行也知道，率性教育来源于《中庸》开篇三句话，"天命之谓性，率性之谓道，修道之谓教"。这确实是一个从理论到理论的提法。在大学工作时我就十分认可这三句话。我国著名教育学家、东北师范大学教育系首任系主任、附属中学首任校长陈元晖先生，在 20 世纪 90 年代提出《中庸》是中国自己的教育哲学。[①] 教育哲学大家贾馥茗先生同样将《中庸》，尤其将开篇三句视为教育哲学的关键。[②] 我赞同二人的观点，深受其影响。同时我认为率性教育是有中国味道的教

---

① 陈元晖：《中国教育学史遗稿》，112 页，北京，北京师范大学出版社，2001。

② 在《教育的本质》一书中，贾馥茗对《中庸》开篇三句进行了详细的论述，她认为根据《中庸》可以推究教育的本质。

育。因此，提出率性教育完全是我本土化研究以及中国教育哲学史研究的延续。

这也正是问题的所在。我一方面承受着空谈理论、罔顾实践的嫌疑，另一方面还要应对来自内心的追问，即如何让师生接受率性教育理念，如何将率性教育实践化，其在实践中的效用怎么样。尤其是当初率性教育刚刚提出，其根基尚不明晰，理论解释尚未完成，将其运用到实践中的时机远远未到。

我想起多年前自己为其他中小学提炼办学理念的经历，那时是何其轻松、自信。我头头是道地告诉校长们，一要考虑学校的历史，二要考虑学校特殊的地域环境，三要考虑理念的独特性。我知道提出学校理念对很多校长来说是一件非常艰难的事，当时只知道特色理念难提，却不曾料到更难的是这空口提出的理念如何成为学校的灵魂，统摄整个学校的运行。

率性教育的理念实际上是速降附小的，但率性教育的实践在附小推行的速度却比我想象中慢很多。然而这并不是我担心的问题，因为来附小以前我就明确了在附小工作的重要原则是"传承、保守"。我没有功利心，也不愿意当官，所以并不追求快速、可见的成果。我担心的问题是，率性教育理念如何与学校教育教学工作融合，而不沦为口号和形式。我更担心的是，我的教育理论能不能经受住实践复杂性、随机性和突发性的考验。我从事多年并一直信奉的教育理论是在实践中生存、壮大，还是只能囿于理论世界，一到现实世界就完全错误？我还担心自己会因为率性教育理念在实践中的受挫，而失去了对理论的信心，放弃了理论，或者将理论限制在理论的世界，完全跟随实践来处理附小的工作，和其他校长没有什么不同，甚至更差。这无疑是通过我自己证明了教育理论和教育研究的无用。

我相信这也是很多人关注的地方，关注的人中，校长和做理论研究的学者是两个主要群体。校长们可能会质疑我做校长的资格，处理实际事务的能力。学者们则可能用不屑的眼光看我这个管理者。我的失败在校长们看来是迂腐脑袋，在学者们看来则是学艺不精。我深知身兼两个角色的尴尬境地，最大的恐慌便来源于此。一位大学教授任小学校长，身负来自两个方面的重任，一方面要证明自己的学术研究能力，另一方面要证明理论研究对实践发展的价值。

我知道一名教授意味着什么——它意味着有广阔的知识储备，有卓越的学术研究能力，在如今的社会环境下，其标志性的工作是做课题、发文章。但是我不知道一名小学校长意味着什么，我只知道这意味着我没有足够的时间读书，没有完整的精力思考，可能再也无法做"纯理论"研究。

教授和校长角色如何转换？我又将成为怎样意义上的小学校长？

二、个人生活和学术背景

我又想起自己当初的疑问：为什么领导会选择一位研究教育哲学的教授去担任小学校长？不管答案是什么，我各方面的经历也许使我可以担任小学校长的工作。我突然意识到这些"素质"将会是角色转变的关键。

(一)秉持善良　坚守理性

我生长在一个典型的北方家庭中，从小跟奶奶生活在一起，奶奶是一个热心、善良的人，时常帮助邻居解决困难，有时候甚至无法顾及家里。听父亲说，爷爷同样是一个十分重情义的人，他手巧，善于木工，为此挣了不少钱，这些钱大多接济周围的朋友了。长辈们与人为善、真心待人的品性对我的人格产生了十分重要的影响。正是他们，让我在工作中时刻提醒自己保持善良的本性，解他人之忧。

除家人外，我成长的社会环境也对我的个性产生了深刻的影响。我的童年是在吉林工业大学附属小学度过的，"文化大革命"在我的童年中留下了深刻的时代烙印。虽然当时我们只是一个旁观者，但每个人都不能超脱出来。这些经历经过岁月的沉淀，影响着我的生活和学术研究。我也试图理解那个时代，反思那个时代。

童年的经历还让我产生了对知识，更确切地说是对"知识人"和"学术人"的向往。我居住的地方出了一批很有名的人，有留苏回国的，有留美回国的，有从清华大学毕业的。他们研究农业机械、汽车地面力学，将老工大（原吉林工业大学，现吉林大学）的这两个专业提升到全国的顶尖水平。我还记得毕业于南开大学的宋玉泉先生[①]。他当时喜欢躺在他家的小床上听英语广播讲座。那时大概是 1974 年，我 11 岁。我记得很清楚，他当时给我拿了一本书，是诺贝尔物理学奖获得者密立根（R. A. Millikan）写的一本关于如何测量电子电荷的书。他跟我们说，"你们将来要读这样的书"。就是在那样一个氛围里面，我长大了，养成了愿意读书、坚持做学术研究的习惯。

回顾过去，独特的经历为我之后的成长奠定了一个秉持善良、坚守理性、永葆家国情怀的基调。它深深浅浅地反映在我做教授时所做的研究中：中国教育哲学史、本土化及后现代研究。这些经历当然不会到此为止，当我从一名大学教授变成一名小学校长时，它们依然会以缄默的形式影响着我在小学的每一个决定。

（二）亲近学生　慎思笃行

作为大学教授，我和其他教授最主要的区别在于毕业后长达 15 年的学生工作经历。我本科学习教育学，毕业后就留在了当时的教育系担任团委书记兼辅导员。20 世纪 80 年代的学生工作跟今天有很大不同，每个系的辅导员在学生宿舍都有值班室，基本上 24 小时都与学生在一起。那时的辅导员更像保姆，每天绝大部分时间都必须关注学生，以学生为注意力的中心。早上起床出早操，辅导员要去学生寝室督促，遇到赖床的学生还需要"拽"；学生上课出现旷课早退现象，任课教师会找辅导员反映，辅导员须查明其缺课原因；学生对食堂有意见或就餐发生争执，辅导员必须到场妥善处理；晚上学生自习或者就寝，辅导员也必须到寝室维持纪律；甚至放假，学生订不到回家的车票辅导员也得管。

---

①　宋玉泉（1933—2018），吉林大学教授，塑性变形理论专家，中国科学院院士。

后来我调到学生处的管理岗位，这时的学生工作开始强调方法和策略，以发展学生的自主自律能力为重心，注重辅导员服务和咨询的角色定位。针对学生工作中的种种问题，我们调查实际情况，然后上报学校领导，通过校长办公会决定，对学生管理制度进行相应调整。我亲身经历了学生工作由整齐划一管理向咨询服务和适度管理的转变，对于学生管理中过多的"一刀切"，不利于学生自主性和个性化发展的统一要求，有着直接的体认。

在长期经历学生们成长的喜怒哀乐之后，我和他们的关系更加亲密，也进一步理解了何为青年。青年的本质是批判者、革命者和诗人。他们总是对社会不满，总想着改进社会。著名的诗人骆耕野写过一首诗《不满》，深受青年学生喜爱，传诵一时。毛泽东也曾说："青年是整个社会力量中的一部分最积极最有生气的力量。他们最肯学习，最少保守思想。"[1]教育者应该理解、尊重并认可青年的活力、热情和宣泄。

关心学生更要研究学生，这是我大学时代的辅导员吴玉琦教授对我的嘱咐。当初留校，吴玉琦老师给了我三点建议，第一条建议就是让我要"写文章，搞研究"。大学的工作性质与其他机构不一样，大学里面研究是基础，读书是基础，思考是基础。我信奉吴老师的话，15年里收集了上百种中国、苏联、美国、日本的青少年心理学、青少年德育、青少年成长等方面书籍，集中研究了西方高校学生工作、大学生思维方式、大学生信仰等问题。我对这些问题的思考结果是，管理部门的职责首先是完善管理机制，明确管理职能，使管理法规化；其次是对学生组织进行政策性、实体化的指导性管理。学生管理应该由过去"大包大揽"式的行政化管理转变为"尊重学生自主性"的服务性管理。[2] 这一时期的工作经验以及基于此而形成的理论认识，为我接手附小的工作提供了指

---

① 中共中央文献研究室：《毛泽东思想年编(1921—1957)》，794页，北京，中央文献出版社，2011。

② 刘和忠、于伟：《西方高校学生工作及其对我们的借鉴启示》，载《外国教育研究》，1994(2)。

导和借鉴。吴老师给我的第二条建议是"要参与学校教学"。于是从留校开始我就到学校的德育教研室做兼职老师，给大一新生上大学生思想品德修养课。众所周知，德育是教育体系中最难的一部分。它的特殊性在于它不仅包括事实判断，还包括价值判断。这门课让我对课堂教学有了切身体验，学科的特殊性促使我研究学生兴趣，研究教学艺术。如何让学生喜欢德育，如何提高德育的有效性是我当时面临的主要问题。吴老师给我的第三条建议是"学英语"。这也是我坚持做的事。

在德育教研室里，我遇到了大我两旬的龚乐进①教授。龚老师是全国有名的德育专家，《中国教育报》曾整版刊载过他的讲座实录。他藏书丰富，知识渊博，思路敏捷，善于把握时代的脉搏和青年学生的思想热点。我读书、购书、荐书的习惯就是在龚老师的影响下养成的。除此之外，龚老师还促使我养成深入学生中、与学生座谈、调查学生思想状况的习惯。也是从那时候开始，我意识到了解学生思考以及兴奋点的重要性，逐渐形成教育的目的是研究人、服务人的想法。但是，这期间最大的转变是我喜欢上了哲学，这也得益于龚老师。

这十多年的工作经历，使我与学生建立起亲密感，将学生放在首位变成我的习惯，更赋予我在实践中思考、研究的经验。将学生视为一个个鲜活的人；切身体验与儿童的亲近感；关心儿童，尊重儿童，认可儿童，在繁重的工作中保持对儿童的喜爱，不忘却工作的初心。

学生工作经历还给我留下了另一笔宝贵财富，它让我对党和国家的路线方针政策有了基本了解。有人说过知识分子的责任是批判，我一度也跟着做，因为知识分子要有质疑精神。我的工作经历让我改变了这一想法。我不反对知识分子批判，也不反对知识分子要有独立人格、自由精神。但是我们不能忽略一个基本事实，教育是社会的一部分。只有理

---

① 龚乐进，1939 年生，湖南湘乡人。长期从事哲学和思想政治教育的研究和教学。1992 年起任全国教育工会主席，兼全国高校思想政治教育研究会副会长。曾在《人民日报》《哲学研究》《教育研究》等刊发论文 60 余篇，主编《教师的劳动、道德和修养》《人民教师的职业道德》《教师职业道德》，著有《素质教育下的教师道德》等书。

解整个社会的运转，理解国家的政策和行动，才能理解教育。

因为工作关系，我与政府部门的工作人员有过接触，也亲自参加了一些文件的起草和修订。一个文件的出台，往往要经过反复调研，上百次修改，尤其是国家的重要报告，起草的都是专业人士，再经过诸如教育部、中宣部等一轮轮修改审核，虽然最后的结果未必完美无缺，但不妨碍它传达大量有价值的信息。学者有学者的优长，集体有集体智慧结晶的优长，二者取长补短才能更全面地理解教育。忽略国家制度政策谈问题，容易飘在空中，变成浪漫的乌托邦。

2007 年我被学校任命为远程与继续教育学院院长，此后的 5 年，一直和来自全国各地的教师、校长保持密切交往。在研究他们的兴趣和需求的同时，我也通过他们了解到全国各地中小学教育改革的情况。这 5 年的经历使"教师"走入我的视野，他们由文献中抽象的符号变成鲜活的个体。当初微信上流行一句话："你教室里的每一个孩子都是某些人的整个世界。"我将它扩充为："你教室里的每一个孩子都是某些人的整个世界，教室里的每一位教师也是某些人的整个世界。"这种关照就是来源于远程与继续教育学院的经历。所以，我的心里有活生生的孩子，有活生生的教师，有活生生的校长，但缺少活生生的小学生活。事实上，我不必担心进入附小工作后会面对一个完全陌生的环境，我和它的联系早已通过以往工作丝丝缕缕地建立起来。

(三)本土情怀 传承致新

这种联系同样体现在我的理论研究中。我的研究兴趣是教育哲学，具体来说是教育的现代化和本土化及中国教育哲学史。我研究的教育现代化建立在对后现代主义反思的基础上，即我既认可理性、科学、主体性和发展等观点，也认可情感、体验、文化差异和个性化等主张。这些理论让我反思自己年轻时做学生工作的刻板，也让我不会在小学中重蹈覆辙。应该说，它们解放了我的思想，为我在小学中实行更人性化、更开放化、更符合学生个性的教育理念打下了基础。

基于我的中国化和本土化的情怀，最终我才发现附小甚至是我期待已久的机会。2006 年 11 月，我去中央党校进修学习了一个月，我来到了延安。在那里，我坚定了自己研究中国本土教育哲学家的信念。论理论、论学识，有不少人在毛泽东之上，为什么只有毛泽东指导中国革命取得了成功？我想其中最关键的因素是他对中国文化、中国农民及中国革命的密切关注和深刻思考。所以他当时提出的政策和策略才会深得民心，符合时代潮流，取得卓越的成效。中国的教育理论要取得如此成果也应很好地研究中国，研究中国农村，研究中国中小学实践。因此，附小对我来说实则是一个巨大的宝藏，它给我提供了最真实的、最长久的、最具有连续性的个案。这与我以往去中小学听课、观课具有本质的差别。

对哲学的浓厚兴趣，其实反映了我对人的关注。认识人是认识历史的一把钥匙。从走近一个人到走近一类人，是通向真理的一条道路，尤其是研究人文学科，一定要通过一个人来认识一条道路，来明确一个概念。因此，人在我心中始终处于首要地位。这一点是附小校长最重要的素质。这些理论和素养的积淀使我更能从历史的角度、从文化的角度、从李泽厚所说的文化心理的角度去了解附小。

虽然从前的经历在内容上与基础教育并无直接关系，但是通过这些经历而形成的学术素养和人文关怀却为我进入附小、认识附小、研究附小并发展附小打下了基础。

三、初任附小校长和角色适应

附小于我而言并不陌生，也不甚熟悉。1998 年，我的孩子到附小读书，我是附小家长委员会第一任主任。当时附小还是三层旧楼，后来一两年，学校开始改造，在我儿子四五年级时就建成了现在的 U 字形大楼。儿子回来告诉我们：“现在附小可严格了，入楼还要换鞋。”附小当初实行的“开放式·个性化”教学初步在我心中留下了印象。在此期间，熊梅校长多次举办活动，我也经常参加，对附小研究日本教科书，引进日本道德教育教材，修建开放式教学空间等都有所了解。但也仅仅是了解而已。那时附小在我眼中和其他小学一样，我对它的认识大多来

11

自校方宣传和其他人的讨论，获得的更多是办校特色以及在全国的声誉方面的信息，至于附小具体如何运行并不清楚，也不感兴趣。

2014 年 8 月 19 日，我以全新的角色第一次走入附小。在就职讲话中，我将附小定位于大学为基础教育服务的前沿窗口和重要基地之一，从国家政策和大学发展的角度对附小今后的发展提出了设想，即把内涵发展、提高质量作为附小发展的主线，切实推进特色发展、协调发展和可持续发展，以深化改革总揽全局，加快现代学校制度建设，坚持以学生为本、教师为重、制度为要、机制为先，坚持质量立校、依法治校、科研兴校、特色强校，不断提升附小的核心竞争力。这样的定位当然没有获得太热烈的掌声。如今我回过头看自己精心准备了一个月、参考多位专家意见、增删修改无数次的发言稿，一切都好，只是附小体现不够，缺少针对性，所以更多地只具有形式上的意义。对我而言，着手研究附小刻不容缓。

来到附小的第一件事就是了解附小的历史。我来到附小的校史室，看到了从附小建校至今所有校长，其中一个人引起了我的注意：王祝辰。这是我在 1986 年 9 月从教育系校友同学录上见到过的一个名字。我让附小的教育研究部收集有关他的所有资料，研究他的学术思想和对附小的贡献。研究附小历史是最先确定下来的，这是我在大学留下来的习惯。在大学做研究期间，由于力求写一部中国教育哲学史，我对中国本土，尤其是自己身边的、能够获取大量一手资料的教育家和教育哲学家分外关注。在大学工作期间，主要研究了陈元晖和王逢贤。场域转变后，附小历史上的人物就成了最先注意到的对象。因此，在研究王祝辰之外，我举办了两次老同志座谈会，邀请曾在附小任过职的教师畅谈附小的历史[不幸的是，有的参加座谈会的老教师，已经故去，如孙永智（1936—2015）、宋喜荣（1937—2016）]，为附小的未来建言献策，开展了附小史料征集活动，并以此为契机建立了"荣退教师活动室"。

了解附小的第二件事情便是体验。一所小学最重要的是教学，之前我怀疑自己没有资格做小学校长，最重要的原因是我对小学教学没有切身体会，因此弥补这个缺陷十分重要。于是，我开始频繁地听课，参加教师备课。在正式上任之前，我仔细看过小学语文和数学的课标，基本了解了这两个科目的要求和目标，听课也以这两个学科为主。在听课的过程中，我常常回想起史宁中校长（东北师范大学原校长，下文简称"史校长"）对我的嘱咐：附小孩子个性化、多元化发展已成常态，下一步的任务是要让孩子们学会沉思，所以你要关注课堂。如何让附小的学生学会沉思？沉思的课堂是怎样的？这些慢慢成为我思考的主要问题，也为我将来提出自己的教育理念埋下了伏笔。

史校长另一句嘱咐带有半开玩笑的性质，他担心附小的孩子和教师不喜欢我。我年纪大、头发少，孩子们都喜欢年轻帅气的，如何让他们喜欢我可能是一个难题。正如前面讲过的，过去的经历使我喜欢学生，尊敬教师，我猜想只要让他们看到我对他们的喜爱，自然也能获得他们对我的喜欢。我在附小的办公室紧挨着学生的教室。没来小学工作之前，我从来不知道小学生的精力有这么旺盛，一下课，孩子们就在地上滚作一团，嬉笑打闹声真能把楼顶掀翻。这种吵闹声和一般的噪声还不一样，它总是伴随着尖叫和大笑，震得人头疼欲裂。在附小工作，办公室的门不能关，我索性走到外面看他们打闹，给他们拍照，摸摸头，捏捏脸。最初他们也有点木然，后来熟悉了就主动走到我面前和我玩闹。现在校园里，看见我之后，吐吐舌头绕道走的都是一年级的小孩，高年级的孩子往往都会很开心地跟我打招呼。我知道孩子们已经明白，我是一位喜欢他们的校长。

亲密感需要体验，长时间的相处让我更加喜爱孩子，喜欢他们的纯真和朝气，孩子们也慢慢接受了我这个年龄大、头发少的校长。与教师相处也比较顺利，到学校不久我建立了两个"率性教育"的微信群，邀请附小教师加入。我公开了自己的微信号、手机号，两个月左右附小教师大都加了我的微信。通过微信，我了解到这800多名教师的生活，他们的烦恼、压力和开心我都看在眼里。我不认为自己来附小是为了做官，也没有明显的上下级观念，因此平时和教师们相处比较平等。校长是临时工，教师则是永远的。我的任务正如我就职讲话所说，尽我所能地为大家提供时间空间、机会条件，让大家凝神静气地、扎扎实实地抓好素质教育的主渠道。教师们的工作则是把注意力放在课堂教学上，在学校把学生教育好，回到家里把自己的孩子哺育好。我希望教师从周一到周五的早晨都能充满活力地到校上班，每个下午都能充满正能量地下班回家。我还希望，有缘相聚在附小度过童年的孩子们，能在师长同学的陪伴下健康、和谐、快乐地发展，能充满创造和想象地提出问题，提出重要问题，让点亮未来的朝气在他们心田生根发芽。我乐于将教师看成是一个完整的人，理解他们在生活和工作间切换的压力。在我心中的他们不仅仅是一位教师，还是父母的孩子、丈夫的妻子(妻子的丈夫)、孩子的母亲(父亲)。我猜想在与我相处的过程中，他们也能感受到我对他们的尊重和理解。

第三件事是着手解决附小面临的难题，更确切地说是弥补我眼中附小存在的短板。首先是在东北师大及教育部、省市区有关部门大力支持下，5年多来累计获得经费支持上亿元，基本解决了办学经费缺口的难题。其次是加强心理学研究，将有心理学背景的教师调到附小教育研究部，兼职心理辅导。最后是筹划建设数字化校园。我们恢复了学校外网，开通附小微信公众平台，与东北师大教育学部合作开通同步课堂，学部教师可以在大学同步观看附小的课堂。除此之外，人民教育出版社的数字化资源落户附小。我们为附小的三个校区各配备一名副主任，专职管理附小的数字网络平台，以此记录附小课堂教学的发展变化过程，加强附小与外界的联系与合作。

在行政事务上我遵循一个原则：各司其职，一切从简。我对行政工作唯一的要求是能切实为教学服务。因此当初在制订附小三年发展规划时，我将教学放在第一位，行政放在了最后一位。在具体事务上，我比较超脱，事务由分管的副校长负责。如果出现了解决不了的问题，大家开会讨论。原来一周一次的例会也改为一月一次。之前我担心的要应付附小复杂的社会关系以及与有关部门的协调,确确实实占据了很多时间,我也深感不易。最难做的事,是附小时时刻刻都面临着各项指标达标的测评,涉及资金、供暖、设备、安全等。这些不仅要花费大量精力,还直接关系到附小未来的发展。令人感到安慰的是,附小和其他学校不同,它隶属于大学,办学自主权相对较大,并且各级领导也比较支持,因为附小的教育质量全社会是认可的。正是在外在环境和自我定位的双重因素下,我才有相对多的时间来思考附小未来的发展。

四、研究附小和角色转换

之前说过率性教育理念是速降附小,但这种描述是不准确的。准确地说,"率性"二字来源于《中庸》,但其理论内核却是从附小中生成的。我们还依据附小的实际情况,结合当前心理学、脑科学等方面取得的成果进行了创造性的转化。

率性教育最初的关键词有 5 个:天性、个性、社会性、功能性和艺术性。提出个性是对附小个性化办学的传承,此外它也是时代的需求。社会性则是在天性和个性的基础上提出来的,它是我们最终想要达成的目的。功能性的提出则源于我在做学生工作时对教育效果的关注,我的导师王逢贤老师也经常告诫我注意教育的效果,尤其需要提防其负面效果。艺术性来源于我讲授了 15 年大学生思想品德修养课。如何让学生喜欢上这门课,接受这门课传达的价值观念,最终让我走向了对教学艺术的研究。我发现相同的内容以不同的方式授课,在大学生中得到的反馈有很大的差异,因此我在附小提出艺术性,是希望附小的教师能够注意教学教法的重要性。这些想法经附小的领导班子讨论之后,最终留下前三个——天性、个性、社会性。在对社会性的描述上,我曾提出用"涵养社会性"。因为"涵养"一方面更具有文化韵味,另一方面会减弱控制感。我的助手则认为,"培养"更通俗易懂,简单明了。无论是教师还是家长,从字面上就能一目了然地知道这句话想传达的意思,我采纳了这个建议。因此,仅从率性教育的三条基本原则看来,率性教育就是从附小实际出发,与附小团队相互切磋的结果。

　　率性教育的理论内核更是如此。目前的率性教育主要由率性学校、率性教学和率性德育三部分构成。这三部分均来自附小的日常实践。率性教学的主要内容是有过程的归纳教学。我最初有这样的提法，是受史宁中教授的著作《数学思想概论》启示。在深入附小课堂听课、参与教师备课时，我发现教师们常用的是演绎法。我们教给孩子的一些结论和定理，究其源头，是历史上人们经过不断验证、试误而归纳总结出来的。事实上，归纳思维对应的常常是生成性和创造性。如果我们在教孩子知识的时候，剥夺了孩子体验知识产生的过程，孩子们最终获得的也只是抽象的、断裂的知识点，他们的思维品质就难以得到锻炼。基于这样的思考，我提出"有过程的归纳教学"，并把其分解为可操作的步骤。目前，我们还处在初步探索阶段。

　　率性教学最终的目标不是制定出几条或者十几条参照标准，教学达到这些标准就是率性教学。我们希望的是，通过率性教学这样一个探索过程，让教师发现，在教学中不同的教学内容有其对应的独特的思维方式。我们最终要实现的率性教学就是让教师在意识到这一现象的前提下，灵活地根据教学内容来转变或者提升自己的教学方式。

　　率性教育理念的研究与我在大学时所做的研究截然不同。在这里，我发现的理论与实践的关系不是理论迎合实践，也不是实践顺从理论，而是理论与实践的相互需要。研究之初，我并没有预计率性教育会如何进行下去，我只知道自己提出了一个与众不同且有中国味道的教育理念，对其后续发展则完全茫然。实践则将它推向了教学、推向了德育。我想，这也是一位大学教授当小学校长所能给理论与实践关系的一个解答。

　　从大学教授到小学校长角色的转变并没有想象中的难。实际去做了，就会发现，小学校长本来就可以是大学教授的角色。这段时间里，我每天都在更新着自己的观念。随着身份的转变和对教学场域感受的加深，以前作为局外人所提出的对教学、教师、学生等理智得近乎冰冷的观点开始慢慢有人情味、有温度。批判少了，理解多了。我也慢慢意识到，仅仅我一个人理解还不够，仅仅是在实践中的人理解更不够。我是一个理论工作者，做了半辈子的用理论解释现象，用文字传递理解的工作。如今，我有机会认识到实践的温度，了解它，感受它，就有责任用自己的专长将我看到的、理解到的、感受到的解释给大家看，尤其是给那些没有机会长期浸泡在实践中的学者或研究者。相信这样对理论与实践都有益处。或许这也是这本书最大的意义。

第二章　追　远

"船到中流浪更急，人到半山路更陡。"

这句话可能是我接任东北师大附小第十四任校长时，站在附小的过去与未来之间最真实的心境写照。接手一个普通的学校将其建设成更优质的学校是一种状态，接手一个海内外已经非常知名、有影响的学校，仍然要带着这所非常知名的学校继续往前走、往上走，又是另一副担子。这个时候我面临的工作，是愈进愈难、愈进愈险而又不进则退、非进不可，我们要不要改革？改革为了什么？我们要改什么？怎么改？什么改？什么不改？要去向何方？

历史的人做历史的事。我想，气势恢宏的故事不一定都是起于大江大河，而更多是源于波涛之下静水深流，可能附小的厚重历史或者初心，才是附小人信心与底气的来源，也是下一步附小继续走向改革开放的历史性的新起点。

对历史来讲，我一直认为，过去从未消逝，甚至没有过去。重温传统从来都不仅仅意味着留恋过去，同样意味着展望未来。传统的真正立足点就在于"未来"。由于流动性和未来导向的特点，传统或教育传统、学校传统总是处于一种"未完成"状态。竭尽全力地返回"初心"，不是要把我们拉回到过去，沉溺于传统，回归传统，而是把我们推向未来，让我们更好地走向未来。我们在过去中走向未来，甚至由过去定义未来。

从历史角度来看，虽然我们都说未来不能预测、不能确定，但有一条是可以确定的，即通过历史的回顾和现实的挖掘研究，可以捕捉、发现未来的蛛丝马迹。未来并非与今天、昨天毫不相关，其关键在于我们如何去研究、发现。我们在研究未来的时候容易只关注它的变革性和断裂性，而忽视连续性。虽然基因有变异发生，但其更多呈现的是连续性，历史也是如此。回顾历史就是一种反思。我们不可能只往前看，不往后看。向前看，再回望，会给我们经验、教训、智慧、力量、信念。

孔子云："告诸往而知来者。"①意即历史定义未来。我们中国自古就有重视历史、研究历史的传统。大概世界上没有哪个国家像中国一样有二十四史。从殷商至清代，浩如烟海的史料中，史官记载了历朝帝王及当时社会的史实，甚至下至社会多个层面，均重视历史的记载、评论、研究。今天是历史的延续，不知道昨天，就很难认识今天，更难预测明天，所以我十分重视历史方面的研究。

我钦佩的一些学者，比如中国当代的李泽厚，法国的福柯等都非常重视历史研究。一些伟大的哲学家如黑格尔、尼采、罗素、海德格尔等，都有很好的历史素养。如尼采，虽然不信基督教，甚至对人类的许多价值都持否定甚至重新估价的态度，但是他对古希腊的历史有一种崇敬感，至少他有很好的古希腊哲学、文学和历史素养。在这些大家的影响下，我的学术研究也具有历史情结。我指导的研究生有一部分就专注于中国教育哲学史的研究，比如我有位博士专门研究毛泽东早期的教育思想。研究对象"毛泽东教育思想"的选择，研究范围限定为"早期"，这都是历史情结的体现。所以到附小之后，我的学术偏好和现实需求都让我很快开始学校历史的研究。

在我的心中，研究历史、传统，不是要固守与一成不变，汲取智慧、精神与力量才是核心。如果想让一种好的历史与传统继续生存，最

---

① 《论语》，刘兆伟译注，16 页，北京，人民教育出版社，2015。

好的方式不是顽固不化地保守传统，也不是冥顽不灵地忽视传统，而是要在历史反思中不断对其重估、重塑，甚至进行重新修正以及选择，让其"适者生存"，适应不断出现的新变化，辉映新时代的新旋律。当然，我们也要深刻提醒自己，不是让过去主宰现在，因为重复过去必将失去未来，要让这些点滴去成就未来、行稳致远。

因此，到附小之后，"研究附小历史"是最先确定下来的重要工作。我坚信，不搞清楚附小历史的来龙去脉与传统，对未来的谋划就缺少淡定与从容，甚至信心。研究附小校史的任务，主要交给了学校的教育研究部、学生工作部，其他部门密切配合。

一、根脉

来附小工作之前，我是附小的旁观者，对附小的总体印象比较模糊，只有一些碎片式的直观体验，如附小楼房建筑、操场大小、开放式教室的物理形态。但我知道附小是一所在国内外都有重要影响的实验学校。

图 2.1 东北师范大学附属小学校医院旧址

图 2.2　20 世纪 50 年代学生在附小原址教学楼前做课间活动

附小是 1958 年开始搬到了现在的位置，也就是自由大路与同志街交会的西南角。这个楼原来是伪满洲国的文教部。图 2.3 中为东北沦陷时期的日本建筑样式，大门正对的是自由大路，当时叫至圣大路，还有有轨电车。

图 2.3　1958 年时的东北师大附小

古希腊德尔斐神庙刻着"认识你自己"的铭文。我们的文化传统中也有句著名的格言："人贵有自知之明。"明确自己的身份地位是个人在社会中安身立命的前提。哲学家也有"我是谁？我从哪里来？"的追问，其最终的指向也是要为进一步明确"我要到哪里去"打基础。

"附小自己是什么样子的？附小创立之初的初心是什么？附小是从

哪里来的？附小蕴含着何种基因遗传密码?"这些问题我必须要追问清楚，因为这决定了我要带领着这所海内外比较知名的学校站在前人奠定的基石上"到哪里去"。中国也有一句话叫"入乡随俗"，倘若对"俗"所包含的内容、内涵缺乏理解，谈何"入"呢？"俗"是从历史而来的。因此，到附小之后，我常用一个非常俗的词——"刨到祖坟"来比拟了解校史的研究工作，目的也是弄清附小"从哪里来""根在哪里"。

(一)燕京大学研究生院滥觞

王祝辰先生引起我注意是我到自由大路校区五楼的附小校史室后，看到了墙壁上展示的附小建校至今所有的校长，其中第一个人就是王祝辰校长。可能在我们研究王祝辰先生之前，关于王祝辰先生的记载仅有附小校史室里王先生在附小工作时给一位老师备课的照片(图 2.4)。

图 2.4　20 世纪 50 年代王祝辰校长给教师备课

我第一次对王祝辰先生有印象是 1986 年 9 月从教育系校友同学录上见到过他的名字，当时这个名字已经打上了黑框。我让附小研究部研究校史，就是从研究王祝辰校长开始的。

对王祝辰先生探索的突破来自他最小的孩子王之光老师。他当时正在东北师范大学附属中学电教处任教师。2015 年 3 月，研究部卜庆刚主任、马琳琳老师到附中拜访了王之光老师。从拜访中，我们获取了关于王校长非常重要的几个认识。

第一，王祝辰先生曾经受"张学良奖学金"资助，燕京大学研究生院肄业（因为后期资助中断、家庭经济困难而没有完成学业）。王之光老师介绍说，父亲祖上是辽宁海城人，家里的生活还算富裕。王祝辰先生小时候就特别愿意学习，之后到了辽宁沈阳继续学习，因为学习成绩优异，毕业后在辽宁当了两年校长，受选拔获得了张学良设立的奖学金，去了燕京大学研究生院深造。

第二，王祝辰先生来长春之前大部分时间在北京工作。王之光老师介绍，他还有位亲大哥，是在长春出生，对父亲比较深刻的印象是父亲外出总是身穿一袭笔挺的呢子大衣，很帅气。实际上，父亲生活是非常简朴的，贴身穿的衬衣等都是有补丁的，舍不得扔掉。他11岁的时候，大哥到农村改造了，他经常一个人在家。他的妈妈是父亲的第二任妻子，父亲在北京时与前妻生育有几个子女。这让我开始对王先生北京的工作情况有了更加浓厚的兴趣。

第三，王祝辰先生曾经访问日本。王先生在北京工作期间，曾随教育考察团到日本访问。

第四，王祝辰先生有个人著作。王之光老师回忆，他小的时候，父亲经常拿着自己写的书给他翻着玩儿，经历几次搬家，都没有舍得把书扔掉。书在老房子里应该可以找到。王之光老师答应回家之后马上帮助寻找。

第五，王祝辰先生在长春期间曾长期资助两位贫困学生。王之光老师说，他父亲资助的两位贫困学生，具体名字已经记不清楚了，只记得一到了周末，如果没有其他事情，两位贫困的学生都会到家里来吃饭。后来两位学生在父亲去世后有一段时间还经常到家里看望。

这次拜访，让我们对王祝辰先生的经历有了一个大概的轮廓。几天后，王之光老师送来了王祝辰先生在北平市立师范附小工作时完成的两本著作：《动的教学法之尝试》《小学各科新教学法》①（图2.5）。最珍贵

———————————

①　后来经查证，还有《日本教育视察纪要》（1936）、《中学各科教学法大纲》（1946）两本书，至今还未找到原本及复印本。

的是这两本书是王先生做过批注的版本。这可以说是研究王祝辰先生非常大的突破。

图 2.5　王祝辰先生的著作《动的教学法之尝试》《小学各科新教学法》

之后，我们通过网络搜索，又找到了王先生在长春期间编著出版的《小学语文教学法研究》(图 2.6)。

图 2.6　王祝辰先生的著作《小学语文教学法研究》

(二)档案

对王之光老师的拜访，促使我联系东北师大档案馆查询王先生的社会关系以及工作经历。通过档案查阅，我们对王祝辰先生的认识(尤其是 1948 年来长春后)开始变得更加全面，比如发现了王先生完整的家庭关系，包括王先生自述的成长经历。很多内容与王之光老师的讲述相互印证了，有的内容认识则变得更加精确。

> 我出身农家，曾祖父由山东一担子搬来东北落户，在辽宁千山麓从事农业耕种。我起初在家放牛三年。春夏秋三季几乎每日生活在荒山田野间接受自然界的润泽，后入村立小学读书四年期满，家母念我身体较弱无力务农，送我到商店学徒，但因为当时举行全县会考，我名列第一，蒙专师及姑父支援得升入奉天省立第二高小(在沈阳)深造，毕业后因经济困难考入沈阳第一师范学习，时值"五四"运动之后，"课外浏览学生杂志新潮，《每周评论》《评论之评论》《近代教育家及其思想》等'新文化'的书、报、杂志深受感动"①，更刻苦努力学习，于是用白话写文章，常在《学生杂志》《奉天教育》上，对社会中某些问题发表意见，并在教育救国的幻想支配下，立志升入大学教育系深造，决计做教育工作，特别是培养教育新后代的师资工作。因此我 20 多年未曾一日离开教育工作岗位，并且大部分时间都在师范学校工作了。现在按我学习工作地区和时间划分 4 个阶段来记叙。
>
> 首先，1925 年冬，我自辽宁省立第一师范学校毕业时因"品学兼优"，经林耀山推荐留在附小服务，教课不久便代理主任。
>
> 此外，我于 1927 年及 1928 年春先后随参观团去日本及江浙参观……使我对"爱国教育"及"杜威教育思想"都有了进一步的认识。

---

① 此处略有不通，但为王祝辰先生自述的原文。

1931 年 5 月我以资助奖学金插入北平民国大学教育系，三年肄业。

1932 年暑假我自民国大学毕业，一面留校任教，一方面保送燕京大学研究院教育系的研究。

1933 年暑假后，因我经济困难，自燕京大学研究院休学到东北中学兼课，并兼任东北难民子弟学校（两校当时都设在北平）教务主任。

1934 年 8 月，北平市立师范学校新校长韩秋圃根据我是本校教员以及经历，约我辞去校外兼职，只做北师教育员兼北师附小主任。

从此 8 年中，我除在北师教课外，曾把所有精力都用在北师附小，当时江浙一带杜威实验主义教育思想，尤其是"学校即社会，学校即生活""儿童中心主义"盛极一时，我亦夜以继日孜孜研究，对于形式主义的儿童本位的所谓"自学辅导""动的教学""学校市"等尤极力钻研实践，先后著有《动的教学法之尝试》《小学各科新教学法》《拂晓市组织法》等多种书。

（三）大知识分子

通过王之光老师的引荐，我们见到了王之光老师的亲大哥王化初。王化初先生一家开始帮我们寻找与王祝辰先生相关的一切资料。最大的突破是从故纸堆里搜罗出来的累计 20 幅王先生在北京期间的珍贵的照片原件。最珍贵的一张则是在燕京大学时期的留影，上面有燕京大学的印章（图 2.7）。

图 2.7　王祝辰先生燕京大学留影

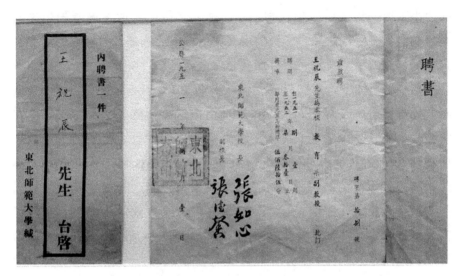

图 2.8　1951 年王祝辰先生受聘东北师范大学教育系副教授时的聘书

对王祝辰先生的探寻，梳理出来的重点信息有几点。

第一，王先生是大知识分子。1949 年全国大学在校生总共才 15 万人。可见他是那个时代的佼佼者，具有燕京大学研究生学历，是大知识分子、学术精英。

第二，王先生的职业经历十分丰富，水平高层次高。从职业生涯来看，他 1934—1941 年在北平市立师范附属小学（现北京宏庙小学①）担任过校长，在北京师范大学、北京市立师范学校、沈阳医学院等高校担任过教育学、心理学教授。

第三，王先生曾在东北师范大学教育系担任陈元晖先生的助手。当时东北师范大学教育问题研究室主任是陈元晖，王祝辰后来当副主任，成了陈元晖的助手。陈元晖创办了附中，在附中工作了两年多，王祝辰

---

① 北京市西城区宏庙小学始建于 1883 年，是一所历史悠久的学校。它前身是清代的义塾，1883 年改为"镶蓝旗官学"，1901 年命名为"宗室觉罗八旗第六小学"。1914 年改为"北京师范附属小学"。1917 年改名为"北师附小"。1928 年改名为"北平特别市立师范附属小学"。1942 年改为"北京市西单宏庙实验小学"。中华人民共和国成立以后数易校名，至 1958 年更名为"北京市西城区宏庙小学"至今。

在附小工作一年多后回到大学。东北师大之所以派遣王祝辰先生来附小，我认为有特殊意义。尽管他没有留下像陈元晖那么多经典的教育名言，但是他的精神和陈元晖有诸多相似之处。

在校史研究中，我们尚未找到王祝辰在附小讲话及报告等相关资料，还有待进一步挖掘与研究。不过他在东北师范大学教育问题研究室当过副主任，可见他有扎实的教育学术研究背景。他来到附小能够展现其较高的专业水准，东北师大派他负责附小也是希望把附小办成一所为大学服务的实验学校，即培养人民教师、开展教育教学研究的场所。附小1948年初建时名为"东北大学子弟校"，后改为"东北师范大学附属小学"，名称的改变意味着内容和性质的变化，由"子弟校"到"附属学校"，后者增加了研究与实验色彩。东北师大附属小学和其他小学相比的优越性就在于我们有一所专门研究培养教师的大学做后盾，实时为我们提供中国乃至世界最先进的教育理念和方法，供我们不断研究和实践。

第四，王先生重视"儿童的天性"。《动的教学法之尝试》一书对儿童的天性特点进行了详细的阐述："我们知道儿童天性是活泼的，快乐的，向前进取的，它们好比春花怒放，又好比旭日东升，整天总是表现着充分的活动，所以近世的儿童学家和心理学家，都承认儿童是冲动的一束。或说它们具有许多无定向的'动'。这话也就是说：儿童有'动'的本能，'活泼好动'是'儿童天性'。所以我们在学校里常看到数十千百儿童，绝无一刻静止的时候。那么，我辈从事教育者，便应当顺应或利用儿童这种固有的自动力，使之动而不宜使之静；动则生机勃发，自然勇猛精进，将来能得优美之成绩，而收宏大的效果；静则凝滞性灵，增高死率；如此不但儿童个人无发展的可能，社会国家也将没有生长进化的希望了。"[①]由此，我们提出"保护天性"的教育理念，这与附小的教育传统是密不可分的。

---

① 王祝辰：《动的教学法之尝试》，5页，北平，北师附小，1936。

"率性教育"的核心是"保护天性"。国内的教育理念很少强调保护天性，大多关注社会性和个性的培养，"率性教育"的最大亮点就在于提出保护天性。当看到王祝辰老先生也提到儿童的天性，与"率性教育"所倡导的思想不谋而合时，我们备感惊喜，信心倍增，这就是历史给我们的机缘。

对于王先生为附小所做出的奠基性贡献，我们在《中国教师报》陆续发表了文章，整理出版了《王祝辰集》（王先生的儿子王化方作序）。在 2018 年附小 70 周年校庆之际，我们为王祝辰先生立塑像，将其陈列于学校校史馆（图 2.9）。

图 2.9　附小建校 70 周年（2018 年）之际，与王化初先生（右）为王祝辰校长铜像揭幕

（四）附小的"陶行知"

王祝辰先生的思想深受杜威的影响。王先生的一生中，对基础教育的理论与实践研究影响最大的可能是他提出的"动的教学法"，"动的教学法"具有杜威式基因。他于沈阳求学期间曾现场听过杜威的讲学，深受杜威实用主义教育学的影响，"动的教学法"便由此萌生；之后任辽宁第一师范学院附属小学校长时开始探索实践，1926—1933 年尝试动的教学法的学理研究，1936 年，开始在北平市立师范学校附属小学进行

实验，并形成了系统的教育思想理论体系。同年，由北平市北师附小出版《动的教学法之尝试》一书。

动的教学，主要在杜威教育思想的基础上，进行了如同陶行知一般的本土化创造与转化。王先生说，动的教学法由"自学辅导""分团教学""社会化法"和"道尔顿制"四法蜕化而成。我们因为感觉到高年级实施自学辅导，终不彻底，为部分的自学，欲求更进一步，乃采取分团教学的方式，社会化的精神，以及道尔顿制的自动原则，组成动的教学法，所谓"动"，就是"自我活动"或"由做中学"之意。"动的"是"静的"二字之对待名词，"动的教育"是对于从前不自然不合理的"静的教育"而发生的，其中含有"身体的动作"和"心理的反映"两面意义。

> 从教育学上言之，自动的教育极为重要，是以特名之曰"动的教育"。实施动的教育之手段，就是"动的教学法"。例如教学之时，"固定""呆肃""受纳""无考虑"等，是静的教学状态，"试为""搜集""研究""辩论"等，则为动的教学状态。故动的教学法，从学科上讲，是各种学科尽量的互相波及的动；从心理上讲，是感受、认识、记忆、想象、推理、证验、判断等各种心力健全的动；从个人上讲，是身心相应，精神和肉体一致的动；从团体上讲，是全体团员互助的研究的动；从教学上讲，是教师学生交相讨论的动；从学习上讲，是兴趣和努力互重的动；从生活上讲，是适应现实生活和预备将来生活互重的动。所以我们由各方面看起来，动的教学实具多方面的价值，很值得我们研究。[①]

《动的教学法之尝试》一书是王祝辰先生一生教育实践的理想及经验总结，为后人，更为附小人留下了一笔宝贵的财富。王祝辰先生通过长期地钻研国内外生理学、心理学、教育学等学科的先进理论，形成了广阔的国际视野。他在书中所倡导的种种教育方法与理论，并非凭空产

---

① 王祝辰：《动的教学法之尝试》，8页，北平，北师大附小，1936。

生，也非盲从他人，而是经过了严密地论证推理而来的。附小从建校之初就能有这样的视野和专业水准，也就为后来成为国内一流学校奠定了良好的开端，铺就了厚实的底色。

同时，因为对王祝辰先生的研究机缘，意外地引发了对"杜威是否到奉天(今沈阳)进行过演讲"[①]问题的考据挖掘。杜威来华演讲，到过奉天是基本可以确定的史实，但是否做过讲学则一直是一个没有完全确定的事情。

根据王祝辰先生的文章自述，他于沈阳求学期间曾现场听过杜威的讲学。其证据来源于王祝辰先生的自述文章《我对实验动的教学法的初步检讨》，文章载于《东北师大学报(自然科学版)》，1956年第3期。其中自述文字为：我当时……和亲身听到杜威等在沈阳的"讲学"。

发现这个问题后，我们逐步开始关注杜威到奉天讲学的相关资料的收集。

2020年1月3日，我在翻阅一本《杜威画传》时发现了作者收集到的杜威在沈阳期间的照片。期待关于杜威在奉天期间的讲学将来会有更加深入的研究，获取更加丰富的资料。

二、"实验"精神

对奠基人王祝辰校长的研究，打开了我以及我们附小人对附小先辈们的认识。附小先辈们是学校领导集体，又是一线教师群体(这个群体产生了30位特级教师，我想这个规模的特级教师群体，在全国小学中

---

① 1919—1921年，杜威来华期间，曾访问考察过奉天(今辽宁)、直隶(今河北)、山西、山东、江苏、浙江、江西、福建、广东、湖北、湖南11个省和北京、上海两市。虽然许多史料都提到杜威曾来过奉天，但史料上并未有相关更细节的记录，甚至是研究杜威中国行相对权威的文章《杜威的中国之行及其影响》(作者元青)，也只是援引胡适的说法，提到了"奉天"二字，便没了下文。直到今天，除了奉天之外，杜威所到各处，均留有翔实的演讲记录，各地媒体近年来也做出不少相关纪念文章来，唯独沈阳，关于杜威访问一事几乎没有任何详细内容。杜威离开中国后，国内出版了许多相关专著，《杜威在华教育讲演》一书(王凤玉、单中惠著，教育科学出版社2007年版)详细辑录了杜威在各地的演讲，笔者查阅发现，其中唯独缺少杜威在奉天的演讲。

都较为少见）。通过对这些人和事的逐步梳理，我们深切地感受到，附小 70 年的办学历程，历任校长、教师们所做的主要工作就是"解放儿童"。附小作为一所实验学校，始终站在教育改革的前列，用世界上先进的理论指导附小的实践，而且注重研究儿童，为儿童的身心健康成长而殚精竭虑。附小各阶段的发展，都在前人的基础上不断进行深入的探索与实验，以"解放儿童"为核心目标，给予儿童更多的自由和爱。王祝辰校长"动的教学法""小学语文教学法"的改革尝试；李筱琳校长带领附小进行"单科单项改革实验""整体改革实验""小主人教育实验"；熊梅校长带领学校实施的"开放式学校"构建改革实验都是一脉相承的。"解放儿童"已经成为东北师范大学附属小学的文化传统。我和附小团队之所以提出"率性教育"，是对"解放儿童"这一传统的传承，从"率性教育"内涵来看，它显然和附小的传统进行了"无缝衔接"。

我统计了一下，我是到附小来任职的第 14 任校长。在这 14 位校长中，有 8 位是东北师范大学派驻的教育学、心理学等各个方面的专家。他们都有着非常高水平的教育专业背景。我想东北师大这种"让懂教育的人管教育"这个做法在全国可能也是少有的做法，值得好好研究。

1956 年至 1978 年，王培颖、高虹、李诚忠（心理学研究专家）、郭锡启（苏联教育研究专家）等人先后担任校长。学校改革探索的重心是学校教育体制改革。这些校长先后进行了"教育同生产劳动相结合实验""六岁儿童入学实验""九年一贯制学制实验"等尝试。

比如李诚忠校长，是我国比较著名的控制论专家，在国内首创教育控制论新学科，著有《教育控制论》等著作，论文有《教学控制论》《教学质量全面管理初探》《心理控制问题》等，对教学控制、教学质量管理、心理控制等问题做了比较深入的研究。据我所知李校长后来调到了黑龙江省，曾担任黑龙江省教育学院院长、哈尔滨师范大学教育管理专业的硕士生导师等。他也是中国心理学会理事、中国学校心理学专业委员会主任、中国教育控制论研究会主任委员、国际学校心理学会（ISPA）学术委员。

还有几位校长如麻凤鸣、付亚宾在大学时曾经都是我的老师。麻老师曾给我们讲授小学语文教学法，付老师曾给我们讲授学校管理。麻老师对小学语文识字教学①以及日本小学语文教材②的研究比较深入。

担任过附小教导主任的金和德是著名的小学教育专家，东北师范大学教育系教授，是一位默默潜心研究小学教育、小学语文教学的接地气的学者，还是农村教育的专家。金和德老师在语文教育的读写结合、听说训练方面有深入研究。金和德老师也曾经带着东北师大农村初中改革实验课题组，在东丰县大阳镇中学开展初中课程结构改革和优化教学内容、教学过程的改革实验，在国内产生了非常大的影响。他给我们讲授初等教育，还指导过我们的教育见习。其他校长在我来附小之前了解有限，这些方面也是附小目前校史研究的薄弱环节，需要更翔实的研究。

改革开放之后，对附小影响比较大的是李筱琳校长。

李校长是位了不起的人物。1957年大学刚刚毕业还未分配工作时，她就与东北师大的另外8位同学向学校请愿支援西藏。当时，东北师大教育系毕业的本科生，是多么了不起以及难得的，能请愿去支援西藏是一种很了不起的教育情怀。后来她服从组织分配来到小学当一名普通的数学教师，又是一种何等的教育情怀。

李筱琳1957年毕业于东北师范大学教育系并留校担任助教，讲授儿童心理学，1957年9月至1959年8月在东北师大附小实践锻炼，1962年12月正式调入东北师大附小工作。她来到附小工作，扎根附小50年，长期担任班主任，教语文或者数学。任职期间，她多次承担学校的教育实验任务，1958年以来先后三次在五年制的六岁儿童实验班任教。

总的来说，她具有良好的心理学、教育学的理论基础，在全国也有

---

① 参见麻凤鸣：《小学识字教学的规律》，载《吉林师大学报》，1979(4)。1979年时的《吉林师大学报》为《东北师大学报》前身。

② 麻凤鸣：《从一套课本看日本小学国语教材的新特点》，载《东北师大学报》，1982(2)。

较大的影响。1979 年李筱琳被任命为东北师大附小副校长，1980 年任校长。李筱琳担任附小校长 18 年，是附小历史上任职时间最长的校长。在她任职期间，我曾见过她，但没有深度接触。由于接触有限，所以我过去对李校长的认识浮于浅层，主要是源自校友的感情。至于她的教育思想，是我到附小之后，通过她的著作、她给附小留下的优良传统，我才开始有了深度的理解。从 20 世纪 60 年代起她就始终坚持做研究，关注并研究了教育教学、儿童等相关领域。那时附小办学条件很有限，但即便这样，当时附小所进行的整体改革实验却在国内有重要影响。李校长给附小打下了优良的研究基础，为后来附小形成优秀的研究传统，成为优秀的实验学校起了重要作用。

李筱琳为附小做的主要贡献，是把附小的单科单项改革实验推向了整体改革实验。改革开放后到 21 世纪初，以李筱琳、孙跃军校长为代表的领导班子，以"单科单项改革"为切入点，积累学校改革经验，逐步开始推进学校整体改革实验探索。1978 年至 1986 年，李筱琳校长带领学校教师，进行了系列实验研究探索。1980 年引入了日本"新算术"实验，李校长自己接受了试教日本数学教材的任务；1981 年撰写了试教日本数学教材的报告《让学生学得更扎实更灵活些》，并在全国中小学教材实验座谈会上进行交流；1982 年开始"少先队爱国主义系列化教育"实验；1983 年开始"改革学生思想品德行为评定"实验；1984 年进行"培养识字能力、读说写提前起步"实验；1985 年开始进行"运用数学彩条学具"实验。担任校长以来，我多次到深圳校区指导工作，为了表达对李校长的敬意，我多次去李校长深圳家中看望慰问她及她爱人王桂五（东北师大教育系 1957 级毕业生，长期担任吉林省教育学院负责人）。

20 世纪 90 年代初期，东北师大教育学部教授马云鹏曾经在 1989—1994 年在附小担任过副校长。马云鹏是现在国内非常有影响力的课程与教学论专家，尤其在小学数学方面有深入研究。马老师在附小时，对教学优化问题进行了非常好的研究，提出：课堂教学是对学生进行全面发展教育的最经常、最主要的途径。深化学校整体改革，必须重视课堂教学的整体优化，更好地发挥课堂教学的整体功能，全面提高小学教育质量。

1995年10月5日～7日，全国实验学校教育科学研究会第一次研讨会在东北师大附小召开。

1997年3月10日，在国家教育委员会举行的1996年度全国师范院校基础教育改革实验研究项目优秀成果表彰奖励活动中，马云鹏、李筱琳主持的"全面提高小学生素质综合改革实验"获三等奖。这在当时是很高的荣誉。

2001年，熊梅教授开始担任附小校长。熊梅的专业背景是课程与教学论，后来到日本筑波大学做综合实践活动学科的博士后研究。熊梅校长当时在我国的小学教育界应该是第一位博士后，而且当时适逢新课程改革，综合实践活动领域是国家课程改革一个非常重要的领域和切入点。熊梅校长在任的13年，对附小做出了重要贡献，附小的综合实力包括研究水平、队伍建设都有了很大的变化与发展。熊梅校长提出了"开放式·个性化"的教育思想，从附小教学楼的设计到教室开放空间的设计，这种开放式的学校教育建筑设计，到现在为止仍令每年到访附小的一万余人次访问者佩服不已。她还将那些难于实现的内容变成一种制度化的全校行为，比如过去的教研就仅仅指教学研究，熊校长大概用了13年将附小由"教学研究"转变为"教育研究"。除此之外，其他的配套制度如四个学期制度、研究发表会、优师工程，各种文化节、体育节、艺术节等都为附小发展奠定了良好的基础。所以"率性教育"理念中依然保留了"个性"，一是对附小传统的传承，二是切合时代之需。我们强调差异、个性，既是"率性教育"和"开放式·个性化"教育之间的衔接点，也是一个增长点。

三、"信物"

校史研究还着力寻找各种各样附小的老物件，比如退休教师们的老教案、老教具、老照片等。因为中国人很讲究"信物"，它是一个标志，通俗地说也是"念想"。历史传统，需要物质载体。国家之所以重视文物，正是因为它承载着丰富的信息，能唤起人们的某种特殊的情感。

(一)《小红旗》第 3 号

1959 年秋，长春电影制片厂经过挑选决定在我校拍摄《小红旗》。当时国家规定在电影院放映正片前必须放映一部纪录短片，5～10 分钟。《小红旗》已在全国影院放映过两集，社会反响很好，在附小拍的是第三集。

我们找了很多人，经过多方努力才找到了《小红旗》第 3 号的原始胶片，进行了数字化的转录。这部片子非常好地向我们揭示了 20 世纪 50 年代，东北师大附小教育人的所思、所想、所做……

据当时参加拍摄与演出的张子彬老师回忆：

> 所有演员都是本校师生。连续拍了两个多月，这次拍摄对师生来说是一次很好的学习和锻炼，学到了许多课堂上无法学到的东西，放映后效果很好。
>
> 学生本来离学校不远，绝大多数都是师大子弟，当初全国到处都在搞公社化，强调大集体。为了培养学生集体主义精神，附小也办起了学生集体宿舍。大约有 100 名学生住宿，基本上都是高年级学生。我们住宿的青年教师都和学生住在一起，担负起白天上课、晚上照顾学生的任务，其乐融融，没感到有多大负担。学生通过集体生活，培养了集体主义精神、独立生活能力，密切了师生关系，提高了学生成绩，家长非常满意，争相把孩子送来住宿，学生留恋集体，周日也不愿回家。每年的新年晚会载歌载舞更是热闹非凡，家长来找回家过年都遭到学生拒绝，弄得家长到师大告状，师大领导打来电话，要求今后住宿生不准搞新年晚会，让学生回家过年，引起学生的愤怒，但学校还得执行领导命令。

十分令人惋惜的是，这部片子按照张子彬老师的回忆应该是 10 分钟。但是现在只找到了 5 分 50 秒。在北京的中国电影资料馆查询到了这部片子的保存版，但是根据资料库工作人员的描述，片子因为时间太过久远，胶片已经不具备上机转为数字格式的条件。联系西安电影资料库，得到的答复是同样的，不具备上机转化为数字格式的条件。

遗憾总是存在。越是如此，我们越感觉到了对附小历史进行挖掘的重要意义和紧迫性。现在附小建校 70 多年了，所做的挖掘整理工作应该也算得上抢救性挖掘整理。假如再不加整理，很多东西都会随着时间的推移慢慢烟消云散。

(二)老照片会说话

对校史的另一部分信息的重要挖掘是老照片的整理工作。

随着附小人的新老更替，很多记忆慢慢地断代了。但正是因为有照片的存在，后来者仍然可以从中获取大量的历史信息。照片有一种力量，能将瞬间定格成永恒；照片还有一种力量，能将记忆无限延长。照片比文字更有说服力，看着那些老照片，可以了解当时附小教师们的生活状态、工作状态，学生的学习状态，社会的教育状态……当把时间的维度拉长，当站在更高维的视角观察这所学校，看待自己所从事的工作，可能就会发现，虽然现在的物质丰富、经济水平提高了，但是教育工作水平要想超越前辈们所做的，倒不一定那么容易……

通过努力寻找，我们搜集到的学校发展过程中的老物件大概有 700 件，其中包括宋喜荣老校长的听课记录(图 2.10)和最早的手写版校歌。手写资料与印刷品给人的感受是不一样的，手写的文字是有温度的。老物件也是如此，它们其中蕴含着千丝万缕的情感联系，是有着丰富精神与灵魂的。正因为我们认识到历史的温度与情感的延续，我们把所有收集到的毕业生的照片都挂到了附小北五楼的走廊墙壁上。我们还搜集到了附小第一任校长王祝辰使用过的带盒子的印章等。这些都十分珍贵，将附小的历史鲜活地展现在全校师生的面前。

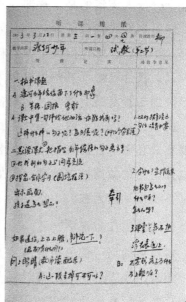

图 2.10　原副校长宋喜荣的听课记录

从收集到的老教师们的教案、听课记录本中，我们可以看到那个时代的教师，虽然没有打字机、电脑等现代化设备，但是教案、记录写得十分认真；从平时的听课记录中，我们可以感受到，在那个时代，教师们的钢笔字是多么漂亮，基本功是多么扎实。

特级教师是中国普通教育各级各类学校优秀教师的荣誉称号。1978年12月，教育部和国家计划委员会联合颁发《关于评选特级教师的暂行规定》，从此，我们的中小学开始评特级教师。通过对附小老照片的挖掘梳理，我发现附小发展过程中的特级教师累计有30位之多。我想这在我国基础教育领域可能也是一个屈指可数的数量。在我们找到的史料中，1980年，李筱琳校长被吉林省政府授予特级教师，到1998年附小就有了14位特级教师（图2.11），涵盖语文、数学、德育、美术等多个学科。

图 2.11 1998 年附小特级教师合影

除此之外，我们还通过广泛搜寻，收集到从建校至今的所有毕业生的照片以及毕业证。我们把所有的附小毕业生照片，集中到附小自由校区的北五楼走廊，建立了附小学生的照片墙。相信每一位回到附小的毕业生，都可以在这里找到曾经的自己。

四、历史担当

附小是东北师范大学的附属小学。因此，尽管附小有自己 70 多年的传统（1948 年至今），但从一定意义上来说，是东北师大孕育了附小，成就了附小。在附小工作过的张子彬老师（1958—1960 年在附小工作，后为东北师大附中书记）回忆东北师大的领导历来都重视附小的工作：

> 领导非常重视附小的工作，我这里所指的领导是师范大学的领导。我在附小工作只有两年，我不止一次看到当时东北师大的成仿吾校长来附小检查工作，他也不事先通知，来了后到处走，到处看，碰到谁就问问情况。有一次我陪成校长，他到图书室后详细看了藏书，问我学生都愿看什么书，学校还想进什么书。当时我们勤工俭学的作坊，那是学生生产去垢粉的地方。屋里有炉灰、碱面，两样东西混在一起，用筛子一筛，然后分装在很简陋的包装

里，袋上印着东北师大附小出品的字样，送到桂林路商店代卖。说老实话，这么简陋的所谓商品很少有人买，学校只好动员学生家长买，学生回家也磨家人，让家人多买，就这样有点收入作为学校办学用。这是照着上级教育部门布置，要求每个学校必须勤工俭学办工厂的任务而办的。当时成校长看到学生劳动时屋里灰尘很大，影响学生身体健康。回去不久，就派领导来传达马上关闭小工厂的指示，我想这一定是成校长的意见。可见成校长多么关心附小，关心学生。

因此，来到附小之后进行的追寻历史传统的研究，就不仅仅限于附小，我将研究的视角扩大到了整个东北师大的层面，从东北师大的整体办学定位、办学理念、办学追求、办学格局的角度寻求附小未来的办学智慧。

第一，东北师大有把中国基础教育担在肩上的大格局。什么是一所好的大学呢？好大学要有故事、有名师、有情怀、有梦想。好的小学也是如此。好的小学要有利于名师成长的环境，要有一代代具有影响力的教师、孩子们喜欢的教师。一所好的小学更重要的是要有梦想——有师生的梦想，有教育的梦想，没有梦想的学校难以成为一流学校。"天下兴亡、匹夫有责"，能把世界、国家担在肩上的学校，才是真正的名校。

"梦想"是个象征，它意味着对学生、民族、国家和时代有担当，这是名校的情怀，是名校的重要标志。在"率性教育"中我们也强调教育要"为学生将来成为合格的公民奠定基础"。这句话是"率性教育"之魂，能够看出学校的高定位与大视野。

附小有把世界、国家担在肩上的教育情怀，主要得益于东北师大的环境孕育。东北师大有红色基因，用毛泽东的话说就是"站在人民群众这一边"[①]。东北师大很好地体现了这一精神，特别是近30年来始终坚

[①] 中共中央文献研究室：《毛泽东著作专题摘编》下，2095页，北京，中央文献出版社，2003。

持为基础教育服务。受东北师大办学定位的影响，附小同样以服务基层教育为己任。附小教师每年到地方支教，都是到祖国最需要的地方去，这是受到东北师大红色基因的影响，因为东北师大考虑问题的着眼点始终都落在国家、教育部、基础教育的需要上。东北师大是有理想、有勇气的大学，比如20年前，东北师大在大学生就业方面就将赶超清华定为目标，当时许多人认为是痴人说梦，但在三四年后，在就业率方面我们基本跟清华不相上下。现在来看，这都不是梦，而是有多大的胸怀，就能干多大的事业。同样，我们认为"小学不小"，因为我们有胸怀，因为我们的责任并不"小"。基础教育是一个大问题，所以当谈及好的学校文化时，我认为最根本的是具有广阔的视野、宽广的胸怀，至于高楼大厦、塑胶跑道都不是最重要的，外部条件没有内在的灵魂重要。这就是我们附小在大学影响下所具有的精神追求。

我曾去过西南联大旧址、延安的窑洞，论条件都不能和现在普通农村学校相比。西南联大最好的教室就是屋顶用炮弹皮覆盖一层，保证不漏雨。教室里就是泥巴和土，但是考试卷、教科书全都是英文的。这就是西南联大，虽然房子等条件都是末流的，但是头脑却是一流的。延安的土窑洞里诞生了中央研究院中国教育研究室。思考附小的办学也是如此，大家凝心聚力思考、琢磨中国基础教育发展的问题。我们都有这样的一种情怀，当看着附小的孩子，我们仿佛看到了国家的未来、民族的未来。

第二，东北师范大学给予了附属小学相当程度的办学自主权。在管理体制上，大学给予了附小很大的空间，包括人权、财权、事权、物权等。拥有更多自主权的同时，也随之而来更多的压力，因为所有事务都需要附小自身去规划定夺。而一般的地方学校，直管的各区各县教育局会进行具体的计划与指导。这种体制的优点是学校发展的每一步都有其他人帮助规划与决策。两类体制各有其利弊，上级直管虽然省心，但也可能制约了学校的创造性，例如开展教育教学改革，如果任何事都要参加省市区组织的统一考试，那么在教学方面的改革，难以迈开步子。当然，尽管大学给了附小很大的自主办学空间，但目前还没有达到现代教育治理的程度，要达到现代教育治理还需要一个漫长的过程。我认为对教育来说，教育治理现代化的重要方面是按照教育规律办事。

第三，附小"率性教育"办学理念的提出与东北师大"尊重的教育""创造的教育"的办学传统，以及陈元晖、史宁中校长等的教育理念之间有着密切的联系。

附小是东北师大的附小，所以东北师大的办学理念和传统也是附小的办学理念、办学思想发展的重要基础。"率性教育"理念体现了大学"尊重的教育""创造的教育"的思想。"尊重的教育"的一个核心思想就是尊重学生人格人性，"率性教育"提出的"保护天性"就体现着对学生人格人性的尊重。比如我们会遇到这样的问题：怎么看待孩子管不住自己？我在听课中就能很明显地感受到孩子之间的差异。有的孩子坐得安静端正，有的孩子却随意摇晃；有的孩子动作敏捷、反应迅速，有的则反应很慢。孩子好动，有人就认为这样的孩子是坏孩子。其实他并不是坏，只是控制不住自己。当我们了解这是属于孩子的天性，我们就会对他们多一分理解，少一分苛求。我们可以给孩子提出适当的要求，但不能追求完美和苛求。

东北师大倡导"创造的教育"的办学理念，"保护天性、尊重个性"也体现出了"创造的教育"的思想。如果缺乏对儿童天性的保护，压抑儿童的好奇心，致使其探究欲望、自由空间、自由表达得不到释放，丧失了个性的张扬，怎么创造？若创造潜力都无法充分发挥，也就谈不上创造力的培养了。

我所提出的"率性教育"理念也受到史宁中校长的思想影响。因为他十分关注儿童，他曾经给师大幼儿园的题词就是"儿童第一"。与杜威的"儿童中心主义"相近，都是以儿童为本。史校长十分关注学生的身心发展规律特点的研究。他曾谈到小学的数学应当"晚讲、少讲"，他认为在一二年级的年龄阶段，儿童的认知发展水平不完全适合数学的学习。来附小之前我曾认真学习了史校长写的几篇教育研究方面的文章，如

《关于教育的哲学》《试论教育的本源》，其中涉及人和动物的区别、对于教育的本质的深刻认识、教育的起点是人的先天本能等十分重要的思想。他从生物学、认知神经科学等多学科的角度探讨了人类的学习本质及儿童学习的规律与本质问题。

提出"率性教育"另一条重要的线索是陈元晖。陈元晖曾说，中国有自己的教育哲学，也就是《中庸》，其开篇三句话（"天命之谓性，率性之谓道，修道之谓教"）很好地表达了中国的教育哲学思想。我在任职东北师大教育学部部长时所做的第一件事就是研究学部的历史。陈元晖作为第一任系主任，我对其进行了深入研究，曾开展了一系列纪念陈元晖的活动，包括举办元晖论坛，出版《教育学家之路》一书，并且还拍摄了一部影片。受陈元晖的影响，我在离开学部之前就把刻有"率性之谓道，修道之谓教"的匾额挂在了学部田家炳教育书院一楼的门楣上。

第四，东北师范大学有指派"懂"教育的人办小学教育的传统。校长首先要懂教育，好的校长也可以被称为"懂教育、会管理"的专家。我有切身感受，校长与学者存在较大的差别。例如我在大学当教授，我的责任是提出观点写出文章，但能否落地实践就思考得少一些，这就是研究者和管理者的区别。我是附小第14任校长，附小历任校长中有8人是来自东北师大教育系，这就说明东北师大也认为学过教育、研究过教育的人更懂教育。当然，要做好小学校长不仅仅要懂教育，还需要懂管理。一句话：懂教育，不一定能够当好校长；当好校长，一定要懂教育。

第三章 扎 根

在附小的近 3000 个日夜里，伴随我的除了对"率性教育"理念思考的不断深入，便是那近 20 本的听课记录本。我坚信课堂不仅是老师、学生的主战场，也是率性教育理念如何落地生根的主战场。向下扎根才能向上生长，近 1200 节的听课记录和累计 300 多次的备课、评课，不仅是我所思、所想的探究轨迹，更是"率性教育"理念从理论走向实践的开拓之路。

一、我为什么努力多听课？

随着对教育理论及教育哲学研究的日渐深入，我深知"教学育人"乃"学校发展之本"。作为一校之长，我不停地反问自己，如何"上下求索"以修附小"率性教育"之道呢？苏霍姆林斯基说过，"学校的领导首先是教育思想上的领导，其次才是行政上的领导"[①]。所以校长的职责在我看来，首要便是思想领导力，其次是课程领导力，最后才是行政领导力。思想领导力指对学校宏观战略的思考，以及学校未来的发展趋势及学校理念定位。课程领导力是指处理好国家课程、地方课程与校本课程三者之间的关系，建立符合附小学生发展的课程教学体系。行政领导力是组织协调的管理能力，它是课程和学校发展的前提和保障。

---

① 《苏霍姆林斯基选集》第 4 卷，蔡汀、王义高、祖晶主编，608 页，北京，教育科学出版社，2001。

　　教师的魅力在于能够走进学生的精神世界，教授的魅力则是为了提高教师教学的艺术与科学水平。一名校长如果不能走进学生和教师当中，不能走进课堂，就无法通向儿童心灵，无法走进教师世界，更遑论指导一所学校的工作了。对于学校主要的教育和教学形式——课堂，校长必须首要关注，并脚踏实地地听课和备课。在附小的近八年时间里，我听了近1200节课，参加了近300次的备课。虽然有不少教师、同行不理解我的做法，我却始终认为只有走进去，真实地听课和备课，才能深入地了解学生的需求和现状、教师的技巧和策略，才能对课堂教学中的问题提出更有针对性的指导建议，才能使校长领导班子的思想决策、课程观念更准确地促进学生的发展。

　　走入课堂，我享受学生们的天真与可爱，欣赏教师们的辛苦与付出，这些美好让我深刻地理解了校长的职责，积极地融入了校长的角色。我认为参与听课和备课有三大好处。好处之一：减少陌生感。单看理论，我有多年的教育研究和教育教学工作经历，而且系统学过课程教学理论，也亲身参与过课堂教学的实践，可以说我对教学和课程并不陌生。但真正进入小学课堂教学，我感到既熟悉又陌生。过去对小学课堂的理解可谓走马观花、一知半解，作为小学校长，必须抓住时间去入微、系统地走进课堂听课。来附小之前，我对小学教育的理解和认识，还停留在书本、报纸、杂志和他人的言说之中，即属于理论认知而不是实践认知阶段。当进入附小参与听课和评课后，对于教学中的不足我可以更准确切实地抓取，更深入体悟到小学教育的本质。好处之二：减少恐惧感。毛泽东同志在《实践论》中说："你要知道梨子的滋味，你就得变革梨子，亲口吃一吃。"这句话道出了我初临附小的境遇。最初，我不熟悉小学具体的课程教学，又不能不懂装懂，便不敢轻易决策，因此我开始深入课堂。就我个人经验而言，这不仅是懂教学、懂教育的第一步，也是领导自信的重要一环。好处之三：思考教育教学问题。我多数关于率性教学的理念都诞生于课堂，起步于教师备课、上课、说课的整个环节。在附小的近八年工作中，我与教师们面对面的对话都是对鲜活情境的有感而发，领悟到许多过去坐在书斋看不到、听不到和感受不到的真实。

作为校长，一直牵挂着课程与教学才是不忘初心。因为学校的思想引领和课程教学改革都需要校长决策，而只有现场听课、参加备课，才能知道真实的情况、具体的情景，只有"心中有课"才能产生客观真实的判断。结合长期在附小听课、备课的基础，我们提出了率性教学，并确定了率性教学的三个核心词：有根源、有个性、有过程。如果没有深入课堂，不坚持长期听课，我就不能从课程教学的实践中得到这些思考和论断。

走进课堂听课、参与教师备课是校长的主业，并非业余活动，因为这既是职责的需要，也是补课的需要，所以参与听课、备课是校长的必修课，而非选修课。

二、对于"率性教学"，我的个人愿景是什么？

佐藤学说："静悄悄的革命从一个个教室里萌生出来，是根植于下层的民主主义的、以学校和社区为基地而进行的革命，是支持每个学生的多元化个性的革命，是促进教师的自主性和创造性的革命。"[①]"率性教学"的提出经历了两年的时间，是我对几百节课的思考与沉淀。率性教学"有根源、有个性、有过程"三个核心词是我在 2015 年中信校区听大单元开发时初步确定的。起初，还有第四个、第五个核心词"有沉思""有兴趣"，因为沉思是史宁中校长的提议，而且附小的孩子上课很热闹，很兴奋，有的孩子很机灵，反应特别快，总有很多人举手回答问题。让学生能够真正沉下来，抵住外界的诱惑，去想问题，学会思考，这对高年级的学生而言更显重要。我想让附小的教室成为一个学生能够用心倾听、动脑思考的地方，让学生通过对话与交流将问题、思考、情感、认识全部呈现出来。但经过一段时间试行，教师们说 5 个词记不

---

① ［日］佐藤学：《静悄悄的革命：课堂改变，学校就会改变》，李季湄译，"作者序"9 页，北京，教育科学出版社，2014。

住，最好是 3 个词，经过和教师团队多次讨论，"有沉思""有兴趣"最终没有保留下来，但它的内涵被融入"有过程""有根源"之中。

(一)追求有根源的教学之"道"

道者，根本也，初心也，规律也。什么是教育的初心和根本？就是人的发展规律，教育教学的规律。有根源的教学可以从三个方面理解。对学生而言，是学生学情的"经验"；对学习内容而言，是学习内容的"缘起"与"文脉"；对教师而言，是教师的教学"经验"及"判断"。"率性教学"中"有根源"教学具有四重意味。

意味之一："有根源"教学的一个重要内涵是有规律的教学和遵循儿童身心发展特点的教学。在附小工作的这些年，我每个学期都向全校教职工至少推荐两本书。我向教师们推荐的书，大都是讲人的发展规律和教育发展规律的，意在让教师们学习人类文明成果、中国传统文化及教育理论元典与前沿，使其真正做到追根溯源、古为今用、洋为中用。我最早推荐了《孩子的世界》(黛安娜·帕帕拉)、《汉字王国：讲述中国人和他们的汉字的故事》(林西莉)、《几何原本》(欧几里得)、《数学思想概论》(史宁中)，后来又推荐了《哲学与幼童》(马修斯)、《中国教育学史遗稿》(陈元晖)、《皮亚杰教育论著选》、《维果茨基教育论著选》、《古希腊教育论著选》(张法琨选编)、《育人三部曲》(苏霍姆林斯基)、《教育的情调》(马克斯·范梅南)、《听说：探索课堂互动的研究谱系》(肖思汉)等。

意味之二：我们要研究"人是什么""人为什么要活着"以及"怎么活着"等"道"的问题。因为研究教育的目的和教学的目的离不开对人存在的研究，我们经常说教育之学是人学，事实上教学之学也是人学。古往今来，对人的研究有很多理论，中国有老子、庄子、荀子、韩非子，《史记》里也有最为典型的关于人的研究；20 世纪 80 年代以来，西方的一些思想家，如尼采、海德格尔、萨特、福柯，他们关于人的研究在我国影响深远。生物学、心理学以及博弈论等领域对人的研究取得了令人瞩目的成果，如亚当·斯密、达尔文、弗洛伊德、威尔逊、西蒙等的研究。人是教育的出发与归宿，也是一线教师必须抓住和把握的根源。

我国当代社会对人性的研究，更是教师应关注的重点，它们是解释"当下的人"最直接、最有针对性的成果。

意味之三：我们要从真、善、美的境界来理解教学。也就是说，我们所在的有三重世界：第一个世界是事实的世界，这是科学研究的对象，求真；第二个世界是价值的世界，涉及伦理道德，涉及政治；第三个世界是自由的世界，是审美的世界，是艺术的世界。

意味之四：我们要有世界眼光、本土情怀。比如语言的学习，我们要学英语，更要学好我们的母语，在学好普通话的同时，作为东北人还要了解东北话。因为东北话不光是语言的问题，更涉及文化之根的问题。比如，附小的社会课，既要让学生熟悉世界，熟悉全国，还要熟悉东北，熟悉吉林，熟悉长春，熟悉东北师大，熟悉附小。

新时代背景下，教育为未来社会培养人才，在科技、经济、政治、文化高度发展的当下，我们如何培养未来社会的公民，如何塑造学生的世界眼光、中国灵魂？这就需要我们教育者要有立足当下、放眼未来的视野。比如，小学语文教学的目的是什么？一个单元，甚至一节课的教学目的到底是什么？学生学习语文不仅停留在语言文字的工具性使用，更是透过文字培养儿童的思维能力进而构建儿童的精神世界。作为小学有其独特的学段属性，我们更多的是给学生"打烙印"，把学生"领进门"。例如"走进鲁迅"的单元学习，在成人视角中鲁迅是一座中国文学史的高峰，不仅有挑战而且有难度，但是基于儿童的发展水平，我们将其定义为初步了解鲁迅的生平经历、初步感知鲁迅的浅显的作品，透过鲁迅这个人以及他的作品能够初步感知那个时代的影子。我们教语文的目的是什么？我的理解是帮助学生加深对世界的理解认识。语文是人们学习理解、认识世界的重要渠道。我们写文章的目的也是表达对世界的理解和情感的抒发。基于此，语文学科应该教给孩子(小学)什么呢，首先必定是说明文、记叙文等写实类的文章。这一类文章可以让孩子学习到认识世界、理解世界的策略和方法。总之，一篇记叙文或散文要表达作者是如何认识世界的，如何触摸世界的，以及在这个过程中作者的心路历程，这些就是我认为的"根"。在对此理解之后，再来分析解读文章的文学色彩。语文首先要能够帮助学生准确地表情达意，如果还能文质兼美则更好了，所以语文教师必须抓住语文的"根"，只有这样才不至于舍本逐末。同时，语文教师不应该仅仅局限于语文素养，还要具备一定的科学素养，比如了解光线的变化、色彩的变化等，当语文课蕴含着这些科学常识时，课堂会焕发出鲜活的生命力。

我常常思考：为什么语文课要讲文学作品？文学是什么？文学是人学，要学会怎么生活，为人生打一个模样，显示出什么样的人生是好的，是值得过的，什么是幸福的事，是值得追求的，再用艺术的形式把人生的百态展现出来。文学作品是用来丰盈人的内心世界的，包括精神世界、信仰世界、情感世界，包括帮助人认识自己，认识家族，认识民族，这是文学的作用。选文应该放开眼光，选择那些真正能震撼人心灵的作品。语文教学具有工具性和人文性的特征，它的入口一定是人文性，然后在不断锤炼的过程当中，提升语文学科的工具性。文学作品的选择，要考虑文学价值，但是怎么在文学价值之后去发挥它的教学价值，这就是语文教师要去探索的。语文教师要能够在文学价值和教学价值之间权衡好，然后去挖掘文学作品的教学价值。文学作品不仅孕育了一个人的精神世界，还充盈着一个民族的精神世界。如边塞诗单元学习，不仅仅是认识大漠孤烟、塞外边关，还可以培养一个人的家国情怀。

(二)凸显有个性的率性教学之"道"

"有个性"就是要求我们尊重孩子们的理解与表达，并在尊重的同时做适当的修正。当好语文教师的难度是很大的，对那些高难度的文章，让孩子能理解、记住、模仿是一件极具挑战性的事情。如果让学生们照着大人定好的内容去做，他们就不愿意学语文，更不愿意写。例如，面对方纪的《三峡之秋》，即使去过三峡的学生也不一定能理解这篇文章，更何况那些没去过三峡的学生。作家的水平，成年人有多少能达到，孩子就更难说了。因此语文的首要目的是帮助孩子学会如何看世界、触摸世界、听世界、嗅世界，以及让孩子把自己看到的、摸到的、听到的写出来。小学阶段的语文课如果能培养孩子观察的兴趣和表达的欲望，就称得上是成功的。如果以方纪的文章为标准，99％的人都会失败，学生自我表达的兴趣也会受到挫败。我非常赞赏维果茨基的"最近发展区"理论，每个学生都有自己的"最近发展区"，我们只有摸清学生的已有知识、已有经验，准确判断学生的"实际发展水平"，才能正确判断出学生的"潜在发展水平"。语文教学需要的是给孩子们一个宽广的视角，一个自由的空间，一个安全的表达环境，由此他们可能提出我们意想不到的"看三峡"的方法。至于作品美不美，大家会不会鉴赏，则是其次的，这是我对小学语文教学的理解。语文课的高境界是给孩子一个哲学观，即怎么看人生。文学说到底是人学，帮助我们将"人"看明白，这既是语文课一个很大的贡献，也是语文课需达到的一个很高的目标。因此，语文教材的难度可以依据学情调整，不能因为文本的难度让学生失去了学习语文的兴趣。

(三)探索有过程的率性教学之"道"

如何落实率性教学"有根源、有个性、有过程"的 3 个关键词，就像走路，先迈一只脚，再迈另一只脚，同时迈脚是做不到的。有个性的教学，已经做了十多年的探索，总结发现，儿童实际参与的过程十分重要。个性建立在过程的基础上，在过程当中个性才能更凸显，在过程当中个性的认知才会更个性化。有根源也没有这么迫切，因为有归纳教学同时就可以有根源，但有过程的归纳教学严重不足，而且体现不够。多数学习大体都采用这样的模式，教师往往就是上课讲原理、讲例题，尤其是在数学、物理课上，学生探究发现的过程很有限，提出不同意见的机会很少，所以发散思维、创造性思维的发展机会就少，也就造成死记硬背、机械训练的现象。实际上应该让学生把时间用在会思考、愿意思考上。因而能促进教学模式改善的抓手自然就指向了有过程的归纳教学。其中，"归纳"这两个字，既是问题的要害所在，也是构建有附小特色的课堂教学的关键所在。

　　为什么将教学研究聚焦到"有过程的归纳教学"？率性教育理念下的"率性教学"是依据国内小学阶段的共性问题而提出的，在有过程的教学中强调有过程的归纳教学。史宁中教授说过，我们国家的中小学，教学的主要样态是演绎式的教学，也可以说是演绎式的过程教学。但是要培养创新型人才，要发展新思维，离不开从个别到一般，从已知到未知，这就要依靠归纳式的教学，对于小学阶段来说尤为重要。

　　从人类思想发展史和思维发展史来看，人类最初的推理形式便是归纳推理。[①] 我们一般认为，儿童的思维发展在一定意义上重复了人类的思维发展历程，这样说虽然不确切，但儿童认识世界大体如此。幼儿和小学生自然发展的过程是归纳的，是以从个别到一般为主，以具体到抽象为主的，这一认识对教学来说十分重要。毛泽东同志在 20 世纪 60 年代说过一段话，儿童对世界的认识，比如对狗的认识，是先知道大狗小狗，黄狗黑狗，然后到一定年龄才形成狗的一般概念。这就是归纳推理的过程，由归纳推理逐渐得到一个抽象的结论。

　　归纳推理中的推断是人们认识自然的根本思维方式，也可以说是人们得以创造的根本思维方式。数学中有一个影响较大的名词"猜想"，哥德巴赫猜想就是由已知到未知的一种推断，尽管没有证实，但是它对数学的影响是巨大的，数学中好多定理都是从推断开始的，推断就是一个归纳的过程，证明则是一个演绎的过程，一种思想的提出，它就是推断的过程。史宁中教授多次说到提出问题的能力很重要，能提出一个猜想并证明出来很了不起。孩子们也可以提出一个猜想，因为他们有发散思维，这也是我们在附小鼓励学生大胆提问质疑的缘由。

　　我的很多思想来源于史宁中教授，同时也有我的体会。归纳推理是一种基于本能的推理。在教育教学中，无论从时间上还是从内容上都应该对归纳推理给予足够重视，包括科学教育，也应当在学生学习的过

---

　　① 史宁中：《数学思想概论——数学中的归纳推理》，166～178 页，长春，东北师范大学出版社，2010。

程中，让其逐渐地感悟出这种推理模式的自然性。换句话说，归纳推理是孩子们很容易接受的一种推理，甚至可以说这种推理是一种基于本能的推理，这就意味着我们在小学、幼儿园倡导自然性推理的必然性，它是符合儿童天性的，也是率性教育必须提倡的。在现有的教学中，人们习惯性地用到归纳推理，例如教师通常会大量地列举生活中的事例，用大量的教具学具，让学生通过直观的形象去体验等，只是他们没有意识到这就是归纳推理。

归纳推理的实质是从经验过的东西推断未曾经验过的东西，就是从已知到未知。有人说，归纳推理可以带来新知识，或者归纳推理是创新离不开的一种推理，没有归纳就没有创新，也不会有真正意义上的新知识，因此归纳推理非常重要。归纳推理是人类历史上生存的需要，我们不可能经历所有的事情，我们往往是以一当十，举一反三。无论我们是否接受学校教育，只要是一个正常的人，生活本身就能教给你走近、熟悉、使用归纳推理。比如在农村，有的农民大概没接受那么多教育，但是通过已有的、有限的经验就能做出判断，能对后天的天气做判断，对今年的收成做判断，由今天推断明天，或者说由事物的过去和现在推断事物的未来，这是归纳推理带给我们的重要思想。人类经常会不断地预测未来，尽管我们的知识有限、能力有限，但我们还是会不断地预测明天，甚至 5 年、20 年后。对于预测的效果，有人认为归纳推理在一定意义上是一种带有概率性或偶然性的推理，如果预测太精准了，人类大概就没有自由了。预测精准的好处是你能把握住事情的走向，但它也可能会成为人类的一种灾难。

当然有人质疑由过去和现在推测未来，比如休谟说过，"过去的经验能给人们的结果仅限于经验认识的对象，限于认识那个对象的那一刻。将这个经验扩张到未来则是任意的和不可靠的"①。他认为因果关系推论只是习惯性联想，并没有确切的根据。这句话让康德思考了 30

---

① ［英］休谟：《人类理解研究》，关文运译，27 页，北京，商务印书馆，1997。

年，写出《纯粹理性批判》一书，康德认为通过现在和过去能必然地推断明天和未来，但是归纳推理有局限性。尽管如此，归纳推理对人类来说，对儿童来说，它是自然发生的规律，且对小学的教育教学来说，应该是一种常态，应该渗透到所有学科的教学之中。

演绎推理是从大到小的推理，从一般到个别的推理，归纳推理则反之。演绎推理是基于某个理念的推理，比如欧几里得几何，关于点、线、面，关于三角形。世界上有没有纯粹的三角形？数学老师知道，只能说无限接近，因为这种三角形是思想的产物，是先验存在的，用柏拉图的话说，是关于三角形的理念。可以说归纳推理是基于事实追求实用的推理，演绎推理是追求形式的推理。如果说演绎推理是为了证明的推理，那么归纳推理就是为了推断的推理。归纳推理比演绎推理要灵活得多。① 因为在演绎推理过程中，概念是很精准的，无论哪一门学科一定有一个准确的内涵，但在归纳推理过程中，它不需要严格的定义，儿童对世界的认识也不是一个严格的过程，它的边界不像受过训练的成人那么清晰，因此归纳推理特别适合儿童。

在归纳推理过程中，概念是必要的，但我们不必抽象地严格定义概念，它从基本的事实出发，可能是不准确的、形式的。比如河马，实际它不是马，人们因为二者在外表上的相似性而起这个名字，这个名称就是对事物一种形式的认识。在对某个事物缺少实质认识的时候，人们也需要一个概念。有的概念在历史中消失了，有的概念（即使不准确）流传下来了，约定俗成。孩子对事物的认识，尤其是 6 岁至 8 岁的孩子对一个事物命名的时候，好多是基于形式和表面的，我们要把孩子这种认识当作一种自然事物来看待，这也是我提出率性教育的初衷——打破完美主义。成人对孩子的要求稍有不慎就是完美主义，很多事情对成人来说十分容易，但是对学生来说，它又是陌生的，难以理解的。一个人对

---

① 史宁中：《数学思想概论——数学中的归纳推理》，1～11 页，长春，东北师范大学出版社，2010。

世界的认识从形式到实质需要一个过程，所以孩子的认识不完善、不充分是一件再正常不过的事情了。

在归纳推理的过程中，法则是必要的，但不需要确定为严格的规定，不像演绎推理那么严格。在归纳推理的过程中，前提和结果，由 A 到 B 有联系，这种联系可能是必然的，也可能是偶然的，可以说是一种概率的关系。

归纳教学中的"归纳"并不仅仅指的是归纳推理，更体现为一种教学设计的思想，强调从学生个体出发，从学生已有经验出发展开教学。还要关注是否以学生的经验出发或为起点，丰富儿童的学习过程，让儿童真正成为学习的主人。

提出对归纳教学的认识，使得具体的做法更有根据，更有理论，更有基础，更理直气壮，也得到了教师们的普遍认同。当然演绎教学，尤其是有过程的演绎教学也是很重要的，随着年级升高，演绎教学所占的比重也逐渐增大。从根源上讲，间接经验都是人类历经成百上千年实践探索获得的精华，前人的探索可能经过了 100 年，但是学生却无法亲身经历，所以理解起来就很难。因此对于中小学生，特别是小学生，直接经验、体验和感受是十分必要的，到了高中、大学，实践体验的时间，相对可能就要压缩一些。

三、有过程的归纳教学之策

很多教师经常问我，什么是一节好课。抽象谈一节课容易，具体做却很难。在我们探索有过程的归纳教学中，认为"情境/具象、操作/体验、对话/省思"这三组关键词是有过程的归纳教学的显著特征，它是判定某一节课的具体操作要领。所谓标准，带有道的意义，我们提到的三组词是术、是法，更倾向于某节课，是很具体的，标准不仅是针对某一节课，也许是某一个单元，甚至是对小学六年整个学科而言的。我们说的有过程的归纳教学是泛指这六年，至少是某一个单元，也包括某一节课，这样我们的研究就更有价值了。与其说率性教学是有过程的归纳教学，是某一个教学策略，不如说是一个战略。从一节课来看，从一个单元来看，从一个年级来看，其是不是从个别到一般？以童话单元教学为例，让孩子们回忆一、二年级学了哪些童话，只能列举三个，可以从语文书里找，也可以从课外书里找。这些童话有哪些相似之处呢？让孩子用自己喜欢的方式表达出来，孩子们就写道："主人公都很善良""我认为童话大多数结果不是好的""好人好，坏人坏""大多数主人公都是动物"。这不就是归纳吗？比如说神话这节课，无意当中就把三年级学习的内容引了出来，把前两年学的内容也很自然地演绎出来。如果我们老师能够把前三年、前四年、前五年、前六年学过的课程引入进来，那么学生能力的提升就不是一点点。其实一个单元就为我们提供了归纳的素材，三年级儿童都能把神话的特点概括出来，这是很了不起的。所以说，率性教学不仅是一个方法，更是一种思想。有过程的归纳教学认为，体现归纳是最重要的，但并不排斥演绎，只不过起点应该是归纳。

(一)有过程的归纳教学的三组关键词

1. 情境/具象

思考是需要条件的，大人思考都需要情境，孩子更需要。比如语文、数学，如果情境创设不好，孩子就很难思考，因此情境创设是非常重要的。给学生创设适合的情境，学生就会有创作的冲动。就像郭沫若创作《地球，我的母亲》，1919 年 12 月末的一天，留学日本的郭沫若趁着放假去图书馆看书。突然，一阵诗意袭来，他急忙跑到图书馆后面僻静的石子路上，脱下鞋子，赤着双脚踱来踱去，一会儿又倒在路上与"地球母亲"亲昵。在这种迷狂状态中，《地球，我的母亲》诞生了。诗中，诗人一遍又一遍地呼唤着"地球，我的母亲"，他礼赞工农，礼赞劳动和创造，并且自己也愿意投身其中。一种强烈的创作欲望的引发是需要情境的，所以我们需要思考并精心设计怎样引发孩子的创作欲望。

2. 操作/体验

对于教学，我们要关注其是否能促进儿童从丰富的具体到丰富的抽象。我们依靠什么"搭梯子"呢？就是靠学生自己操作和体验。无论语文、数学，都需要操作和体验。学数学为什么要用小棒数数？学习进位的时候为什么借助计数器？为什么需要学生反复地做、反复地观察？如果不经历这个过程，学生就难以从具体操作到心算。经过我们的教和学生的学，即使实物不在现场，无法操作，我们用语言描述也能完成推理，小学一定要经过这样一个由外到内、由实物到语言的训练过程。关于操作和体验，语文的操作带有象征性，更多的是视觉上的操作，比如我们可以提供大量形象直观的三维画面。实际上夸美纽斯 400 年前就注意到了这个问题，研究编写了《世界图解》，让儿童通过形象生动的画面来理解世界，然后加上个体的体验生活。就像我们不能让学生描写喜马拉雅山就都去喜马拉雅山，那是不现实的。所以我们要从实际出发，比如说写长春的、身边的，由近及远。

3. 对话/省思

语文课堂是非常好的载体。孩子们会提出什么问题？我们如何引发孩子们提问？孩子们如何通过交流对话得出结论，又会得出什么样的结论？他们是怎么推理的？我认为这个过程就是很好的儿童哲学课。国外教儿童学哲学的时候，多是通过绘本，通过叙事，通过故事，并不会抽象地直接讲哲学理论。因为培养孩子的思维能力和"儿童是哲学家"的塑造，二者目的其实是一致的，所以我并不认同额外开课。如果专门上逻辑思维训练课，不仅上不好，还会很枯燥，会加重学生负担，但应该在语文或者数学教学中做一些事情，让学生会提问，会推理，能深入地想问题，说到底就是学会思考和关注五大类问题：①自然的问题；②世界的问题；③他人的问题（我和他人怎么相处，怎么合作，我能否了解他人，就像曾子说的"三省吾身"）；④自己的问题（我是怎样的人，我要成为什么样的人）；⑤我和工具的问题（我和电脑的问题，我和电话的问题，我和汽车的问题等）。对这些关系的思考涉及了自由问题、平等问题，这些都是哲学问题。再比如人能不能认识自己、认识世界，能不能认识他人，人为什么要有同情心，为什么要讲究道德等问题。我们的教学充满了丰富的哲学意蕴，它不是孤立存在的，都是融入其中的。

(二)"率性教学"的实施为什么以单元开发与实施为载体？

附小十多年来一直在单元教学设计领域进行探索，这是附小的传统和优势。有过程的归纳教学的设计也指向的是单元学习。单元学习的价值在于学生能够针对某一主题、某一领域、某一概念进行相对长时间的深度学习，为有过程的归纳学习提供适合的内容和充足的时间。

从小处着眼，我们从一节课切入是可行的，比如说边塞诗的学习，就是一节课，它只是"长城"单元中的一首诗。我曾听过一节边塞诗的语文课——"秦时明月汉时关，万里长征人未还。但使龙城飞将在，不教胡马度阴山"。孩子们提出了46个问题，最后分类汇总成11个问题。课后，我们给教师提出这样的建议：边塞诗在小学教材中有10首，可以在其他地方再找十几首，"边塞组诗"单元构建是由教科书的"一首诗"拓展到"一类诗"的学习，让孩子发现这些诗有什么特点，让他们一步一步聚焦，最后归纳出边塞诗的特点。传统教学很注重意象的讲解，如边塞诗中的"明月""胡马""龙城"，归纳教学的目的不仅仅要让学生知道这些意象，还要知道意象是如何在边塞诗中表现的。通过对这篇课文由个别到一般的学习过程，学生学会的不仅是一首诗，更了解了边塞诗中蕴含的相关要素。

如果从一个教师的角度看，一定是根据某一节课来做课堂教学研究的，而从学校来看就需要从单元开发的视角进入。就像全国统编之后的教科书完全满足了全国的需要，但为了附小的需要，附小对此可以进行二次加工。比如有的内容适合三年级，甚至有的内容适合串起来讲，如果完全遵从教材，亦步亦趋，就可能满足不了附小学生的发展需求，所以教学内容需要有一个再组织、再设计的过程，设计成新的单元、新的模块或者新的课程群，这才是附小研究的思路。

现行统编教材有一些单元倾向于对语文题材的划分，让孩子们在第一次与这个题材相遇时就能知道这类的作品的规律和特点。比如：神话、民间故事，让孩子能够摸清某一体裁文章的特点是什么，它的文学样式是什么。让孩子们了解这一些内容，就是我们单元开发的目的。再比如现代诗单元，教材中原本是以文学载体做一个单元的，但是重组之后更倾向于让孩子去了解某一种题材的特点，所以我们就把一些现代诗有关的内容都整合到一起。我们要重新组合，便于学生归纳，利于突出学科的品性。就像鲁迅的文章，如果只读1篇，学生不明白其所以然，读3篇以上学生们可能摸到点规律，读5篇就可以分析归纳了。最典型的就是我们开发的"边塞诗"单元，从一首边塞诗开始，再读8首，就能对它的特点看得较为清楚了，孩子们归纳出边塞诗的特点：凄凉、英雄、战斗、勇敢。这就是策略，不这样组织，就是蜻蜓点水、流于表面，而重组归类之后，特点便凸显出来了。边塞诗看懂了就可以去看田园诗，人情景物作为诗歌等文学作品里边提到的意象，跟学生讲很抽象，所以借助人情景物感受意象背后所蕴含的情感。当人情景物都是学生自己归纳出来的时候，理解起来就轻松了。单元的选择可大可小，根据实际的需要，对单元进行调整。单元是为归纳服务的，是为有过程的归纳教学服务的，是为了培养学生的核心能力服务的。分类能力、推理能力、思维能力、研究能力、合作能力就是核心能力。没有探索，就不能落实核心素养。教科书就是例子。我们就是对教科书中的内容根据自己的需要进行重新组合，适当调整，开展有归纳的教学活动。

关于民间故事的教学，语文学科也展开了单元课例研究。教师选取长春版教材《神笔马良》这篇经典的民间故事，对中国民间故事情节与人物展开研究。在14位老师的4轮实践探索下，构建了一个长达12课时的大单元。这12课时分为三个板块，第一个板块是历时4个课时的单一文本阅读，第二个板块是3课时的群文比较阅读，第三个板块是5课时的创作与表达。主要是先让孩子们认字识词，然后阅读课文，再绘制出《神笔马良》的人物关系图。然后，教师引导学生对照人物关系图，概括主要内容，捕捉关键情节，体会人物形象，思考人物关系。在此基础上，举一反三，让孩子们运用学到的方法，学习民间故事《天女散花》《水母娘娘》，通过对比阅读，总结出规律。最后让学生自创民间故事，并举办年级组故事展，展示同学们的作品。在这样的过程中，我们可以看到学生真正经历了一场归纳性的探究学习活动，真正实现了教师和学生的共同成长。

目前，附小在语文教学方面正在探索几类文体，包括舌尖体、非连续性文本和文言文。我赞同语文教学先教应用文，美文往后放。比如介绍食品，介绍玩具，介绍家里的东西，写介绍说明的文字，因为它需要写实，不需要优美，只要细心观察并有条理地表达就可以。这也就是我们说的非连续性文体。教学首先需满足生存的需要，美文属于阳春白雪，说明文属于雪中送炭，小学语文追求的首先不是优美，而是真实。以习作教学为例，以往的作文教学大体都是演绎式的，比如《威尼斯的小艇》《音乐之城维也纳》，大都是先分析字、词、句、段、篇，然后让孩子们仿照或者根据所学的课文描写长春的秋天，这是比较典型的有过程的演绎。那么如果把这个过程反过来呢？先让学生写长春的秋天。40个孩子可能写出 10 种类型来。然后教师对这 10 种类型逐个分析、挑选，在这过程中就涉及一类景色的写法，再然后，让学生阅读课文，在老师的带领下将课文的写作方法与学生提出的 10 种方法进行对比，分析出优点，最后再让孩子们仿照课文进行习作。这是一个由个别到一般，再由一般到个别的过程，可能最后教师给孩子们的结论都一样，但过程却意义非凡。演绎的目的是老师教学生写，归纳则让学生去发现一类文章可能的多种写法，一步一步地讨论，提取出比较好的几种，最后再用最好的方式去练习。

数学比语文选材空间就小了很多，从教学来看数学学科可能要强调几个重要的理念。在备课和筛选材料的过程中，我们要更多地强调从好的数学情境入手，让学生经历自主发现、探究的过程。吴正宪老师 17年前在东北师大的讲座中就提到了"做数学"；史宁中教授强调在真实的数学情境下解决数学问题。例如，对分数乘法、倍数、比例，学生们是怎么看的，即使全班同学都答错了也没有关系，经过这样一个过程，能够使孩子们已有的学习基础变得透明。教师让全班 40 个孩子写出他认为的"什么是比和比例"，发现有 31 个学生回答是错的，但是错误的类型各不相同，通过整合这些错误的类型并进行有针对性的教学就是由个别到一般，就是有过程的归纳教学。同样是讲这一件事，同样是做这个结论，调整教学顺序之后，孩子们脑中的烙印就不一样，一个是"让我学"，一个是"我要学"；一个是你教我的结论，一个是我自己得出的结论。数学方程也是同样的道理，先让孩子说出对方程的理解，由此把握孩子的认识程度，特别是有助于把握孩子们容易误解的知识点。归纳是符合数学学科的逻辑，从数到数理，从个别到一般很好地契合了归纳的思维特点。我们不仅要让孩子认识数，理解数的意义和关系，还要让他们自主探索出有关数的普遍原理。

我们也在探究音体美教学中开展有过程的归纳教学。某些体育动作不是一开始就那么规范的，为什么最后标准化了？人们经过测试发现标准化都能实现目的最大化、准确率最大化，如什么姿势能跳得最远，能投得最准，这是经验的产物。在过去的教学中，我们从一开始就讲解最正确的动作。现在我们可以在保证孩子安全的基础上，允许孩子们做并不正确的动作。再比如美术，现在的美术不讲"像"，"像"就容易导致思维的唯一性，而美术是让孩子有多元化地展示表现的机会。这些我都认为是有过程的归纳教学的思想，是符合儿童认知特点的现实基础。

作为东北师范大学的附属小学，我希望附小的教师有情怀、有功夫、有风格、有研究、会思考。

这些，在备课的过程中，在讨论的过程中，我慢慢渗透给教师。比如，和语文教师备课，我经常启发教师和我一起思考：小学生为什么要学习散文、说明文、记叙文？为什么要学习文学作品？为什么要习作？一节课、一个单元的教学目的到底是什么？小学语文教学的目的是什么？只有这样思考，语文教师才不至于舍本逐末，才会抓住语文的"根"。

从2016年3月"率性教学"正式提出，到2018年3月聚焦"有过程的归纳教学"研究，我们一直持续进行以"有根源、有过程、有个性"操作策略为主题的优师阶梯工程教研活动，即名师工程、希望之光工程和青蓝工程联动，共同研究、探索、推进。其中名师工程的教师上课 700 多节，希望之光工程的教师上课 180 余节，青蓝工程的教师上课 212 节。年级组教研、师徒研磨、课前学情调查分析、汇报课展示观摩、说课答辩、总结提升等环节，在夯实青年教师教学基本功和提升教学能力的同时，对率性教学的内涵和策略进行了有益的探索。

教师的功夫涵养培育了学生的功夫：沉思的功夫、倾听的功夫、合作的功夫、表达的功夫、交流的功夫。

2018 年，"基于率性教育理念的小学教育教学改革研究与实践"荣获第二届基础教育国家级教学成果奖二等奖、吉林省基础教育教学成果奖特等奖。

附小的教学智慧，浸润在每位教师的心里面，我能做的就是倾听。倾听一线教师的呼声，倾听他们对率性教学的真知灼见，用几个词语总结，即倾听、升华、拓展、深化。关于决策的过程，在一定意义上就是演绎和归纳交织的过程，没有来自一线的呼声和丰满的素材，很难提出某一个理想的见解，提出来也不见得切合实际。很多时候附小的教师就像在给我布置作业一样问我问题，这些都会督促我去想问题。所以我对教学方面的思考，不是一个多么宏大的东西，而是一个可接近的、可操作的梦想，或者愿景。做一个纯粹的学者，可以很宏大，可以跨世纪跨时空，但来到附小，我所能说的就是教师能看得见、摸得到的。我们国家不缺课程、教学方面的理论，因为每天都有数以万计的报告发表，那么缺的是什么呢？缺的就是教师能用得上的理论，符合人的发展规律的理论，符合教育规律的理论，能够接地气的理论。我经常说，我比其他校长多一点的优势就是，我在理论方面知道的可能多一点。所以扎根在一线，及时听见一线的呼唤，我们做的研究就要更扎实。在附小，仪式感的东西可能比较少，想在附小看到热热闹闹、轰轰烈烈的课堂景象恐怕会失望。附小的课堂更多是学生安静的思考，师生之间轻声细语的对话，同伴之间专注的倾听与交流。这大概与一向朴实严谨的附小教师每天都在有条不紊地研究教学有关系，这就是附小的可贵之处。每位教师都在认真地做，并不断调整自己的行动方案，想到了马上就改，行动力特别强，改了马上就有效果，这是我看到的。所以附小的研究，是行动研究，我们首先有了一个方案，一个设计，一个假设，接着不断地趋近。在这里，我们没有神话，没有绝对的权威，我们有的只是共同的梦想。

第四章 旨 趣

　　来附小之前，我学习和工作一直都在高校。正因为有学生工作和教育哲学研究这两段高校实践经历，我才能在调到附小后的较短时间内提出"率性教育"，并在海内外引起一定的反响。

　　教育哲学是我研究生涯的重要方面，萌发于我博士期间对现代性与后现代性及教育问题的思考。后来，我慢慢涉及教育学史、教育哲学史、现代性与教育、教育理论本土化等问题的研究。就任附小校长之后，"率性教育"理念便慢慢破土而出，并在本土教育哲学的沃土上开花结果。至此，我的研究方向和旨趣开始转为率性教育的理论和实践探索，我的研究也真正从"书斋"走向"田野"。

一、大学—小学：起承转合

(一)起于教育哲学

　　2000 年至 2014 年的时光，教育哲学始终在我的研究中处于核心位置。回想研究的开始阶段，我对理论及思辨问题的关注，更多停留于文献层面，尤以中国教育学史、中国近现代教育哲学史最为突出。那段时光影响了我的阅读习惯，即便是到附小后放在身边的书也大都以哲学家、教育家的著作为主。

　　回首过往，在王逢贤老师门下求知的我，以"现代性和教育"为题的博士论文叩开了十几年教育科学研究生涯的一扇大门，并做成了两件令我欣喜的事，成功申报国家社科基金"十一五"规划（教育学）项目，并出版《现代性与教育：后现代语境中教育观的现代性研究》和《现代性的省思：后现代哲学思潮与我国教育基本理论研究》①。

　　我还一直在思考另一个问题，即我国教育的根在哪里。就像吴康宁教授谈到的，怎么看待我们张口闭口谈西方，就像毛泽东在 20 世纪 30～40 年代说的"言必称希腊"一样的现象。② 我去过法国、俄罗斯，在那里，无论是大街小巷，还是高堂庙宇，几乎看不见本国语言以外的任何文字，和他们比，我们国家对于本土文化的重视度还有待提高。

　　所以，我常和学生讲，杜威的教育理论是在美国田野里长出来的，凯德洛夫的教育学是在苏联长出来的，中国的教育学也应该是在中国的大地上长出来的。所以当外国的教育学离开它的土壤到中国来，能一点不变地就拿过来用吗？我们都知道国际学生评估项目（The Program for International Student Assessment，PISA）考试，它是西方设计的，要对上海的学生和北京的学生进行测试，只能用一样的测试题，否则无法比较。但是，这样做有没有局限性？我亲身经历过类似的事情。2014 年 10 月从日本筑波大学附小参观后回到附小，想到日本操场没有塑胶而只是沙土，孩子们在上面玩耍得特别快乐，就想到：我们可不可以也把人造草坪恢复成沙土地呢？后来附小老师告诉我说，日本是海洋气候，没有沙尘，不会起灰，但在我们这里不适合这样做。这件事就告诉我，研究教育理论一定不能脱离中国本土。

　　现在，很多人讲我国已经在经济总量上超过日本，已经是先进国家了。但实际上，从教育理论上看，我们还比较落后。我们都知道美国教育和其他发达国家的教育办得好，究其原因是它们有先进的理论支撑。

---

① 于伟：《现代性与教育：后现代语境中教育观的现代性研究》，北京，北京师范大学出版社，2008；于伟：《现代性的省思：后现代哲学思潮与我国教育基本理论研究》，北京，教育科学出版社，2014。

② 吴康宁：《"有意义的"教育思想从何而来——由教育学界"尊奉"西方话语的现象引发的思考》，载《教育研究》，2004(5)。

同样我国的教育要进步，也需要学习先进的教育理论，学习先进的教育实践，从而发展出符合中国本土的教育理论。但现实中，类似我们这样被称为学者或搞理论的人，研究外国问题的不少，翻译外国著作的也不少，但真正躬身研究中国问题的人却有限，像陶行知、晏阳初这样扎根在中国大地上搞理论和实践相结合的研究的学者更是少之又少。陈元晖先生针对我国70年来的教育学研究著作、报告也深切地呼吁，要总结中国古代文化遗产，而不是"进口"教育学。①

在大学工作的20多年里，我一直用哲学的思维方式思考教育问题，我的注意力从未离开过中国的教育实践。从国外"拿来"的东西如果不分析其文化属性，不对之进行创造性的转化，是无法解决中国的教育问题的。因此我一直致力于追问人性，追寻中国本土教育的根，追踪五千年历史中那些闪耀的智慧光芒。

(二)承于小学

来到小学，我的研究开始聚焦于小学教育。我让附小教育研究部搜寻国内外小学最新的研究动态，并思考现在的小学在研究什么。我喜欢孩子，喜欢和他们在一起。所以现在每次到学校，孩子们欢喜地向我扑来，我深深地感悟到儿童的世界永远充满着"道路长青，微风拂背"，那是朝气，也是率真，我愈加热爱我见到的一切。

儿童的世界是我向往的，和儿童在一起的心态是宁静的。我感恩在大学从事15年学生工作的朝朝暮暮，那使我有机会进一步体验、感悟和理解学生的学习与生活，为我进行教育理论研究奠定了非常好的微观教育经验基础。我认识到，教育是需要体验的，它不仅是知识体系，也包含情意体系，还是一个信仰体系，更是一个技能体系。教育是需要认知的，需要文字的认知，需要理性的认知，也需要润物细无声的感情体验。所以，15年学生工作给我最大的收获是我懂得了什么是教育，什么是好的教育，什么是学生喜欢的教育，什么是学生痛恨的教育。

---

① 陈元晖：《中国教育学史遗稿》，71页，北京，北京师范大学出版社，2001。

这些年走过来，我始终保持一颗年轻的心和强烈的未来与创新意识，我相信未来是属于儿童的，这也促使着我更加关注小学，重视儿童，走近儿童。

(三)转于课堂教学

附小的最大资源就是孩子们的活动、课堂。我信奉王逢贤老师的思想，他认为教育思想主要产生在中小学，而且最主要产生于课堂。王老师说过这样的话，我至今仍历历在目："我是当不了教育家的，我就是拾人牙慧。别人说完，我能够跟着学，然后还学得像，别人就说我挺有水平。比如苏格拉底说的，我再说一遍。"

在教育中，每个人都应有属于自己的位置，不能像是一个过客，虽然自由，却没有根。我很庆幸自己从一名大学教授到小学校长的角色转变，找到了属于自己的位置。在行走中我知道了，一名优秀校长不仅在于做好学校的管理，更在于是否能走进一线课堂，接近教师，贴近学生。

我常说，当校长就像是到战场上打仗一样，对地形不熟，对敌我双方不熟，要想决战、想决策，风险极大。很多时候我必须考虑到自己不是一名普通教师，是一名校长，决策必须慎重，要知道决策的好坏会影响千百人，甚至是千百个家庭，必须牢记在校园中安全问题是首要的，稳定发展也是硬道理。近八年来，我都坚持这样的想法，一个人的发展不取决于最高的那块板，而是最低的那块板。小学教学这么重要，如果我不熟悉，对课堂也不熟悉，那我怎么领导？怎么指导？事实就是如此，一名校长如果没有走进课堂、没有走进教室，就是没有走进师生，他便脱离了教育。在我看来，跟教师一同听课、评课、备课异常重要，我感激这么长时间坚持不断地去听课，我感恩听到的这1200多节课给我带来的巨大收获。

回忆初进附小的岁月，就像品一颗青梅，个中酸涩心自知，坚持下来就会发现，精彩往往发生在坚持之后。

（四）合于率性教育

在离开最初驻足的教育理论研究后，我踏入了教育现场，走进了"田野"，在附小看到了众多具体且鲜活的教学活动，以及教师、学生，我又开始思考该如何看待和解释我眼中的这些场景，又该如何改进这些现象。这些都激励着我寻求恰当的教育理论来支撑。实践是呼唤理论的火车头，只有当实践产生了需要，理论才成为重要的工具，才为他人所学习。就像在附小，为什么这里的教师读儿童哲学的作品比其他学校的教师要快？究其原因是他们有实践的需要，能把这些作品应用于教学实践中。这些年走过，我深刻地体会到，实践是一切研究的重要出发点及落脚点。当然，研究的理论准备也是十分重要的。

实践就是一面映射百态的镜子，用心多看一事，就等于多擦一次镜面，"了应须自了，心不是他心"，先做个明白人。在这样的认识下，我开始追寻自己的内心。到小学工作，促成了哲学与儿童的相遇。出于工作的需要，我开始把研究的兴趣转向儿童哲学。

早在附小之前，我就曾注意过儿童哲学，当时我主编的《教育哲学》就在关注儿童问题。我是研究教育哲学的，来附小之后，我就在想能在附小做些什么，教育哲学和附小最大的交集又是什么。后来明确了儿童哲学是教育哲学和附小的最大交集。就目前世界主要几个国家的儿童哲学教育实践而言，主要有两种主流的实践方式：第一种方式以美国的马修·李普曼为代表，通过开发专门的儿童哲学教材如《聪聪的发现》，对儿童进行专门的儿童哲学教育；第二种方式以加雷斯·B. 马修斯为代表，主张成人应该与儿童展开平等的对话。附小的儿童哲学的研究和探索，有别于马修斯、李普曼的做法。它并不像欧美（如法国）或者我国台湾等地的学校一样，作为一门正式、成熟的课程开设的，但是能在附小寻常课堂的场景中，如同一面镜子，折射出儿童哲学正在逐步以普遍、多元的形式走进附小，走进各个学科，走进教师以及孩子们的世界。我们期望在我们的研究中，哲学精神能通过课堂教学、学科教学浸润到儿童心里，比如质疑的精神、合作的态度、交流的方法、合作的氛围。这种从实践中走出来的，具有附小自身特色的儿童哲学实践风格，暂且称为"第三条道路"。

附小多年来一直被誉为"吉林省基础教育的一面旗帜"。作为这样一所学校的负责人，如何在学校已有发展的基础上"更上一层楼"，是我重要的着力点。前任校长提出了"开放式·个性化"的办学理念，并进行了全方位的实践探索。在此基础上，我决定将学校下一阶段的发展定位于"内涵式发展"，为此，提出了"率性教育"的办学理念。"儿童是哲学家"就是"率性教育"的一个重要立论基础。

就这样，我们的"率性教育"研究开始逐渐扎根，也许我们此时的认识还是模糊的，但不管如何，既然研究已经开始了，我们就要往前走，努力将前进的脚步踏深、踏实。

二、书斋—田野：别开生面

（一）"书痴"的书架

人生中有什么事是可以坚持半辈子甚至一辈子的？于我而言，读书、藏书是我坚持了大半辈子并且打算坚持一辈子的事。我对书的"痴迷"开始于好书辈出、思想跌宕的 20 世纪 80 年代，那时便养成了购书、读书、品书、荐书的习惯。从以前的学部办公室到现在的附小工作坊，房间的大小、结构、摆设都变了，唯一不变的是伴随我多年的书和不断增加的书。我的工作坊里但凡是靠墙的地方都摆满了书架，书架上摆满了书。多年的积攒加上不断买入，粗略算一下，目前的书大概有 15000 册。虽然数量较多，但都是分门别类地摆放，要是问我办公室的有些物品在哪儿我可能一时找不到，但要是问某本书在哪儿，我可以立刻找出来。我的博士学位论文《现代性与教育：后现代语境中教育观的现代性焦虑与哲学应答》从开始写到成稿用了三四个月，在博士论文写作中算比较快的，但这绝非一日之功，而是源于我思考了很多年，知识积累了十几年。读书不是不苦，但这就是我的"痴"，我始终坚持，黎明即起，有书相伴，乐在其中。

有人说，从一个人看什么书就能看出他是一个怎么样的人，这大抵是因为书能体现一个人的兴趣，从我的书架也可以看出我的兴趣，尤其是学术兴趣。书架上很显眼的几排书就是封面极其相似的丛书系列。商务印书馆出版的"汉译世界学术名著丛书"、中华书局出版的"新编诸子集成"系列、上海古籍出版社出版的"十三经注疏丛书"以及生活·读书·新知三联书店出版的"现代西方学术文库"。这些丛书都是我精心收集的。除此之外，还有林林总总的哲学书、历史书。俗话说，文史哲不分家，人文社会科学学科之间是相互渗透的，研究教育不能局限于教育。我关注哲学、历史不仅出于研究的需要，哲学和历史对我有种特殊的魔力，吸引着我不断阅读、不断学习，始终是我这么多年的兴趣所在。

教育思想存在于几类人的著作中：一类是教育官员的著作，一类是一线教育家的著作，一类是理论家们包括教育理论家的著作。这是王逢贤老师讲的，我深以为然，所以有意识地搜集了几百种相关著作。第一类教育官员的著作，我主要关注教育部部长这个层面的著作。从马叙伦到何东昌，从柳湜到张承先，我专门搜集了十几位教育官员的文集。第二类一线教育家的文集，我收集了斯霞、赵宪初、史绍熙、李吉林、于漪等几十位教育家的文集，其中也有涉及语文、数学这样的具体学科的文集。第三类教育理论家的著作，其中包括人民教育出版社出版的瞿葆奎先生主编的丛书"教育学文集"。全书分26卷，最后一卷为《教育学文集·索引》，其中少数卷分上、下册或上、中、下册，因此共计30本书。还有人民教育出版社出版的"中国当代教育论丛""中国当代教育学家文库"，这两套书涵盖了我国当代具有代表性的诸多教育学名家名篇，包括顾明远、黄济、王逢贤、鲁洁、陆有铨等。此外，我还收集了北京师范大学出版社出版的"教育家成长丛书"，这套书涉及众多名师的先进教育思想、科学的教书育人方法和鲜活的教改经验。

在收集和阅读这些书的过程中，我越来越好奇这些人的教育思想是怎么来的，怎么生成的，怎么判断他们思想的价值。作为一名大学的理论工作者，于那时的我而言，关注理论问题、思辨问题是我的兴趣所在，也是责任和义务。具体来说，我特别关注教育学史、教育哲学史的演进和发展，关注理论层面、学科层面、文献层面的研究，争取发现新的文献或对已有文献做新的解读。加上我国当时教育学史研究不够充分，研究教育学史的书简直是凤毛麟角，很多问题还都是谜团，更使我意识到研究教育思想的重要性，也增强了我研究教育学史的渴望。

研究教育学史，收集史料至关重要。我用了将近 10 年时间，搜集了大量 1949 年到 1980 年中国重要的教育学书籍，现在书架上有几百种。其中包括 1948 年到 1954 年的《东北教育》杂志、全套的《人民教育》和《中国青年》杂志以及陕甘宁革命根据地教育方面的原始资料，连创刊号都收集到了。这些资料很珍贵，收集起来也非一年之功，需要大量的时间和精力慢慢积累。在我看来，研究期刊是研究教育学史很重要的一个切口。因为历史靠回忆来记录是有限的，杂志是那个时代比较完整地将历史保留下来的载体。当时我有意编一套新中国教育史料集，把最原始的教育革命的事件、原始资料、条例编辑成册。我还搜集了不少口述史的相关书籍，希望能够有机会采访一些老先生，使教育学的历史研究鲜活起来。

随着身份的转变，到附小工作之后，我已经很少翻阅这些史料和文集了，现在这些书上的灰都落得很厚了。在大学，终日埋首故纸堆，纯粹研究教育哲学、教育学史是理论研究的重要步骤。但是到了小学，我身处于活生生的教育现场，面对的是活生生的孩子，鲜活的教育一线摆在眼前不可能视而不见，再沉浸于史料中显然是行不通的，实践的紧迫感让我不得不转变研究兴趣。

我现在更关注与儿童、儿童天性相关的领域，研究儿童基本是从生理、心理和哲学三个层面展开。"率性教育"正是基于对儿童的研究而提出并展开的。

首先，儿童生理层面的研究不得不提生物学。生物学方面的研究我原来就有所关注，关心生物学上最新的科学进展，但是现在关注的力度大幅度增强，尤其关注从生物学角度研究人性。我的书架上有7个方格摆放了上百种这类书，可见其重要程度。这类书以前不曾出现过，属于我书架上的"新人"。达尔文、斯蒂芬·平克、戴蒙德、道金斯、威尔逊的著作都是我经常翻阅的，还包括认知神经科学、社会生物学、神经教育学相关书籍。我关注生物学的目的不仅仅是从知识层面看生物学，更重要的是生物学对研究教育问题意味着什么。怎么看待世界？怎么看待学生？怎么看待教育现象？怎么看待教学过程？生物学为研究教育提供了一种复杂的、有机的世界观和方法论。此外，生物学还启发我要很好地研究作为生命体的人的发展规律。这也为我到附小之后提出率性教育，尊重儿童的身心发展特点提供了理论铺垫。

其次，心理学领域的研究，但不是一般心理学，而是发展心理学、学习心理学的研究引起了我的兴趣。其中皮亚杰是重要人物，他的著作《儿童心理学》《发生认识论原理》《结构主义》《智力心理学》《儿童的语言与思维》值得反复阅读，反复咀嚼，反复回味，越读越发人深省。皮亚杰是生物学家出身，同时又是"接着康德说"的哲学家，致力于回答"人何以必然地把握世界"的问题。他几十年研究发生认识论，研究人的认识是怎么发生的。后来，与许多哲学家研究成人的认识不同，他从儿童时期开始研究，集中研究儿童的思维逻辑。皮亚杰的观点虽然受到儿童哲学先锋马修斯的批判，但总体而言，他的思想对儿童研究还是有巨大价值的。在附小，我们面对的是鲜活的儿童，如果不能研究和把握他们的心理特点和发展规律，科学地教育也就无从谈起。提出率性教育，并非"拍脑袋"的结果，而是研究儿童心理特征的结果。率性教育提出后又进一步研究儿童心理，用研究为教育提供一条科学的道路。

再次，儿童与哲学的交叉领域是我最为关注的，这一领域的著作也是我着重收集的。如：贾馥茗著作(15种)、《丰子恺全集》(50卷)、《杜威全集》(36卷)、洛克著作(英文版书信集8卷)、《卢梭全集》(11卷)，儿童哲学相关的书以及与《中庸》相关的书。之前关注卢梭和洛克主要是

《爱弥儿》和《教育漫话》，作为教育学的通识读物有所涉猎，但现在卢梭和洛克的书占了书架的很大一部分，有几十部。康德《论教育学》开篇就说："人是唯一必须受教育的被造物。""人类应该将其人性之全部自然禀赋，通过自己的努力逐步从自身中发挥出来。"①既然教育是人的教育，那就要以人性为起点，卢梭和洛克正是对人性有着复杂而清晰的理解的，他们对人性的见解深刻地影响着率性教育的理念。从以前研究教育哲学，到现在研究儿童，最大的交叉点就是儿童哲学。所以我对儿童哲学这一领域的研究非常突出。儿童哲学作为率性教育研究的一部分，既是我从大学到小学研究关注点的重大变化，也是重大融合。

角色身份变了，思维方式变了，研究关注变了，书架上的书有新有旧，有增有减，但是我始终坚持教育哲学这个研究兴趣不变。虽然教育学史研究明显弱化了，但是我对李泽厚、布迪厄、福柯、海德格尔、列维-斯特劳斯、格尔茨、涂尔干等哲学家、社会学家、人类学家的追踪从未间断。现在的研究兴趣也并非完全转变，而是多年积淀的再生和创造。率性教育的提出也并非突发奇想，而是多年关注研究的结果。20多年研究教育哲学，初心不改；到附小研究儿童率性，兼容并包。

(二)"脚踩"出来的文章

于我来说，发表文章一直是以实践需求为导向的，无论是15年的高校学生工作，14年的学术研究工作，还是任职附小校长，这一点从未改变。

在学生教育管理岗位工作期间，我发表的文章以学生教育管理为主，包括大学生思想、高校学生管理工作、高校社团等方面。这15年我一共写了40~50篇，如《大学生思维方式探析》《西方高校学生工作及其对我们的借鉴启示》等。我是国内比较早研究国外学生工作的。在学生工作岗位上，我逐步意识到高校学生工作要转向咨询、指导和服务，不能仅仅是管理。

---

① ［德］康德：《论教育学》，赵鹏译，3页，上海，上海人民出版社，2005。

2002 年 5 月起，我跟随王逢贤老师攻读博士。一入学我便开始思考论文选题，选了大概十几个题目，提纲交了十几个。在对 15 年的学生工作所积累的微观教育经验基础反思上，我最终选择了"理性和教育"。这个选题实际上是探讨后现代关注的问题，是怎么看待理性和主体性的问题，后来便确定为"现代性与教育"。

关注"现代性与教育"，源于它是一个真问题。十几年来我一直在思考一个问题，那就是现代人的精神危机和生命教育问题。我发现，现代人的精神危机问题，从宗教中寻求不是正确的方向，从伤感的乌托邦式批判中去寻求也没有出路，只有从历史唯物主义出发，从中国现实的历史发展阶段出发，才可能解决这样一个问题。我认为，这不仅仅是我个人兴趣的问题，它关涉成千上万中小学生的精神世界和生命意义的问题，也关乎我们如何看待我国教育观现代性的合理性与缺失问题。因为有些对现代性教育观充满焦虑的人认为，现代人的精神危机主要是现代性的教育观所造成的。经过十几年的思考，我发现，不是，远远不是。如果说要寻找原因的话，那只能从人类社会发展的自然历史进程中去找，只能跳出教育之外或者到教育表象背后去寻找。如果不是这样，那么人类几百年来所凝结成的所谓传统的、经典的和现代性的教育观将会面临着很严重的危机。①

自此，我便开始了研究"现代性与教育"之路。2001 年《终极关怀性教育与现代人"单向度"性精神危机的拯救》一文在《东北师大学报（哲学社会科学版）》上发表。2005 年，由我的博士论文开题报告整理而成的《教育观的现代性危机与新路径初探》一文发表，这是我在《教育研究》上发表的第一篇文章。2006 年，《论人类中心主义教育观问题》在《教育研究》上发表。这些论文的发表也算是对我研究"现代性与教育"的一种肯定。

---

① 于伟：《现代性与教育：后现代语境中教育观的现代化研究》，1～2 页，北京，北京师范大学出版社，2006。

　　关注现代性问题引发了我对本土性问题的关注。后现代的特点就是强调差异，不同民族、不同种族、不同国家、不同文化都有自己存在的理由和价值。正如前面所提到的那样，我对教育学界言必曰西方的现象甚为担忧，一直在试图寻找中国本土教育的根。2005年起，我兼任教育部人文社会科学重点研究基地东北师范大学农村教育研究所（现为中国农村教育发展研究院）所长。在任两年，这段经历使我脚踩在坚实的中国土地上，直面中国大地的教育问题，眼中更有国情。中国的基础教育是世界上体量最大，也是最复杂、最难的，尤其是中国农村教育问题纷繁复杂，很多问题是西方不存在的，很难完全用西方理论解释。中国传统、中国文化不乏生命力，不缺解释力，其中蕴含着丰富的教育思想。正是看到这些，我发现仅仅用现代性的理论很难完全解释中国的问题，所以更加关注地方化、本土化问题。

　　中国教育一直在向西方学习，却甚少思考什么可以学，什么不可以学，也就是如何看待普遍主义和教育理论本土化的问题。我在2009年发表的《本土问题意识与教育理论本土化》就是在讨论这个问题。世界上只有一种物理学，但是有很多种文学。自然科学可以搞普遍主义，但是涉及文化的领域就要考虑本土问题。教育同样不可以搞普遍主义。任何教育理论都只能是一个个性化的教育理论，对教育理论进行去个性化，也就是去情景化的推广可能是有困难的。① 既然已经明确我们不能照搬照抄西方教育理论，那么中国能不能有适合本土的教育理论呢？为了回答这个问题，我在2010年发表了《教育理论本土化的三个前提性问题》②。传统、知识和实践是教育理论本土化研究的三个重要的前提性要素。传统是过去发生的，却是属于未来的。传统能不能延续，不取决于昨天而取决于今天。教育传统透过教育理论文本承载，只有继承下去

---

　　① 于伟、秦玉友：《本土问题意识与教育理论本土化》，载《教育研究》，2009(6)。

　　② 于伟、李姗姗：《教育理论本土化的三个前提性问题》，载《教育研究》，2010(4)。

才会焕发生命活力。由此，便引发我思考中国传统文化中有哪些值得继承的教育思想。于是便写就了《先秦儒家之"礼"与我国教育的教化功能》①一文。我开始关注中国教育是什么，什么是中国教育的传统，教育对中国来说意味着什么，这是寻根的产物。后来，《儒家的濡化与国民性问题再思》②发表。这两篇文章都是我思考教育理论本土化的重要支撑。我还写了《中小学教育研究本土化：必要与可行》③，现在看来，这篇文章为我后来提出"率性教育"提供了思想基础。

在挖掘中国本土教育理论资源的过程中，我特别关注到陈元晖、王逢贤、黄济和李泽厚等诸位先生的研究。他们的研究是教育学本土化的重要方面。陈元晖提出了中国教育学的四大源头：《论语》《孟子》《礼记》《荀子》。受其影响，我才关注《礼记》，关注儒家思想。我专门写了《陈元晖先生与我国当代教育学研究》④《寻找把教育学托上天空的彩云——陈元晖教育学学术思想探析》⑤和《陈元晖先生的教育学家之路》⑥。此外，我还写了《往事并不如烟——追忆王逢贤老师》⑦《黄济先生教育哲学思想研究》⑧和《历史本体论与走向情本体的教育》⑨。这些文章有的看似随笔，是描述人和事的，实则也是关注他们如何探索、如何研究教育学和教育的，是教育理论本土化的重要资源。

我到附小之后提出"率性教育"实则也是对中国教育文化优秀传统的创造性转化，是我长期关注本土理论资源、长期关注我国中小学教育实

---

① 于伟：《先秦儒家之"礼"与我国教育的教化功能》，载《教育研究》，2013(4)。

② 于伟：《儒家的濡化与国民性问题再思》，载《教育研究》，2016(6)。

③ 于伟：《中小学教育研究本土化：必要与可行》，载《人民教育》，2014(19)。

④ 于伟、张聪：《陈元晖先生与我国当代教育学研究》，载《中国教育科学》，2013(4)。

⑤ 于伟：《寻找把教育学托上天空的彩云——陈元晖教育学学术思想探析》，载《东北师大学报(哲学社会科学版)》，2013(5)。

⑥ 于伟：《陈元晖先生的教育学家之路》，载《教育研究》，2014(1)。

⑦ 于伟：《往事并不如烟——追忆王逢贤老师》，载《教育研究》，2014(10)。

⑧ 于伟：《黄济先生教育哲学思想研究》，载《教育学报》，2010(4)。

⑨ 于伟、栾天：《历史本体论与走向情本体的教育》，载《教育学报》，2011(4)。

践的产物。与之前的研究不同，现在的研究不仅是理论层面上的探索，也是实践上的推进，更是理论与实践的互相促进。我结合附小的历史和实践，将"率性教育"解读为"保护天性、尊重个性、培养社会性"。基于"率性教育"的理念以及理念指导下的附小的实践，我和我的团队撰写了 20 多篇文章，其中包括《率性教育：建构与探索》①《一位小学校长的教育哲学之思与本土行动》②《教育就是要保护天性、尊重个性、培养社会性》③《原生态实践性研究：小学教育研究的本土化行动》④。这些文章构成了率性教育、教育研究本土化系列。

与其说这些文章是用手写出来的，不如说是用"脚踩"出来的。这听起来可能不太雅，但却是最贴切的表达。这些文章是从附小千千万万的教师和学生的实践中得来的。实践没到位，理论是不可能上去的。如果不到附小亲临一线，我写不出这样的文章，或者写不出这样结构的文章。来到附小，我离实践更近了，倾听一线的声音更真切了、更迫切了、更有感情了。切近实践，我所做的便是有问题意识、有本土情怀、有实践眼光的研究。所以当《率性教育：建构与探索》这篇文章在《教育研究》发表之后，我说："这是我沉浸在附小 1000 天的产物。"我一般早上 5 点多就到附小，吃在附小，学在附小，研究在附小。虽然我没有天天观察课堂，但是我办公室旁边就是教室，所谓"染于苍则苍"，耳濡目染中就受到影响。

这些文章是"由形下到形上""由器问道"，是顺应实践的需要，总结实践的经验而生发的。我本来是从事教育理论研究的，当我突然来到教育现场，进入"田野"，在附小看到这么多具体且鲜活的教学活动、教

---

① 于伟：《率性教育：建构与探索》，载《教育研究》，2017，38(5)。

② 于伟：《一位小学校长的教育哲学之思与本土行动》，载《人民教育》，2017(5)。

③ 于伟：《教育就是要保护天性、尊重个性、培养社会性》，载《中国教育学刊》，2017(3)。

④ 于伟、王艳玲、脱中菲：《原生态实践性研究：小学教育研究的本土化行动——来自东北师范大学附属小学的实践与思考》，载《中小学管理》，2017(1)。

师、学生，我应该如何审视和解释呢？要如何改进呢？这些都是需要理论作为支撑的。教育理论的形成绝非空穴来风，教育研究的核心要像医生一样——要看病，要解除痛苦，也就是要针对实践问题。所以，这些文章的撰写都是带有"泥土的芳香"，带有鲜活的实践气息的。

我深以为，这两年的成果要比单纯坐在书斋里面写文章更有价值。这些用"脚踩"出来的文章更有生命的深度和厚度，因为教育理论的创生需要临床，需要肥沃的土壤。附小广阔的教育现场使我从书斋式的理论研究进入田野研究，再用教育理论去透视学校和课堂中的一切，这样新的循环具有极强的生机活力。

(三)我与我们的研究转向

经常会有人问我到附小之后研究上最大的转变是什么，这也是我一直在思考的问题。虽然到附小一线工作，事务性工作不可避免，但是研究工作不能丢。思辨研究显然不能满足现实的需求，那么，作为十几年的理论工作者，我到附小能做什么，能研究什么？一进小学，最大的感受莫过于孩子们掀翻天的叫喊声。再加上我十几年研究哲学、教育哲学的积淀和敏感度，我非常简单直接地就想到"儿童哲学"。自此，儿童哲学便成为我到附小之后新的研究生长点。我和我的研究团队对儿童哲学领域的探索起步虽晚，但欣慰的是速度还不算慢。儿童哲学研究同时也是率性教育研究的一部分。关注儿童，关注儿童哲学，提出、研究并实践率性教育便是我研究上最大的转变。

1. 从 0% 到 50%

我从 2000 年开始担任硕士研究生导师，2005 年开始担任博士研究生导师，至今已经指导了百余篇硕士、博士研究生学位论文。这些论文是硕士生、博士生辛勤思考凝结的成果，同时在某种程度上也是我的研究领域和研究兴趣的微观反映。

15 年的学生工作经历让我保持着对大学、对青少年的理论敏感度，所以任硕士生导师之初的 2002—2006 年，我指导的硕士论文选题以大学教育理念研究和青少年心理发展研究为主。王添淼的《从学术讲座视角探索大学通识教育的研究》就是其中的代表。当然，论文选题中也不乏我一直关注的后现代思潮和教育学史研究。王芳的《觉醒的教育和农民的觉醒——从梁漱溟到弗莱雷》和白冰的《后现代视野下教师观的重读》就体现了一直以来挖掘后现代和教育学史理论资源的研究兴趣。2007—2008年，硕士、博士论文的选题集中在农村教育领域，尤其是农村职业教育研究领域。这与工作调动不无关系，2005年我开始兼任东北师大农村教育研究所所长，研究领域也向农村教育倾斜。张力跃的博士论文《我国农村职业教育困境研究——从社会结构与农民对子女职业教育选择的关系视角》就是农村职业教育方向。2009—2017年，这期间的论文选题延续了农村教育的研究方向，尤其在2010—2012年，农村教师培训问题研究非常集中，有4篇博士论文是研究农村教师培训相关领域的。除此之外，这期间的选题中，后现代思潮、教育学史中的重要人物、教育理论本土化和教师发展研究更为凸显。

可以说，到附小工作之前，我所指导的硕士、博士论文选题中基本没有涉及中小学教学的，基本没有涉及具体学科的，基本没有涉及儿童哲学的，也基本没有一位研究儿童天性和儿童发展的，过去的儿童研究是0%。

现在不同，在读硕士、博士的论文选题中至少有一半是研究儿童、儿童哲学、率性教育的。论文关注点包括儿童理性、儿童画、率性教育追根溯源、率性教学课堂实施等。虽然这些论文还没有完成，却有力地说明了我和我的学生团队的研究转向。现在的有关儿童教育的研究是50%。从0%到50%，这就是巨大变化。我们作为研究儿童哲学和率性教育的团队，近几年陆续收到海内外学者朋友寄来的研究资料，这为我们提供了丰富的研究资源。或许我们还不太懂儿童和儿童哲学到底是什么，但是研究已经开始了。黑格尔说，"在没有学会游泳以前勿先下水游泳"是一种误解①，人不能把游泳的理论技术都掌握了才开始游泳。

① ［德］黑格尔：《小逻辑》，贺麟译，18页，北京，商务印书馆，2011。

实践的紧迫感让我们不得不行动起来。在小学，儿童每天都有新变化，我们每天都可以发现不一样的东西，这大概就是研究儿童的魅力所在。

2. 不变中的百变

到附小工作之前，无特殊原因的话，我每周都会组织学生进行研讨。这个习惯一直延续至今。研讨的模式基本不变，以我讲为主；节奏基本不变，一或两周进行一次；时间基本不变，多数是在周六上午；人员基本不变，大多是在读硕士博士。研讨的内容、研讨的思想基本上一以贯之，我的基本思路是要给学生基本性的、经典的、前沿性的理论。但是到附小之后，研讨在慢慢发生变化。现在看来，变化还只能算是微调，但能看出我们的研究在慢慢地倾斜。2014 年 8 月是一个分水岭，之后的研讨内容与之前相比较便可初见端倪。

2014 年 8 月以前，每次研讨的内容虽有不同，但大多以一两本书或文章为载体解读思想，集中在理性、主体性、教育学史、思想史、方法论这几个主题上，研讨的人物集中在福柯、布迪厄、葛兆光、李泽厚、赵汀阳上，关注马克思的思想以及教育理论和实践问题。2011 年，葛兆光关于思想史的研究我们就研读过两次。2012 年，布迪厄的思想也研读了两次。理性、主体性与教育研读过四次之多，而且研读得非常细致，分析理性的起源和分类，感觉、知觉、思维、逻辑、认知这些概念及其关系，还讲到科学、实证、量化、陈述、真实、实在、虚假等 100 多个词，并通过关键词来谈怎么看待理性和教育。2013 年 6 月，研讨的是教育思想的类型与创生、表达、传播。研讨的内容中也不乏教师、教学和学习的相关探讨，那时的思考方式是，教育哲学一定要聚焦这几个问题，因为它们是教育中最核心的问题。所以这些关注点是放在教育哲学的大背景下的，是从理论、学理层面进行探讨的。

2014 年 8 月以后，从研讨本身来看，没有出现特别有转折性的变化，但在慢慢微调。教育哲学的一些相关内容在研讨中依然延续着。赵汀阳的《第一哲学的支点》、渠敬东和王楠的《自由与教育——洛克与卢梭的教育哲学》以及李泽厚、布迪厄的著作仍然研读，理性与教育以及马克思的思想也在坚持关注。但是纯粹教育学史或思想史的内容明显减少了。有减少就有增加。人性、生物学、心理学与教育的主题研讨就进行过四次，其中皮亚杰的思想就研读过两次。史宁中教授的思想也研读过多次，尤其是其著作《数学思想概论》中的归纳推理思想，我们进行了仔细研读。研读皮亚杰和史宁中教授思想的重要方面就是为一线教师提供理论指导，让他们更好地理解儿童、理解教学。这是贴近一线、倾听一线的声音、关注微观教学的结果。儿童哲学研讨过两次，这是新增加的领域，之前的研讨完全没有涉及。专门讲率性教育的研讨有两次，其实基本上从 2015 年 9 月之后的研讨都会多多少少涉及率性教育，包括研讨人性、生物学、心理学等，其实也在为率性教育研究提供理论支撑，儿童哲学研究也是率性教育研究的重要内容。

3. 从"形而上"到"形而下"

从 2000 年起，我每年都会给研究生讲授教育哲学相关课程，至今已经延续了 20 多年。我从第一次授课就采用专题讲解的形式，这种形式一直未曾改变。根据当年热点问题或兴趣关注点的变化，每年讲解的专题都会有所不同。但是由于教学内容限制，要保持相对一贯性，所以做出的调整也很有限，近两年的调整相对明显一些。

刚开始上课的时候，没有系统完整的教育哲学教材，加上当时我对教育哲学领域还缺少系统的思考，所以当时采用的教材是现有的西方哲学史的相关书籍。两年之后，有了自己对教育哲学的思考，我就开始自己编写提纲，组织专题。20 多年来，我讲过的大大小小的专题有十几个，绝大多数都是研究"形而上"的问题。有的专题只讲过一两次，包括现象学、审美与教育等。有的专题几乎年年都涉及，包括教育哲学简史，理性、非理性与教育，知识、经验与教育，人性与教育，自由、公平与教育，现代性与后现代性，毛泽东教育哲学思想。有的专题虽然出现频率不高，但每隔几年就会讲一次，包括批判理论与教育问题、教育目的、教育理论与实践问题。2009 年以前的专题多以研究问题为核心，2009 年以后出现了很多以思想人物为核心的专题，包括福柯、布迪厄、吴俊升、傅统先、李泽厚等。同时，专题内容更加关注本土性问题，挖掘本土教育哲学资源，包括民国时期的教育哲学、《礼记》中的教育思想。从这些大大小小的专题中可以看出，我主要的关注点是在现代性与教育，后现代与教育，经验、知识与教育，公平、自由与教育，人性与教育这些方面上，更多地是站在"云朵"上从理论思辨层面进行探讨。

近年来，尤其是 2015 年以来，我主要讲以前从末讲过的专题，包括率性教育、陈元晖教育哲学思想、王逢贤教育哲学思想、史宁中教育哲学思想及洛克、卢梭的教育哲学思想。长久以来，我一直坚持挖掘中国自古以来的本土教育资源，同时也非常重视挖掘东北地区、东北师范大学的理论资源。王逢贤和史宁中的教育思想之所以作为专题讲授也正是基于这样的理念，这些人物的思想是我们身边宝贵的理论财富。此外，儿童哲学也是近年来一直在讲的专题。早在 2004 年我就讲过一次儿童哲学与教育，当时只是把儿童哲学作为一个新鲜的领域，仅仅是从知识的角度，认为儿童哲学是教育哲学体系中的一部分，和其他领域同等关注。我现在讲授儿童哲学专题不仅仅是兴趣所在，也是理论的深度探索，更是与附小实践的共同推进，因此对儿童哲学的理解也就更加深入透彻。洛克与卢梭的思想作为专题讲解也是由关注儿童、关注天性生发而来的。率性教育专题是我和我的团队理论探索的成果，更是附小实践的结晶。儿童哲学和洛克、卢梭的教育哲学思想作为专题授课，一定程度上讲都是率性教育专题的延伸，都是关注儿童、关注天性、聚焦附小的产物。相较于之前，这些专题的提出和讲授明显更具实践色彩，是扎扎实实从实践一线生长出来的，饱含着"形而下"的意义。

三、教授—校长：云开雾散

岁月如梭，不知不觉我在附小工作的时间已接近 3000 天，自"率性教育"提出以来所开展的实践探索也超过了 2000 天。正如前面所说，我认为一名校长，要领导好学校，就必须懂得教学，这就像去农村要理解农民一样。如果缺乏对教学现场的直观感受与理解，我与附小便会由于缺乏"共在"的融合，而依然是两个相互"陌生"的存在。所以我的一个重要工作就是尽可能抽出时间去听课。这些听课经历让我获得一个全新的视角，也让我明白小学教育是一个十分复杂的问题，非一朝一夕可以了然。

(一)校长是临时工，教师是永远的

有人说，校长是思考明天的事情，副校长是做今天的事情。我觉得有道理。校长所要处理的事务的确很多，但我认为其实有些事并不需要我去管理。我需要做的是把握学校的发展方向，为学校的发展出谋划策。校长首要的领导力是思想领导力，校长必须具备先进的教育教学思想。如果里里外外的事情，作为校长都要过问，就会有开不完的会，办不完的事。

在小学教育中，我认为课堂教学始终是第一位的。我并非不重视德育，而是强调课堂教学是学校教育的主阵地，即使是德育也要以课堂教学为主阵地，以课余活动为辅助。

要真正理解教学并非易事，这是一个需要不断学习与积累经验的过程。我从事了多年的教育理论研究，然而真正到了教学现场才发现我对教育的理解并非自认为的那么熟悉。虽然事先我会做相关的准备，研究小学各科的课标，但是进入教学现场才知道这远远不够。懂得课标并不一定就懂得教学，因为课标是抽象的、简约的、静态的，而教学是具体的、复杂的、动态生成的。我听第一堂课的时候很苦恼，不知道如何听课、评课，刚进入课堂甚至有点不知所措。从理论层面来说，我在课堂理论层面比较熟悉，对于什么是课程，什么是教学以及教学的各个环节可以说是轻车熟路。但真正走进课堂之后，我就感受到以前讲授的理论都是纸上谈兵。在听课的时候该听什么，该看什么，按照什么线索进行课堂记录，这都是需要一定的经验与功夫的。由此可见理论与实践之间的差距。所以，挑战最大的就是理论准备不足。因为那个理论不一定切合这个实践，或者这个实践不一定需要那个理论。

听课打开了我走进教学、走进教师、走进儿童的大门。结合相关的理论，深入教学现场听课、评课，我逐渐对小学教学有了一定的理解，也在交流互动中慢慢形成了自己的观点与看法。通过走进课堂，我觉得我开始真正走进小学教学，对教师、儿童、教学过程的认识逐渐由陌生变得熟悉。对于他们的理解不仅仅是抽象的概念、符号，而是在形象而具体的实实在在的人与物的互动中，所产生的具身认知的过程。进一步而言，这不仅将是一个自我提升的过程，也是与教师们产生价值共鸣、构建共同体的过程。作为一名新任校长，不是仅仅依靠几次讲话与报告就能够获得大家的支持与认可的，更重要的是能够真正融入教师队伍之中，理解教师、尊重教师，走进课堂、走进教学，在沟通与互动中共同进步与成长，充分发挥校长在教育教学思想方面的领导力，否则校长就是"规定动作"的"传声筒"与机械的执行者，忽视了小学教育根本任务，成为离开了教育之"魂"的"局外人"。

除了听课，我还十分注意与教师日常的沟通与交流。有一件事我记忆犹新，这件事让感受到了一种被接受与认可的归属感与融入感。2014年12月30日，我去繁荣校区看望教师们。新年将近，我给大家送上祝福并即兴讲了一番话，其中我谈到我们的教育要"少搞一刀切，打破完美主义"，"校长是临时工，教师是永远的"，大家都非常赞成，认为我讲得很有道理。那时候，我们还建了"率性教育"的微信群，到元旦的时候教师们基本上都加入了微信群。我刚去还不足半年，与很多教师之间并不熟悉。"率性教育"微信群的建立为我们建立沟通联系提供了便利。当我的话得到大家的赞成、认可，以及大家与我交流时，我就有一种幸福的感觉。我感到我和附小的教师有了共鸣，尽管彼此陌生，但心与心的距离更近了，尤其是当我一个一个地通过教师们的微信好友申请的时候。通过日常交流及"率性教育"微信群这样一个交流平台，我与附小的教师建立起一种思想上的联系与价值的融通，在这样一个"大家庭"中相互沟通、交流与学习，共同成长与进步。

总而言之，通过走进课堂、走进教师、走进学生，通过教育共同体成员之间的相互沟通与合作，我与教师之间的距离越来越近了，我对附小的认识与附小未来的发展逐渐清晰起来。之前的迷雾逐渐消散了，对于率性教育的探索，目标也更加明确了。

(二)作为"家族群像"的公开课

我听的课中三分之一是普通课，三分之二是公开课。刚来的一年，我主要听常规课。后来逐渐感觉我应该听公开课，因为公开课在某种程度上代表了附小的最高水平。公开课具有典型性、示范性和引领性，这是公开课吸引我的最大方面。

原来我不欣赏公开课，觉得它是"作秀"，是做表面文章，是搞形式主义。但后来，通过一段时间的听课，我才发现事实并不完全是这样。公开课是某一个教师，在某一个阶段，使出最大力气所能达到的最高水平。这一课能展示出一个教师的潜力。之所以发生这样的改变，是因为我看到了教师们为这一课所下的功夫，他背后的团队所下的功夫。公开课是学校教学教研的窗口，最大限度展示了一个教师可能到达的境界，意在为大家提供一个"靶向"，放大阶段性研究成果，促进更多人的关注，让授课教师能够听到专家、同仁、同事等多方的评价及建议，以促进下一阶段研究，继承成功经验，避免问题重复再现。

公开课通常是个人及团队倾心用几周甚至数月磨出来的课，是站在国内外的前沿，在师傅的指导和个人的努力下往前探索的，从内容选择到整个教学过程的把握，包括教学设计都是在团队的指导帮助下完成的。对上课的教师而言，公开课是促进教师个人专业化成长的一条捷径，也是团队集中力量在阶段性时间内攻坚克难的一次练兵。在几轮的试讲、备课中不断调试方案，不断调整内容及过程，将行动研究的方法浓缩在一节课中，倾注了这么多心血，就更值得研究。无论这节课是否成熟、完美，这都是一节有希望的课。

(三)成也？非也？

经常有人问我：从大学教授转变为小学校长，是什么感受，和大学相比怎么样？我感觉从大学教授到小学校长，整体来说是一件好事。刚听到任命附小的通知时，我有焦虑不安，因为研究小学、领导小学并非我的主业。对于很多人来说要走出长期习惯形成的"舒适区"应该都不太容易，这需要决心与勇气。我记得我刚到附小时就有各种不适应，例如我的作息习惯需要和附小保持一致，在大学相对而言没有那么严格；我需要适应附小的"热闹"，儿童的天性就是好动好玩，一到课间整个校园就热闹起来。我习惯了大学安静的办公环境，当时觉得难以安心，但也没有办法。我们不能强制儿童服从我们的需要让他静下来，而是要去适应儿童本有的天性。随着我在附小待的时间越来越长，我也就习惯了，那些喧闹就如"耳旁风"。困难总是有的，但也正是不断地克服困难，人才能够成长。

对我个人而言，来到附小之后一个重大的变化就是我自主支配的时间减少了，我读书的时间被压缩了。在大学，我即使在学部当部长也有比较充分的时间读书。但是来到附小之后由于事务繁多，属于自己的时间十分有限。虽然我的工作坊就有 1000 多本书，但是我真正看书的时间比较少。白天忙于各种事务几乎没有时间看书，我看书的时间主要集中在上班以前和下班之后，也就是上午七点半以前和下午四点半以后。同时也会利用周末在工作坊和我的团队、学生一起读或者我自己读一读。从个人读书与理论研究的角度而言，可能在附小不是一件明智之选。然而从另一方面来看，我离教育现场、教育实践更近了。我倾听一线师生们的声音更真切了、更迫切了、更有感情了。教育中的很多现象、问题，仅仅从书本上获取有其局限性，毕竟书本是他人的经验、间接的经验，多是抽象的概念符号，如果不进入教育现场深入理解与把握具体事件，就难以获得准确而直观的认识，也难以产生心灵与价值的共鸣。

我一直觉得教育学就像医学（我爱人是医学院校毕业，她是生物化学及药学方面的专家，这一观点受她潜移默化的影响），一个研究医学的人，只有当他离病人、医院更近，他才能够准确知道什么样的医学理论适应什么样的病症与群体。尽管在一线可能更嘈杂，事情更多，甚至环境不那么纯粹，但我觉得来到附小就是一个难得的深入教育一线的机会，走进一线对于理解教育和研究教育，都更具有教育价值与意义。

田野与情境是催生理论与思想的源头。走进教育一线，既是我进一步理解教育的过程，也是我逐步建构起教育认知的过程。走进教育实践，走进师生，理论才能够得到更进一步的充实与完善。在行动与研究的交互生成中弥合理论与实践之间的空隙，让理论更加切合教育实践的需要。虽然对纯粹的教育理论的学习与研究减少了，但是当我参与到具体的教学活动，如听课、评课、交流互动等情境中时，我的思考在情境中被激发，催生了即兴的具有实践感与情境感的思考。尽管我忙于附小的各种事务，但是我仍然在教育的田野、情境中开展着教育的思考与研究，和我的团队、教师及学生在一起思考率性教育的理念和实践。

这些年我和我的团队围绕着率性教育的理念和实践撰写了一些文章。这些文章在某种程度上也是实践需要的"逼迫"。教育实践促进教育的思考，没有思考与理论的实践容易有盲目性。可以说，我们能有成果主要归功于有实践。率性教育的几篇成果包括什么是率性教育、什么是率性教学、如何实施率性教学等内容的阐发，都是在实践中有感而发。一线教师们鲜活的实践既给我提供了思考的空间和土壤，催促我加快思考、提炼和总结。这个过程既是一个痛苦的过程，也是一个幸福的过程，其中交织着许多情感，在"率性教育"的路上我们痛并快乐着。

从我个人研究兴趣而言，理论与实践的关系问题也是我一直关注的话题，附小让我对理论与实践的关系有了更加形象具体的理解。我认为教育理论的创生是需要临床的，是需要肥沃土壤的。它不仅需要历史文献的大量积累，更需要躬身实践，在鲜活的实践中去感悟、抽离和概括。过去我的研究是坐在书斋的摇椅上写出来的，现在是走进了教育的田野，是用"脚踩"出来的，夹杂着泥土的芳香。实践是催生理论的土壤，理论是指引实践的指南针，只有置身于教育的田野，才能够真切地感受到我们需要什么样的教育理论与教育实践。身处附小，就是身处在一个理论与实践交织与互动的过程中，正是这个过程促使我们不断地成长与进步。

　　来到附小既是一个机遇，也是一个平台，在这里我更懂得了什么是教育，什么是好的教育，什么是好的教育研究。无论是工作还是科研，来到附小都是一件很幸福的事情。当我每天身处于附小，看到孩子们纯真的笑脸、听到他们充满童真却又富有哲学精神的话语，我有一种满满的幸福感，更有一种责任感。我深感自身仍有诸多不足，附小还有很长的路要走，还需要持续不断地探索，率性教育更需要不断地在理论与实践的相互沟通与转化中共同完善。回首过往，如白驹过隙，谈不上有很大的成就，但至少一直走在林中路上。华东师范大学叶澜老师曾经对我说："我是在不同学校待了可能有 1000 天了，但是你是在一个学校超过 1000 天了。"关于"率性教育"的探索我们已经起步，在附小接近 3000 个日夜，"路漫漫其修远兮，吾将上下而求索"！

第五章　寻　源

　　"寻源"的过程既是研究过程，也是反思过程，同时还是深度思考的过程。这章的内容大体勾勒出了我二十多年研究的基本思路与行动脉络。整体上的思路是由近及远，由远推近。所谓"寻源"就是从"我"的角度来探寻率性教育的根源，从率性教育再反观我的思想建构历程。率性教育不仅是"我"的一种理论建构，也是对"我"自身生命历程、思想历程的一种折射。

一、"天命之谓性，率性之谓道，修道之谓教"

　　确切地讲，我最早关注"率性"这个词是在 2001 年。在北京师范大学黄济老师 80 岁生日庆祝活动上，我和石中英教授在交谈中谈到了陈元晖先生。1994 年，陈元晖先生曾和当时还在读研的石中英说，中国有自己的教育哲学，中国最早的教育哲学就是《中庸》，尤其是开篇的三句话——"天命之谓性，率性之谓道，修道之谓教"，表达了中国人对教育的根本理解。① 以前，我只是对这三句话有简单的了解，但是从那以后，我就开始格外重视《中庸》，尤其是开篇的这三句话。所以在 2014 年 8 月，在东北师大让我到附小来之前，我就跟教育学部建议，希望《中庸》里的这三句话能够永远刻在田家炳教育书院的大楼上。后来教育系 1998 届毕业生做了题有"率性之谓道，修道之谓教"的匾。《中庸》及

---

① 于伟等主编：《教育学家之路》，118 页，长春，东北师范大学出版社，2014。

88

其中的这三句话使我更多地关注中国本土的文化资源。

2001 年和石中英教授那次交流，已经过去二十多年了。所谓"念念不忘，必有回响"，今天提出的"率性教育"就是一种回响。站在教育哲学研究者的角度，我有着自己对于"率性教育"的深刻理解，或者说我已经赋予"率性教育"独特的内涵。这一教育理念的提出，使附小更注重从"人"的发展视角和高度叩问学校教育的本质，核心更加指向对人、对教育的理解，使学校精神文化在传承、凝练中走向创新。①

"率性"这个词，特别是《中庸》里边这三句话，有它特定的时代意蕴和历史文化内涵。如果我们要把它作为一所当今的小学的教育理念，那么就需要对其进行创造性转化。首先，"天命之谓性"中，"天性"二字既有大家直观的理解，比如说自然意义上的天性、社会意义上的天性，也有比较深刻的内涵。"天命之谓性"，其意思是说，不仅基因遗传给后代，决定了后代的本性、特性，而且从家族代际承继的角度，后代也承担着一定的社会历史使命。鲁迅在《阿 Q 正传》里边还提到，阿 Q 始终在讲"不孝有三无后为大"②。这个"无后"，不仅是生物意义上的，还是社会意义上的，如我们的祖业、家业得有传承。总的来说，我们这里讲的"天性"，主要是生理、心理意义上的，也包括社会意义上的。这样的思考，来源于对我们国家小学教育存在问题的观察。我国小学教育存在的弊病是：对儿童的天性保护不够、关注不够，"一刀切""完美主义"的观念盛行。

其次是"个性"。"个性"的提出来自附小的传统。东北师大附小上一任校长十几年来一直坚持"开放式·个性化"的教育理念。这些词代表了那样一个时代，代表了附小过去很多年的积累和探索，同时这也是当下时代的需要。现在的时代，正需要关注差异，凸显个性，将"个性"放在率性教育之中，是响应时代之需。

---

① 于伟：《学校文化不是打造出来的》，载《中国教师报》，2015-12-02。
② 鲁迅：《阿 Q 正传》，85 页，北京，人民文学出版社，2014。

最后是"社会性"。"社会性"跟儒家的内涵有相通之处。从某种程度上讲，《中庸》的内涵就是在讲要培养什么人。我认为它要培养的是信奉"中庸之道"的人，"和而不同"的人。"社会性"这一部分包含着新时代的重要内涵，比如社会主义核心价值观，教育方针、教育目标、教育内容里面的基本要求。准确来说，任何时代的教育都要培养社会化的人，只是不同时代会有一定的差异。

我的学生曾问过我，率性教育除了天性、个性、社会性之外，有没有其他含义，例如集体性、公共性等？或者说天性、个性与社会性在逻辑上是否自洽？其实，如何看待这三句话，好多学者都曾和我交谈过，也问过类似的问题。我认为这三句话的关系是：保护天性是起点，尊重个性是起点也是目的，培养社会性是终极目的。我们提到的公共性、集体性等都可以在社会性的培养中来体现。

在 2015 年召开第一届儿童哲学与率性教育高峰论坛的时候，国内很多教育基本理论、教育哲学的学者来到附小，对"率性教育"提出了自己不同的看法或者观点。总体上看，国内教育理论界的专家们，包括顾明远老师、叶澜老师、谢维和老师、吴康宁老师以及石中英、李政涛、刘晓东、金生鈜、陈建华、康永久、刘良华等专家，大多是支持和赞同的。当然，学术界对《中庸》有各种各样的解释和理解，因为《中庸》已有两千多年的历史，相关著作与文章不计其数，各种观点也层出不穷。我们用这三句话，可以称之为"为我所用"或"六经注我"。我们要想把这三句话弄清楚、学明白，估计还需要很长的时间去参透。会议期间，石中英教授曾对我说，附小独特的空间设计、开放式的教室设计，无不在向我们诉说着对教育的一种期待。我们看到很多孩子的作品，看到了个性的表达。所以石中英教授认为，第一次在小学召开教育哲学会议，这是最独特的地方，是要写进教育哲学历史文献中的。石中英教授的话中也蕴含着附小对教育、对孩子的一种期待。"率性教育"还有一种对儿童生活的期待。我的期待或许愿景很朴实，那就是希望附小的孩子能快乐一些，自在一些，自由一些，能对未来的美好生活充满向往。因为"自由乃是人性的一个部分，放弃自由，丧失自由，就是丧失人性"①。再质朴一点地说，就是让孩子愿意上学，愿意上课，喜欢学校。我觉得这是我们办教育尤其是办小学教育的人的愿景和期待。

二、率性教育是东北师范大学教育理念的继承与发展

东北师范大学大力倡导"尊重的教育""创造的教育"，其核心目的正是解放儿童，让儿童成为教育中的主人，让儿童获得更多的自由和关爱。率性教育正是体现了儿童本位的教育。率性教育思想的提出，是东北师范大学教育理念在基础教育中的继承和发展。② 作为东北师范大学的附属学校，附小之所以能够提出率性教育理念，与东北师范大学历任书记、校长的顶层设计密不可分，与我国教育学家、东北师范大学教育学科的创建者陈元晖先生以及王逢贤先生的研究密不可分。

我国当代著名教育学家陈元晖先生是东北师范大学教育学科重要的奠基人。我清楚地记得，2013 年筹备陈元晖先生百年诞辰纪念活动的时候，我写了一系列关于陈元晖先生的兼具回忆性和思考性的文章③。陈元晖先生对中国古典教育哲学的思考和研究独具慧眼，对我形成率性教育理念有很重要的启发和影响。陈元晖先生不仅是我国当代著名的教育学家，也是非常著名的哲学家、心理学家，同时有着深厚的国学修养和宽广的国际视野。他对中国文化有着深刻的理解，并富有创造性地提出了中国教育学的四大源头——《论语》《礼记》《荀子》和《孟子》这四部著

---

① 于伟：《公民抑或自然人——卢梭公民教育理论的前提性困境初探》，载《教育研究》，2012(6)。

② 于伟、王艳玲、脱中菲：《原生态实践性研究：小学教育研究的本土化行动——来自东北师范大学附属小学的实践与思考》，载《中小学管理》，2017(1)。

③ 包括整理出版《教育学家之路：纪念陈元晖先生诞辰一百周年集》(东北师范大学出版社 2013 年出版)，撰写学术论文《陈元晖先生的教育学家之路》(发表于《教育研究》2014 年第 1 期)、《陈元晖先生与我国当代教育学研究》(发表于《中国教育科学》2013 年第 4 期)、《寻找把教育学托上天空的彩云——陈元晖教育学学术思想探析》[发表于《东北师大学报(哲学社会科学版)》2013 年第 5 期]等，同时组织召开了陈元晖先生百年诞辰纪念活动。

作。他一生执着于中国教育学研究，尤为重视中国教育学史的深度研究。陈元晖认为，我们编了上百种关于教育学的教材、著作，但是千人一面，没有特色，说到底就是研究不够。其中一个重要的原因就是哲学基础研究不够，教育学史研究不够。他说我们要努力面向未来，面向科技的新发展，面向教育实践和教育理论。他在《中国教育学史遗稿》中说："最迫切的希望是能写出一本新教育学……新教育学应该是总结中国古代文化遗产的著作，它不是'进口教育学'，而是自己的两千年宝贵经验的结晶。"①中国教育学这 100 年基本上都是"进口的教育学"，德国的、日本的、苏联的、美国的，所以要争取使我们的教育学成为"出口的教育学"。什么时候能让外国人为了学中国的教育学而要学汉语，那个时候我们就可以说中国的教育学非常不错了。从时代背景来看，陈元晖先生既有国际眼光，又有强烈的民族文化自信，是当之无愧的教育学大家。

陈元晖先生还认为，哲学与教育学不是两种不同的行业，而是同行。"教育学如果不同哲学结合，就失去了理论基础，缺乏理论基础的学科就不能称其为科学"，而"教育学之所以长期处于贫困的境地就是由于它忽视哲学"②。有人曾经问过陈元晖先生：用 30 年的时间做哲学研究，是不是转行了？陈元晖先生不认为是这样："我学哲学并不是'改行'，我也是想为教育学寻找一朵彩云，把它托上天去。"③陈元晖深厚的哲学素养彰显出其他教育学家难以比拟的学术优势，"使他能够从不同的哲学维度审视教育学的基本理论问题，尤其是高扬'新教育学应该是辩证法的'大旗，以马克思主义哲学的视角深度探讨教育实践，为其构建'真正的教育哲学'奠定了重要基础"④。

陈元晖先生不仅对教育学进行了深入研究，而且也从心理学视角对

---

① 陈元晖：《中国教育学史遗稿》，12 页，北京，北京师范大学出版社，2001。

② 《陈元晖文集》上卷，"序"3 页，福州，福建教育出版社，1992。

③ 《陈元晖文集》上卷，"序"4 页，福州，福建教育出版社，1992。

④ 于伟：《陈元晖先生的教育学家之路》，载《教育研究》，2014(1)。

教育学进行了系统的探讨。在陈元晖看来，"我们不但需要从教学方法等技能问题上谈教育，从教学对象的心理样态上论教育，而且更为重要的是要不断地'跳'出教育来反观教育事业。而哲学无疑为教育理论提供了一个反思的视角和平台"①。

提出"率性教育"也深受王逢贤先生的影响。王先生对儿童和学校教育的研究非常深刻。王老师的视野里始终有实践、有儿童。他到中小学去的次数虽然不多，但他始终关注一线。我记得我们的博士考试和本科考试，总有一道题是结合实际进行案例分析。王老师认为，考试中一定要有一道题是联系实际的，要用案例，用所学的理论做分析，来考查学生是否理解这个理论，是否具有用理论来分析问题的能力。王老师有关教育有规律、关注实践、关注儿童等重要思想对我影响很大。在总结整理王逢贤先生教育思想的时候，我们十分注重王逢贤先生对德育的理解，或者是他对于德育的学术贡献。我们今天提出的"率性德育"实际上也是对王逢贤先生德育思想的一种延伸。

王老师对儿童身心发展规律特点有着深入的研究。王老师心中有学生，有儿童。从王老师的研究来看，他写过很多有影响的文章。王老师在《爱的教育、陶冶教育新探》[发表于《吉林师大学报》（现为《东北师大学报》）1980年第2期]一文中明确谈到了"救救孩子"与教育的信仰危机问题，提出了"教育爱"是教育力量的"能源"。② 1983年，王老师所写的《少年期的本质特征和教育》，在当时产生了很大的影响。从王老师的教育实践来看，他十分愿意接触儿童，儿童也非常喜欢他。王老师从20世纪50年代就已经开始关注、研究德育问题。譬如在1959年，31岁的王老师撰写的一篇长文《关于普通学校思想政治教育的几个问题》，落款是"吉林师范大学教育系教育学教研室教师"。这篇文章的原版还是黄色的纸张，有60多年历史了。王老师有个特点，他十分重视搜集来自

---

① 于伟：《寻找把教育学托上天空的彩云——陈元晖教育学学术思想探析》，载《东北师大学报（哲学社会科学版）》，2013(5)。

② 于伟：《往事并不如烟——追忆王逢贤老师》，载《教育研究》，2014(10)。

教育一线的个案，不论是儿童发展还是班主任工作，包括德育工作。为了追忆王先生，我曾专门在《教育研究》上撰文《往事并不如烟——追忆王逢贤老师》，回忆王先生对于青少年研究、德育研究的过往。

"率性德育"的提出与王先生长期以来对我的教育和教导密不可分。"率性德育"是 2017 年 7 月提出来的。"率性德育"的思想，既是从"率性教育"出发进行的引申，同时也是对王逢贤德育思想的实践。因为我的德育知识和德育理论是王老师 1983 年在我读大学本科时教给我的，当时我正好是 20 岁。王老师讲德育原理课程，我是课代表。我当时学得特别认真，王老师认为我书读得不少，知道不少，但就怕我见异思迁，浅尝辄止，告诫我要专一，要"沿着一条道跑到黑"。在王先生的引导下，我对教育的理解也逐渐深刻。"率性德育"有三个关键词。

第一，有过程。一个人德性的修养过程是个长期的过程，而且是一个春风化雨的过程，甚至是一个无痕迹的过程。尤其在人年纪小的时候，环境的熏陶、活动的体验，这些作用是很大的。王老师在 1979 年就讲，人的德性形成过程是一个知、情、意、行的活动过程。有知未必就有德，二者不完全是一回事。

第二，有尊重。这是我们特意强调的，德育的活动不是搞形式。我们有时候把德育的活动当作场面来看。比如一拍照片就要站得很齐，或者参加的人很多，或者场面很热烈，其实"德"的形成过程既要有热烈的场面，还要有一个沉思的过程，因为"德"的形成不单纯是个训练过程。有尊重，就是要尊重学生人格、人性，整齐划一就容易忽略个体。要尊重学生品德发展的规律特点。这方面我们研究得非常不够。王老师早就讲，我们要研究马卡连柯、皮亚杰、科尔伯格。德育工作的确需要经验，但德育工作不能完全凭经验。因为经验不上升到理性，它永远只是个案，只有从个别上升到一般才能是理性的。

第三，有道理。德性的形成很重要的就是得讲道理，得平等交流，而不是机械记忆。因为背起来容易，入脑入心却很难。如何在我们的德育中把讲道理贯穿始终，贯穿到各个环节，这是非常重要的。从家庭德育来看，有的就不讲道理，要么孩子不讲道理，要么家长不讲道理，一味采取服从或者命令的方式就容易导致暴力。学校不能搞命令主义，不能搞绝对服从，不论是思想观点还是德性、行为，都要从商量、讨论做起，这样才能够真正内化于心，外化于行。

我对附小最初的印象就来自王老师。1983 年 11 月，在学习德育原理课的时候，王老师领我们参观附小的少先队活动。那是我第一次进入附小。如今头脑中依旧清晰记得附小自由校区简朴的画面：二层楼、沙土操场、一个旗杆、一个由砖头和水泥堆砌成的领操台。

王老师是比较单纯、善良的人。他不是市侩，不是学阀，也不是官僚。他的心很纯净，在海内外学界好多人都很尊重他。王老师将每天的《参考消息》《光明日报》《中国青年报》做成剪报，分门别类标上日期存放。我手中有一部分留存。这些资料很值得去读，因为它是有温度的。王老师去世前四个月写的最后一篇文章，纪念陈元晖先生的手写稿，我也保留着。当时我不理解他为什么写得那么慢，在2013 年 8 月 15 日才把稿子交给我，其实那个时候他已经是癌症晚期了，不过大多数人都不知道。

在附小这样一个特殊的实践场域，提出"率性教育"其实是对我之前进行教育现代性研究的一种思想回应。这要从王老师指导我的《现代性与教育》这篇博士论文讲起。这篇博士论文可以说是我的"第一桶金"。开题之前，我曾提交了很多论文提纲，但都被王老师否决了。在几经讨论后，我的博士论文题目最终定为"现代性与教育——后现代语境中的教育观的现代性焦虑与哲学应答"，实际内容是对现代性的反思。

当初提出"率性教育"时，根本没想到这和之前的现代性、后现代性有什么关系。但当我后来反刍、反思的时候，才发现这里面有现代性的底色和后现代的影子。当时我写《现代性与教育》这篇博士论文的时候，目的是要重新反思现代性，也反思和批判后现代性，或者如王老师所说的，直面后现代主义，回应后现代主义对现代性的批判和责难。当然，我们不能全盘否定后现代主义，因为它倡导本土、倡导差异，它使我更深刻地理解了民族的和本土的重要性，使我看到了差异的重要性。我们能够回望中国的本土资源，强调尊重个性，甚至强调保护天性，都有后现代的影响。这里边含有对于教育的现代性之问以及对后现代教育的思考。

"率性教育"这个词很浪漫，它的核心是遵循儿童的身心发展规律和特点，或者说遵循教育规律。如果说现代性强调的是必然，后现代强调的则是偶然。在儿童的成长过程中，儿童教育既有必须遵循的规律，也有偶然性和生成性。我每次听课，都会以照片的形式来记载，因为课堂是有生成性的，这些照片是课堂的一个反映。现代性的课堂要循规蹈矩，根据原来课标、教学设计、教案一步一步地做。所以，过去的备课在一定程度上，是把需要的东西背下来，包括时间节奏、节点，都得按照事先的设计进行，时间上必须按照要求来做。记得1990年，陈元晖先生在东北师大做报告的时候，他说我们1950年学苏联，当时严格按照五大环节来进行教学，每到一个环节就打一次铃。

"伴随着人们对于现代性的拒斥，近年来，从西方到东方，人们热衷于'寻根'，倡导本土文化。"①这里就涉及对"率性教育"的探讨是不是对中国本土文化的一种寻源的问题。我想，这里的"寻源"其实也不是目的。毛泽东同志说过：古为今用，洋为中用，百花齐放，推陈出新。我们提出率性教育，不仅仅是"发思古之幽情"。最近看了几篇回忆西南联大的文章，从中可以看出，当人在学校的时候，对学校大都表达出不满，但在毕业的时候这种情感就会消失，更多留下的是美好回忆，甚至是增添了更多浪漫的回忆。当在现场、在其中的时候，可能看到更多的是矛盾、弊端。同样，其实远古时代不像我们想的那么浪漫。譬如，我曾经在一些著作中发现，在秦汉时代，打仗一次就可以活埋几十万人，这是残暴还是善良？从现在的角度看，时间距离现在越远越是感觉残暴，时人的理解与今人的理解差距悬殊。我们都认为奴隶制度残暴，但

---

① 于伟：《论人类中心主义教育观问题》，载《教育研究》，2006(1)。

是跟原始社会比不知先进多少倍，至少做奴隶可以活下来，不至于被杀头。最初的殉葬制度十分残暴，是活人殉葬，后来用陶俑或者是木俑包括兵马俑来替代，这是人类社会一大进步。所以，远古未必就意味着诗情画意，那里面也有不可避免的血雨腥风，这就叫历史唯物主义。包括动物保护，动物该保护，但是不要仅仅只讲保护动物，而忘了动物也是可以吃人的。生活中的俗语，"狗急了跳墙""兔子急了咬人"等都是事实。所以我们有时候对待问题要两面看，不能追求片面的浪漫化，要不然真会出问题。

除了他人对我的影响外，我能提出"率性教育"理念和我这十几年从事教育哲学研究也有着密切关联。哲学在一定意义上是理性的，是形而上的。如果它完全是诗情画意，那就和文学没有什么区别了。哲学不同于文学、神学的很重要的一点就是反思、批判或者理性的反思、批判，简单地说，哲学就是前提性的反思批判。我们从事教育科学研究有利于我们从人性、人的发展、人的身心发展规律的角度，从根本上来思考什么是教育，什么是好的教育，什么是理想教育的问题。"率性教育"就想回答这些问题，就想破解我国基础教育迫切需要改变的一些弊端。例如，孩子们对学习不太感兴趣，有的不愿意学习，有的不愿意上学。我们现在的学校有好多优点，孩子们基础牢、成绩好、基本功扎实等，但是不可否认的是它有副作用，孩子们的身心发展受到了一些影响，有的影响还是比较严重的。从某种意义上讲，人格发展、心理发展、身体发育等从根本上都和小学阶段有密切关系。如果不考虑小学生的接受能力，不考虑他们的心理状态、情感发展，我们让一名小学生把小学阶段的那些知识点都背下来不是一件难事，甚至三年就可以完成。但是那样做的副作用太大，特别是在终身教育时代，如果一个人不愿意学习，拒斥学习，对于他的一生来说都是十分痛苦的。所以，我提出"率性教育"这样一个看似简单实则比较深刻的想法，就是在思考如何把这种本来是孩子本能需要的学习还给他。亚里士多德曾说过"求知是人类的本性"①，学习是人的本能。为什么人们开始拒斥本能而不愿意学习呢？就是因为在学习中发生了一些负面的事件，使他们认为学习不是一件有意义的事情，不是一件愉快的事情，所以我觉得教育要尊重人性、尊重人的身心发展的规律特点。

三、历史本体论与"率性教育"

追本溯源是生成"率性教育"思想的重要出发点，"寻根"就是要不断地挖掘过去与现在的想法之间的关联。过去有一段时间，我用大量的时间和精力去研读李泽厚，在他的影响下写出了《历史本体论与走向情本体的教育》这篇文章。我认为，"要借助教育，特别是关于人性的教育，关于人类本体性的教育，实现人类主体性与个体主体性的自由发展"②，并且要对李泽厚的情本体教育思想进行系统的论述。

这种情本体的教育与"率性教育"也有着密切的关系。应该说情本体是李泽厚很重要的一个思想，他在不同场合对情本体的解读有着不同含义，但是归根结底它有两个方面的内涵。一个是欲望，他认为人不仅有理性，还有情感和欲望；另一个是情境，他认为不论理性还是先验，都与情境和历史过程有关系。总而言之，李泽厚的情本体强调了人的情感欲望，强调了人类发展的历史过程和历史机遇。情感、欲望、历史，对于个体来说，甚至对于人类来说都是很重要的因素。李泽厚认为，中国和西方的区别就在于中国人强调情本体。李泽厚情本体思想的关键词，一是"实用理性"，二是"乐感文化"，三是"度"。他认为，这与中国的地理环境、历史背景有重要关系。在其多部著作中，李泽厚都分析了中国和希腊的地理环境和宗教差异。他认为，中国缺少宗教的传统，而儒家在一定意义上满足了中国人精神追求的需要。中国哲学有一个重要的特点，就是《周易》里所说的"生生之谓易"③。可能是因为特定的历史

---

① ［古希腊］亚里士多德：《形而上学》，吴寿彭译，1 页，北京，商务印书馆，1956。

② 于伟、栾天：《历史本体论与走向情本体的教育》，载《教育学报》，2011(4)。

③ 唐明邦：《周易评注》，201 页，北京，中华书局，1995。

环境，中国人很强调生存、生命、生活，强调实用理性、现实主义。这其中就包括教育。"从历史的视角出发，将教育置于人类社会政治、经济、文化的历史进程中去考察，通过还原并解释'过去'，可以让我们洞察当下的事实。"①例如，为什么教育改革这么难？因为教育和有好处是联系在一起的。老百姓想的是为什么读书，凭什么读，读了书有没有好工作，挣得能不能多，能不能去好城市。这些当然和我国的发展不均衡、城乡差别大、社会保障不充分有很大的关系。我们的教育改革要考虑中国的国情，要充分考量国人的信念和信条。西方人可以花明天的钱满足今天的愿望来透支生活，而中国人则要养儿防老，节衣缩食地攒钱。这些是不同的地域、历史背景、信条所形成的不同的价值体系。所以，李泽厚的情本体不仅是感情的意思，他看到了人类生存的本质，即人首先得活命，得生存，因此他说他的哲学就是"吃饭的哲学"。要是不从"吃饭的哲学"角度来思考中国的历史，永远看不透。中国历史有浪漫的地方，但也还有那么多不浪漫。所以我比较喜欢布迪厄的书，布迪厄看到了人类身上的不浪漫，包括土地策略、婚姻策略等。

　　李泽厚的情本体思想是"率性教育"提出的一个很重要的基点。李泽厚认为，"坚持从历史本体论出发就要从历史主义出发，以培养人性能力为出发点，从生存—情感视角对理想的教育进行可能的构建"②。"率性教育"也可以说是一种历史主义的解读。从寻找到《中庸》，我们能提出保护天性、尊重个性这个角度就能看到，一个人在成长中一定会遇到很多对天性、对个性产生影响甚至伤害的事情。比如，在中小学的时候有父母呵护，但是到了企业就不一定有父母般的呵护了，有时需要加班。因为在老板眼里，你不是儿童，不是未成年人，是创造效益的职场人。当到高中的时候，尤其到高三的时候，在老师以及好多人眼里，你要努力上好大学。我知道"风暴"早晚要来，小学阶段要做的就是准备迎

---

　　① 栾天、于伟：《福柯的"历史本体"论与教育思想研究的可能性选择》，载《教育科学》，2011(6)。

　　② 于伟、栾天：《历史本体论与走向情本体的教育》，载《教育学报》，2011(4)。

接"风暴"，让孩子们从身体上、经验上、个性上、智慧上做充足的准备，才能面对"风暴"。就像冲浪比赛似的，人生早晚要有冲浪的，怎么办？能力越强、准备越足、体力越好就越能冲过去。体力不行的、技术不行的、准备不足的，必然会面临失败。

附小的孩子即使经过初中三年、高中三年的磨砺仍初心不改，这样就达到了教育目的。因为他们毕竟体验过什么是好的教育，什么是好的人生。所以，他一生可能就要追求这样的生活、这样的教育、这样的人生。小学就应该给人生奠基。附小的孩子毕业之后有后劲，尽管同样是背题、写题，但是他们仍然有一番自己的世界和天地。一旦阳光来了，他们仍然可以灿烂。我曾经在一些高校也看见过一些孩子，不是所有孩子都是阳光的。每年我都能从各种媒体中看到一些孩子，或是上学不久就退学、休学，或是大学上了一半就回去，或是毕不了业，一到最后讨论给学位的时候，每年都会出现几十个孩子拿不到学位。是智商不行吗？不是。我觉得是他们的劲儿已经用过了。这些都是悲剧。提出"率性教育"，不是因为我浪漫，而是浪漫很珍贵。如果一个中学也能够结合它的实际，能够把"率性教育"的思想拿过去，进行适当的探索，在一定意义上是可以改变学生的一些状况，至少能缓解孩子们现在的情况。例如，同样是面临高考，刻苦学习的高中学习大背景，东北师大附中和许多中学还是有差异的。东北师大附中有上百个社团，能看到孩子们在跳健美操，还能看出生命的活力。人生之中都会经历像高考这样的"严冬"。学校不仅要给孩子们严冬，还要能给孩子们春天般的希望，这样孩子们就会受益。至少"率性教育"的前两条更关键——"保护天性，尊重个性"。从功利的角度讲，这样做下去，升学不仅不会差，可能还会更好。在与附小的语文教师、数学教师交流后，我认为按照"率性教育"思路所开展的小学语文、数学教学，可以做到陈元晖先生说的"闻一知十"，而不是闻一知一。例如，"童话教学"是附小的一篇案例开发，用了三节课进行教学，学生回顾反思总结了十数篇童话故事，那不是"闻一知十"吗？一篇文章说得再明白也不行，因为学生不能举一反三，得从三看一，才能举一反三，需要有这个过程。我觉得"率性教育"的希望在课堂，现在的课堂教学要倡导有过程的归纳教学，我们现在已经不仅仅停留在"率性教育"这四个字上。课堂偶尔做花样和做活动很容易，三分钟就可以做，关键就是把有过程的归纳教学变成附小常态化的课堂教学，这才是根本。

李泽厚说，正是偶然性推动了人的生命力量展开和自我可能性实现。所以要"高扬个体主体性便意味着由偶然去组建必然"[①]。这句话，我在好几篇文章里都引用了，这对于"率性教育"有着深远的意味。其实，说到底人的成长是必然的，基因的作用是必然的，但是基因如何发挥作用，成长到底是什么样的路径，会遇到哪些事情，那和情境设计有关系。就像一对双胞胎，由于种种原因，这两个孩子没在一起长大，而是分别生活在了不同家庭，甚至不同城市，那么成长的路径可能就不一样，最后呈现的面貌都不一样。虽然基因基本差不多，但是后天的环境不一样，激发的也就不一样。所以史宁中教授多次说一个词，我当时虽然不是很了解，但是"表观遗传学"这个词我记住了。基因是要释放、要表达的，不给表达机会不行。眼睛可以看世界，但是没有机会让我们看就看不了这个世界。就像孩子说话似的，若生来就给孩子放在一个没有语言的环境里面，有这样的基因也不行，因为基因没有机会表达，没有机会释放。苏格拉底实际上就看到了人有这样的基因，但是人却不知道怎么表达，所以他提倡"助产术"。人类有这样的能力，但是要不断地给他制造情境，让它们能够生发出来。怎么生发带有偶然性，但是基因是必然的。

"要立足中国传统儒学的现代阐释，使我国当代理想的教育建构能够立足于本土的、原创的思想资源，探索一条兼具中西视野，适合中国教育的现实，能够解释中国教育问题的可能路径。"[②]当时我在研究教育

---

① 李泽厚：《实用理性与乐感文化》，132页，北京，生活·读书·新知三联书店，2008。

② 于伟、栾天：《历史本体论与走向情本体的教育》，载《教育学报》，2011(4)。

哲学，现在回想起来，我所探讨的这条教育的路径与今天附小儿童哲学的"第三条道路"有不谋而合的地方。当时我还不知道我能提出"率性教育"，因为我也不知道能有机会来附小，我只是作为一个理论工作者，按照理论的逻辑推导出来的。虽然之前读过的很多论文、著作的原话，我不一定能够完全记住，但是这些内容已经转化为内心当中的一种行动、一种自觉了。所以，我在 2017 年发表的《儿童哲学走"第三条道路"的可能与尝试》一文中就提出，我们走的"第三条道路"就是在各个学科教学中如何进行儿童的哲学研究，而不是进行专业的儿童哲学教育。①那么，在各学科当中应如何进行儿童专业的哲学研究或者说如何进行儿童哲学思考呢？其实，我从之前研究的教育哲学与之后到小学的实践的交集中，发现了儿童哲学，发现了研究儿童也是一个重要选择。为什么提"第三条道路"？我觉得马修斯和李普曼做的都不是我的最佳选择。但是我们做的又都有他们的影子，为什么我们能有这样的选择？一个就是有我们的理论准备，我们想做一个能够接中国地气的选择，因为我对儿童哲学的理解和他们不一样。儿童哲学不是教儿童学哲学，所以李普曼的做法附小就不能完全搬过来。给儿童专门开一门类似儿童哲学的课，这不是我的主要考虑。我考虑的是我们要把儿童哲学里边的核心精神拿到附小的教学中来，比如说小组合作交流，培养孩子们理性的精神、质疑的精神、推理的方法等。儿童哲学精神体现在：第一，它倡导共同体，十分重视形成一个安全的、能够倾听的共同体，不论是一个小组还是一个班级；第二，强调民主平等的教育，不能以老师的角色和身份来压制学生；第三，能够体现用苏格拉底"助产术"的方法，这是儿童哲学特别需要倡导的，也是在小学里面特别值得渗透的。我们现在的语文、数学课堂，所探索的有过程的归纳教学，一个重要的主旨就是让苏格拉底的"助产术"渗透在附小的课堂里边。当前，很多国内知名教授都只是

---

① 于伟：《儿童哲学走"第三条道路"的可能与尝试——东北师范大学附小探索的历程与研究》，载《湖南师范大学教育科学学报》，2017(1)。

从理论上阐释苏格拉底法，而我们则是要让这种方法变成行动，在行动中反思、深化对苏格拉底法的认识。我们所提倡的"第三条道路"，不仅包括文献研究，还包括田野研究，直接进课堂，走进儿童、走进教师。长期观察、倾听记录、分析反思，这是我们的追求。此外，我们也做文献综述和历史回顾，那是为田野研究服务的，我们知道重点在哪里。

在从事教育哲学研究的过程中，我对儒家的濡化很感兴趣。在 2013 年西南大学举办主题为"教育与国民性"的全国教育基本理论年会时，我做了一个大会主题发言，后来形成了《儒家的濡化与国民性问题再思》一文，并发表在《教育研究》上。① 现在回过头来看，这篇文章的实际构思从 2012 年就开始了，这篇文章也是一篇花了不少精力磨砺出来的文章。最初的启发正是来自陈元晖先生，因为"濡化"这个词就来自陈元晖先生。1990 年陈元晖先生在《论濡化》(《社会心理研究》1990 年第 1 期)一文中提出用"濡化"概念来解释高级心理学的发展，并指出教育心理学产生和发展应该源于教育实践又要超越教育实践。② 我第一次知道这个词就觉得特别好。其实这里面也体现了我对本土文化的关注——就是要重视本土文化，重视我们自己的家底。现在看来，它也是走向"率性教育"必要的一步。因为"率性教育"之中的"率性"这个词也来自儒家思想。在先秦时期，作为教育的"礼"十分重视人的社会性，因为这种社会性与社会秩序的重建、维护有着十分密切的关系。③ 而这就需要儒家以濡化的方式影响和带动中国人的思想。

天性、个性、社会性和儿童的国民性构建是什么关系？这里面很重要的就是社会性这一块，我们对国民性的研究就是对社会性的研究。说到底，社会性对全世界都是一样的，例如文明礼貌、文化素养等。但是到了不同区域它就表现出差异，日本人、德国人和中国人的国民性就有

---

① 参见于伟：《儒家的濡化与国民性问题再思》，载《教育研究》，2016(6)。

② 于伟、张聪：《陈元晖先生与我国当代教育学研究》，载《中国教育科学》，2013(4)。

③ 于伟：《先秦之"礼"与我国教育的教化功能》，载《教育研究》，2013(4)。

差异。以前我们的教育考虑得少，这是我们强调本土化的一个重要体现。我们在强调培养一个人的时候，既要看到世界的趋势，还要看到中国需要什么人；既要看到世界的人是什么样，还要看到中国人可能是什么样的，应该是什么样的。这里必然要涉及国民性的问题。说到底，"国民性"就是中国人作为一个群体具有什么样的特质。这些都是长期熏陶所形成的。现在看来，这篇文章对我深入地思考"率性教育"仍然有价值。至少它是"率性教育"提出的一个重要环节，使我进一步走进中国的儒家教育思想。从先秦之礼到儒家濡化，再到"率性教育"，它看似偶然却又有理论逻辑的必然。

四、率性教育的提出过程和启蒙过程

"寻根"，不仅要探寻我个体思想成长的根源，而且还要探寻附小本身所具有的根源。来到附小后，在很多教师的共同努力下，我搜寻了很多照片、史料。其中，就包括王祝辰先生在 1936 年提出的教育思想——尊重儿童的天性。我在《人民教育》的一篇文章中提到：这为"率性教育"办学理念的提出提供了很好的史料支撑。[1] 实际这些内容是我们提出"率性教育"之后逐渐发现的，感到十分受益。我们提出保护天性的思想，与王祝辰先生的思想不谋而合，更是对附小传统的一种很好的继承和发展。

回想起在教育学部挖掘东北师大教育学科的历史时，我们找到了陈元晖还有王逢贤等先生的资料，在附小的时候又找到了王祝辰等先生的资料，他们的思想能够建构起一个学校的成长过程，而且支撑起附小教育的发展。我在大学带领学生读葛兆光的《中国思想史》时就曾说过，一种思想的产生过程并不是连续性的，可能其中有偶然、有断裂，还有很多复杂的或者生成的因素在里面。实际上提出一个概念不容易，让人们都理解这个概念更不容易。如果按照这个概念所界定的内涵去严丝合缝

---

① 于伟：《一位小学校长的教育哲学之思与本土行动》，载《人民教育》，2017(3)。

地行动，那真是难上加难，因为它分属于不同层面。"率性教育"也是一个不断被丰富、发展的概念，不是要等彻底想透了再提，因为可能没有那么充分的时间。做理论研究，可能有一个相当宽松的时间，但是在一线，这样的做法就不太现实。因为这个时代不会给人10年时间去思考办学理念，不仅如此，我们好多事情都是在紧迫的时间中进行的。实际上，我预想的"率性教育"有大致的轮廓，但没有那么丰富的内涵，就只是 个很简陋的框架。甚至在我刚开始提出的时候，都没有想到要将其落地，这与我之前在大学任职的经历有关。后来，附小的团队提出，得落地，得落到教学上，因此我们就进一步提出"率性教学"；落到学生工作上，就提出"率性德育"。这是一个逐步深入的过程。我还曾经设想过"率性教育"与之前就存在的并不全面的理解，还有给别人造成的误解等。例如，可能有人会从字面上理解"率性"，那就是怎么都行。应该说，"率"字有常识性的理解，也有学理性的理解。显然有的人就是从常识角度来理解，认为学生做什么都行，实际上不是那么一回事。"率性教育"确实有一个需要正确理解的过程。应该说，我最初设想的"率性教育"是很简单的，由于工作经历的缘故，我尽管对小学的教育教学知道一些，但是毕竟没有连续待多少天。所以对于一种理念怎么落实，怎么变成行动，怎么开花结果，没有一整套事先想好的方案。后来之所以能一步一步地深入，是附小团队集思广益及附小的教育教学实践推动的结果。简单地说，就"教学怎么体现保护天性、怎么体现尊重个性"这些问题，如果在大学，我可能就是提出来、发表了论文就算完成了，用过去的话来比喻就是"半截子革命"。对很多学者、研究生来说，能把"半截子革命"搞到底就不错了。但是，现在看来，我们应该要做的不是"半截子"，而是"一张蓝图绘到底"。过去不是"绘到底"，只是用笔勾勒一下草图，然后就随风而去。虽然实践不会完全按照设计去进行，但一定需要有个设计，现在的设计是集思广益的结果。我好多想法都是在课堂、在学生活动中间生成的。理论和实践相结合，要是不走到实践中或者只是偶尔去一次两次，"结合"都是空话。只有长时间地扎根才可能不是一句空话。但是，若是没有理论储备即使常在那扎根也不行。总的来说，只有理论，没实践不行；只有实践，没有理论也不行。

对于"率性教育"而言，"在教学方面，学校一直倡导让学生经历从不会到会，从不理解到理解的真正的学习过程。这种观念下的教学必须是一个等待的过程，是一个允许出错的过程"①。从这个意义上说，"率性教学"也是一种等待的过程。这个等待可能有人觉得消极，因为有一种观念叫"时不我待"，追求更高、更快、更强，最好是速成。在这个大背景下，说"等待"有点不合时宜。我所说的"等待"是因为学生有差异，在认识活动的不同阶段，它的速度是不一样的。在附小，从总体上看，对于低年级学生的等待远远超过对高年级的，年纪越小越需要等待。说到底，低年级学生的思维路径都还没完全贯通，有的话也说不明白，事儿也想不明白，缺少基本的方法和思路。所以，我们中国有句古语说得非常好，特别适合低年级，就是不能揠苗助长。等待，就是等待火候，等待机会，等待他成长成熟到相当水平，然后再促进也不晚。从总体来说这是一个层面。从个别来说，有的孩子答不上，听不懂，说不明白，教师也不要着急，不要指望孩子一点就会，一教就明白，要给孩子一个过程，别搞"一刀切"。所以，我这个等待不是磨蹭消耗时间，不是等孩子成熟了再做，而是积极地关注他。我在学校经常看到孩子们上课抢着回答问题，这样就容易带来举手成为一种形式甚至成为一种目的的情况，这样的课堂就会出现问题。

"率性教育"看到了在儿童成长中的必然，小孩儿愿意动、愿意喊、愿意说，这是必然。但是"说"到什么程度，"动"到什么程度，"想"到什么程度，那就是因时、因人而异。在不同老师的引导下、不同家庭的熏陶下，表达的方式就不一样。在一本书里，有一种观点认为，有人身上

---

① 于伟：《教育就是要保护天性、尊重个性、培养社会性》，载《中国教育学刊》，2017(3)。

的基因有犯罪倾向。过去我们一直反对这个说法。但我们应该思考这个问题：什么人的这个倾向能变成现实？比如有的人容易憎恨，控制不住情绪，控制能力比较弱，如果碰上一个特别容易诱发的情境，就容易变成现实。所以我认为，教师要特别注意这样的学生，要使他的这种现实变得不可能，不让他实现，不营造这种诱发他实现这种基因的环境和氛围。在小学、中学这一点特别重要，就是不给机会让孩子向恶，而是给孩子更多机会使他向善。现在有的中小学忽视了儿童一定要动的必然性，只注重不让儿童动的这种偶然性，上课时儿童必须把手背过去，不许动。其实你让孩子不动，这是偶然的，而孩子好动才是必然的。说到底，看得紧、管得紧、诱惑少，孩子就可能管住了。来附小之前，我很难想象小学上课可以上 80 分钟，孩子们可以高兴地坚持 80 分钟。这时你看不到孩子疲劳，他们不是硬撑着，因为小孩儿疲劳是装不了的。实际上这是靠课堂活动本身的魅力吸引的，而不是靠命令和强迫，这里边有天性的因素。电影就利用了人的天性，用各种画面吸引你，使你能坐两个小时甚至三个小时，还掏钱。如果是强迫你去，可能你马上就睡着了。

"率性教育"从构成的要素来看，有中国的本色，也有国外各种理论的色彩在里面，包括卢梭、杜威的思想，他们都看到了本能、天性、儿童等。可以说我们现在做的，在一定意义上体现了我最初的梦想、设想，在一定意义上使其变成了行动。

附小出版了《与儿童的对话》，副标题是"儿童哲学研究的田野笔记"，这里边是附小的教师们进行的一些基于田野调查、观察撰写的报告。因为哲学来自人类对世界的惊奇和困惑，所以我们说儿童是"哲学家"。这句话并不是说他真的就是传统意义上的哲学家了，严格讲应该是要带引号的。[①] 实际上我们用这样一个概念、一种判断，是希望能够

---

① 于伟：《儿童是哲学家——关于儿童哲学的一些思考和讨论》，载《吉林教育》，2017(1)。

唤醒大家，儿童是有想法的，他们提的问题，我们要认真去倾听，用心去关注，不要不当回事，不要简单地否定。要让所有人都认可和理解这样一个观点的确需要一个过程。所以，"率性教育"既需要有一个提出的过程，也需要有一个启蒙的过程，就是不断地把"率性教育"合理、丰富的内涵，逐渐让教师们能知道、理解，并转变为行动。应该说，刚开始时教师们对"率性教育"的理解就只是一个名词或者基于个体经验的理解，而现在则比两三年前要深刻、丰富多了，同时也认同得多了。

今天我们所倡导的"率性教育"要关注原生态，采集最直接的经验，让教师和学生关注自身最直接的行动，那么这种直接经验和间接经验之间又是一种什么样的关系？小学教育的目的一定是要让孩子走到间接经验的层面，要站在人类文明成果的肩膀上往前走。但又为什么要让孩子从操作、体验等直接经验开始？因为这么做才符合儿童认知规律。那些儿童要学习的知识、经验都是人类几千年浓缩的结果，看似具体但实际却很抽象，看似经验但实际却是先验的。就像一个名词，再简单的名词对孩子来说，如果没接触过，理解那个名词的所指就很难。例如，孩子认识"马"这个词大概就比认识"狗"这个词难，尤其是城市里的孩子，因为没见过、没摸过马。不像我们这代人，从小就见过、摸过马，在学"马"的时候就生动、鲜活了。这就是幼儿园、小学要养几只梅花鹿的原因之一，这是孩子家里面没有的。如果有这样的东西，那么就能解决他从经验到先验的问题。没有这个经验，先验就理解不了。比如我们说"桌子"，这个名词再简单不过了，实际上却很抽象，因为它覆盖了世界上所有的桌子。所以我说的这些，不仅不是否定间接经验，不是否定书本知识，而是要大步流星地走过去，只不过走的时候一定要经历体验，让孩子们实验一下，操作一下，看一看，摸一摸，丰富感官，积累体验，这实际上是为了让孩子们更好地上台阶。说到底，我所做的一切就是给孩子们搭好由感性认识到理性认识的"梯子"。

我的思想和经历过程算是丰富的，从事过农村教育研究，从事过高校学生的管理工作，也从事过远程与继续教育的工作，还对教育学部进行过顶层设计。这些工作对我今天提出"率性教育"理念也有着深远的影响。我的成长道路和别人不一样，不是纯粹从书本到书本，我本科毕业就留在教育系里边当辅导员、当团委书记。我做了15年的高校学生工作。这15年的时间使我更深刻地认识到了学生意味着什么、教育意味着什么、教育和训练有什么区别，特别是德育意味着什么。可以说，这15年学生工作是我提出"率性教育"很重要的一个基础。我对附小既陌生又熟悉。因为我对小学的教师、校长不是完全陌生的，对小学也不是完全陌生的，只不过我以前去的不是附小，而是其他小学。过去，我也帮别的小学做过理念的提升，这次我做的是自己带领的小学，所以到附小来就有了一定的准备。虽然我经历过很多工作岗位，但都还是在从事教育研究。"教育研究有两个目标，一是形成教育理论，一是改变教育实践，第一个目标在一定意义上是以了解教育实践为基础并接受实践的检验"[①]的。

关于"率性教育"的理论和实践，也还有一些需要进一步解决的问题。比如说音、体、美的课堂怎么体现有过程的归纳教学，我们也在思考。现在附小70%以上的数学、语文课堂，都可以采用有过程的归纳教学，但是音、体、美这样的学科怎么体现有过程、有归纳？我们要考虑不同学科自身的性质，不同的学科探索有过程的归纳教学，其过程可能是不一样的，不能要求所有学科都统一为一个模式，因为学科间的差异是非常明显的。"率性德育"怎么在具体的活动和教学当中体现也需要一个过程。附小都是在按部就班，一步一步地做。或者说附小"率性教育"的各个环节落地比我想象的要慢，这是符合实际的。因为如果太快了的话反而就形式化了。

当然，我说的"慢"，既包括落地速度，也包括落地深度。从落地速度来看，不是一下子就能达到教学、教育全口径、全方位的程度的，而

---

① 于伟、秦玉友：《本土问题意识与教育理论本土化》，《教育研究》，2009(6)。

是像小河淌水一样，一段一段地往下淌。当然深入教学的程度也比我想象的慢。很重要的一个原因，就是附小这几十年来形成了一套自身的行动流程与规程。例如，有过程的归纳教学从提出再到单元开发和课例开发，就需要一个长期的过程。同样讲《小老鼠远行记》一课，按照课时要求，这一课可能就是 40 分钟或者最多 80 分钟就要讲完。但是单元开发就意味着这一篇课文要占到 6 到 8 节课，同时要等第一位教师先讲、先实验，然后别人再接着做。这就意味着如果这个年级是 6 位语文教师，那么这 6 位教师讲 6 遍，然后做总结，再往下做。这样至少得花半年甚至一年时间。所以"率性教育"的落地并不是看表面那么简单。把一个理念变成一个方案，把方案变成行动，变成鲜活的课堂教学，确实需要一个较长的周期和过程。

现在，很多中小学校长都有自己的理念和方法，提出的思想是否是有根源的思想，或是否能真正融入实践当中，不是一件简单的事情。附小有一个传统，不是简单地照抄照搬上级的文件要求，而是从东北师大及附小的实际出发，形成自己的一套思考与行动的体系。因为大学要求附小要很好地为大学的教学研究服务，所以附小始终站在比较高的平台上，既要接待大学的实习生，也要承担大学的一些实验项目。尤其是自由校区，相当一部分家长都是大学的教师。观念传递自然就变成潜移默化的影响，家人影响孩子，孩子影响教师，形成了一种互相影响的关系。

综上所述，从我的思想历程来看，"率性教育"不是简单的一种中国传统儒家教育思想在当代的演进或者阐释，不是简单的线性关系。儒家的思想如果不经过创造性的转换，是不能简单地照搬过来的。儒家有"率性之性"，和我提出的"率性教育"不完全一样，从内涵到外延，它讲的就是中庸之性，是臣民之性，显然和我们这个时代培养现代人的诉求不一样。时代已经变迁了，我们可以从儒家思想里汲取营养和精华，然后在新的时代、新的历史境遇下进行我们的创造和转化。换言之，"率性教育"不完全是儒家思想的产物，就内容而言不仅是儒家的，还有西方、现代中国和整个人类所包含的含义。世界上先进的教育理论，重要思想家们好多都关注儿童的天性、个性。"率性教育"所倡导的内涵不仅属于中国，也属于世界。这个词是典型的中国化词语，然而它的来源与内涵融汇了中西理论。

在马克思看来，"费尔巴哈把宗教的本质归结于人的本质。但是，人的本质不是单个人所固有的抽象物，在其现实性上，它是一切社会关系的总和"①。如果我们没有这个观点的指引，就不会强调培养社会性，也不会强调保护天性，尊重个性。因为儿童生活在一定的历史境遇当中，在当今特定的社会关系当中，儿童的天性、个性不容易得到完全的保护和尊重，尤其我们国家历史上长期是等级制的，我们强调的是等级和关系。中国人在传统社会里是不平等的，不仅是成人之间不平等，有等级、有尊卑，成人和孩子之间也不平等，不同性别的人之间也不平等，这是古代中国备受尊崇的伦常关系，叫"三纲"——君为臣纲，夫为妻纲，父为子纲。显然这些不可能完全放到今天，相反，是应该对它加以批判的。对于儿童而言，儿童不是成人，"儿童的社会化是一个双向的而非单向的实践，教育是双方的尝试性合作"，因此成人"不能任意地规划儿童的未来，而应帮助他们去选择自己的未来"②。保护天性、尊重个性、培养社会性，是针对当下教育保护天性不够、尊重个性不够、培养社会性方面有缺失的现状而提出来的。

党的十九大为我们做出的一个重要指引就是"不忘初心"。我们教育的"不忘初心"是要遵循教育规律，要遵循儿童的身心发展规律特点。教育是培养人的社会活动，如果连人的发展规律都不能遵循，教育就属于胡乱办的。教育的初心是培养人，但培养人不能随便培养。"率性教育"的一个宗旨或要义，就是要遵循儿童的身心发展规律特点。教育是培养人的，要研究人的成长发展规律，立德树人，我们要努力培养社会需要

① 《马克思恩格斯文集》第1卷，505页，北京，人民出版社，2009。

② 于伟、王澍、杨进：《困境与突破：中国学校教育精神的现代性分析》，载《陕西师范大学学报(哲学社会科学版)》，2009(5)。

的、有良好教养的人，这也是中国与西方的教育传统，没有哪个国家不强调人的教养问题。在当前的时代背景下，我们要考虑中国经验、中国智慧、中国方案。而"率性教育"正是教育的中国经验、中国智慧以及中国方案的一个微例。我们所做的属于中国经验的一部分，我们提出的和实践的是中国智慧的一部分，我们践行的、设计的和研究的是中国教育方案的一部分。

第六章　聚　焦

教育问题在很大程度上是儿童问题。经过一系列的适应和转变之后，我将自己的研究重心放在了儿童上。这期间对儿童的认识经历了从抽象到具体，由确定到不确定的过程。在自身专业背景和附小实际的双重影响下，我确立了以儿童哲学精神为主导的研究思路，提出儿童哲学的"第三条道路"。

一、从抽象的儿童到现实的儿童

来附小之前，儿童于我而言只是一个抽象的符号。虽然我们都有过童年，也都见过儿童，但我认为除非长期保持与儿童近距离接触，否则我们对他人童年的理解很可能就是抽象化、碎片化和主观化的。为什么说我们自己经历的童年也是抽象化的呢？因为你不可能对自己的童年有一个完整的、确切的记忆，很多情况下你能记住的童年是由零星的重要事件或者人物构成的，这种碎片式的童年其实就是一种抽象的、概括的童年。

在大学，我对儿童的了解最主要的来源是文献，即从柏拉图到杜威的教育名著里关于儿童的论述，以及心理学、人类学、社会学的文献。一言以蔽之，我了解到的儿童是文献所阐释的儿童。这些文献大多是我大学期间接触到的。那时我们学习苏联教育学，其中列宁的夫人——克鲁普斯卡娅，以及马卡连柯对儿童的论述给我留下了深刻的印象。发展心理学中，朱智贤的《儿童心理学》以及皮亚杰关于儿童心理学的研究则构成了我理解儿童的基本观点。除此之外，玛格丽特·米德的《代沟》，张永杰和程远忠的《第四代人》，王逢贤的《少年期的本质特征和教育》①，以及我做学生工作期间买的几十本有关青少年心理学的著作，也是我认识儿童的来源。

　　当然，大学期间我也有机会到一线的小学进行考察，这算是我集中和系统地接触现实的儿童的早期经历。这样的经历使我了解到更加灵动的儿童。因为这种认知是在一个个鲜活的个体中生成的，是真实而具体的。尽管这段经历与我在附小的经历相比略显单薄，但它却使我获得对现实儿童的初步感知，也为我以后了解儿童，尤其是认识儿童身上的生命力和自然力埋下了一颗种子。

　　到附小之后，我正式进入了研究儿童的沃野。在这里，我对儿童的认知所增进的一丝一毫大都是来自我每天亲眼所见。做研究，通过阅读文献能很快达到该领域的前沿水平，直接接触对象则难免会走得慢一些，曲折一些。我到附小，带着对儿童的书斋式理解，一头扎进孩子堆里，最终得到关于儿童的认识却只是笼统的经验或者是一种感觉，还只可意会不可言传。所以，总结起来，到附小以后对儿童的认识发生最大的改变是，以前看起来清晰明了、确证无疑的儿童理论现在却有点值得怀疑了，以前头脑中的儿童形象开始变得模糊了，现实生动的儿童不断地挑战、融入原有的认知中。时至今日，我仍无法确切地说儿童是什么，我可以举出很多生动的例子描述儿童，但是却明显感觉自己很难定义儿童了。就像到一个陌生的地方去，要接触当地的人。通过天天接触，便会对这个地方的人有一个总体的印象和经验。虽然这个经验比较笼统，但是这个笼统的经验在一定意义上是深藏在你的心里的。

　　这种转变带来了什么呢？当我面对一个问题的时候，如思考"儿童天性意味着什么"时，我不会像往常那样仅用概念解释什么是"天性"，还会运用长期观察所获得的经验和印象来感悟"天性"。我的观察不是聚

---

　　① 王逢贤：《少年期的本质特征和教育》，载《教育研究》，1983(5)。

焦某一个孩子，而是总体的。比如一下课有多少孩子出来跑，有多少孩子在地上一块儿爬，我没有精确统计，也没有准确的数字，但是一天观察几次，3000 天就至少有几千次，我脑海里对"天性"概念的理解便形成了。这些观察进一步强化了我的头脑中文字意义的概念。

对一个新概念的理解，是由一个个米歇尔·福柯（Michel Foucault）所谓"匿名"①的经验组成的。例如"人民"一词，只有当你有丰富的相关经历之后，才能真切地感觉到什么是"人民"。"儿童"这个词也是如此。

对一个词的理解、感悟往往是一项旷日持久的事情。即便在附小工作了近 8 年，我对儿童的认识和了解依旧十分有限。我没有按照心理学的范式做过系统研究，也没有选定一个对象坚持观察 100 天，所以严格地从科学意义上看，我没有做过多少关于儿童的研究。因此，我现在对儿童的认识大多是一种直觉式的笼统感觉。

二、儿童哲学主导下的儿童研究思路

来附小之前，儿童哲学并非我研究的重心。虽然我一直认同刘晓东关于儿童精神世界的研究，认可他关于儿童的哲学、儿童的梦想、儿童的艺术的论述，但是这种认可仅仅停留在文献层面，没有多少现实基础。到附小之后，以前阅读过的儿童哲学才慢慢开始发酵、明晰起来。从我的经历看来，一个有丰富理论知识的人想要把知识和情境结合起来，需要一个漫长的反思、试验的过程。

（一）儿童哲学的选择与确立

按照我的研究兴趣，来附小研究儿童史应该是第一选择。但实际上，我却很少提及从史学角度研究儿童，主要原因是儿童史与附小事务工作关联性太小。但是，我一直在搜集相关的资料，包括《西方儿童史》②《儿

---

① 出自法国哲学家福柯的《知识考古学》，在书中，他认为话语是无主体的、匿名的。
② ［意］艾格勒·贝奇、［法］多米尼尔·朱利亚：《西方儿童史》，申明华译，北京，商务印书馆，2016。

童的世纪》①和《童年忆往——中国孩子的历史》②等。我认为研究儿童史很重要，如果不了解过去的儿童，也就很难认识今天的儿童，毕竟儿童也有属于其自身的历史发展过程。虽说不同时期的儿童存在差异，但是人类基因变化和遗传的变异总有一个限制范围，通过对儿童史的梳理我们可以从中得到儿童发展的异同。例如，我之前在微信上看见的几组儿童照片，包括 20 世纪 50 年代、60 年代、70 年代、80 年代的儿童。这几十年中，儿童的衣着体态发生了细微的变化，但是对游戏的爱好却保持不变。也许游戏的某些细节、某种方式发生了变化，但是玩的本性并没有改变。50 年代的孩子弹溜溜③，80 年代的孩子也弹溜溜，但是他弹的不是普通的溜溜，而是电子溜溜。如果通过过去 100 年的照片对儿童做研究，我想会很有意思的。

我认识儿童的理论来源之一是心理学。心理学的方法，特别是我们那个时代学的心理学方法，大都是来自观察和实验。我之前更多注重实验心理学的优势，到附小后却更愿意思考其局限性。我认为量化仅能够揭示物体的某些本质，比如说匀速运动、流体运动、自由落体等，但应用在人的研究上就会有很大的局限。毕竟人有其特殊性，在镜头面前、在陌生人面前、在没有人的时候和在一百个人的面前，人的表现是不一样的。20 世纪 80 年代的人们特别推崇实验。人们觉得实验就是科学，只有做实验才能研究教育的本质，才能寻找到教育教学的规律。这个词是从物理学、化学、生物学搬过来的，即通过假设，进行前测、后测等，去研究变量对实验结果的影响。它的某些结论对一线的校长、教师和家长有一定的启示，但是它只是一个参照的范式，不能把它绝对化，

---

① ［法］菲利浦·阿利埃斯：《儿童的世纪——旧制度下的儿童和家庭生活》，沈坚、朱晓罕译，北京，北京大学出版社，2013。

② 熊秉真：《童年忆往——中国孩子的历史》，桂林，广西师范大学出版社，2008。

③ 也叫"升老虎""升王"，多是 7~10 岁的男孩玩。在地面挖 6 个拳头大小的坑，前 5 个坑每隔 1 米一个，最后一个坑约隔 2 米，称为"虎坑"。使用的弹球都是统一的，一般是白玻璃球。

也不要完全相信它。因为心理学也处于发展阶段，人又是很复杂的。虽然计算机技术的发展在一定意义上推进了对人认知的认识，但是对人情感的认识却不一定很清楚，包括道德、社会化的一些指标的确定。

我比较推崇皮亚杰开创的临床法。皮亚杰认为，"认识既不发端于客体，也不发端于主体，而是发端于联系主客体的动作(活动)之中，活动的特性就在于它是主客体的相互作用的过程"[1]。因此，他结合他曾经学过的精神分析学说、病理心理学，再加上格式塔心理学的影响，给法国心理学家西塞多·西蒙(Theodore Simon，1873—1961)做助手的经历，以及在比纳实验室进行心理测验研究的经验，综合了观察法、询问法、测验法和实验法等方法，创造出一种他最初分析探究年幼儿童的批判性方法，即临床法(或称诊断法，clinical method)。临床法具体是指"研究者和儿童在半自然交往中向儿童提出一些活动任务，让他们看一些实物或向他们提出一些特定问题，从而收集资料的一种方法"[2]。

在许多研究者看来，临床法是一种独特的研究方法。它用一种开放的形式提问。问题不是事先设计好的，而是根据前一个问题的回答决定的，因此，提问能够因人而异，不拘泥于标准化的程序，因而不限制被试者的反应，注意从个体自发性反应中去推理分析其心理历程，从而能使研究者与儿童进行无拘束的交谈，使整个研究过程保持一种自然的状态。[3] 同时，临床法具有新颖严密的分析工具，不采用标准式的测验来评量行为。

这个方法可以用于研究课堂里的学生。至少，运用这种方法研究能够详细完整地展现一个事实。从另一个角度讲，临床法也属于研究生活史的一种方法，可以显示出很多现场没有来得及呈现的事实。类似临床法和人类学的手法等自然情境的方法，也是我到附小后一直极力推荐的

---

① 车文博：《西方心理学史》，509 页，杭州，浙江教育出版社，1998。

② 车文博：《西方心理学史》，517～518 页，杭州，浙江教育出版社，1998。

③ 叶浩生：《西方心理学理论与流派》，359 页，广州，广东高等教育出版社，2004。

研究方法。

曾经有人问我："你认可运用心理学、脑科学、社会学等研究儿童，为什么最终却选择了儿童哲学?"事实上我也不清楚。我只能回答说："这是我的直觉，可能与我的专业背景有关。"儿童哲学是教育哲学和小学的最大交叉点。我仔细地阅读了马修斯的著作，他在书中叙述的很多观点与我的想法类似。他的儿童哲学阐述的是观察儿童，与儿童对话，研究儿童思考问题的方式和决策方式。这些内容吸引了我，我预感附小也能开展这方面的研究，因为这对我们走进儿童，理解儿童大有裨益，对改进教学，进一步提高附小的教学水平也有所帮助。

儿童哲学对附小至少有三方面的意义。第一，儿童哲学所倡导的一些理念（如引导学生质疑和追问，将儿童置于一个平等的位置进行对话等）对教师们重新反思自己的教学有很大的帮助。第二，对于一个班集体来说，需要树立一个共同体的理念来维持和发展。儿童哲学专家王清思曾说，儿童的思考，特别是富有创新性、想象力和个性化的思考，可以建立一个充满安全感的共同体，需要一个平等的能够互相倾听的民主氛围。[①] 第三，对于儿童个体来说，集体成员之间的合作及互相帮助能够培养儿童推理、判断与创造的能力，同时教导儿童尊重他人的价值观、合理地评断他人的意见，使其养成随时反省以及检视自己思想的习惯，能够为自己的思考寻求意义。[②] 虽然在小学做到这样有难度，但是至少我们能够做到使儿童不断地质疑，层层诘问。这很接近苏格拉底倡导的具有哲学精神的对话过程。如果一定要问研究儿童哲学有什么用，我们为什么研究它，它的核心就在此。

我不是天天在附小宣传儿童哲学。我希望儿童哲学不只是一个挂在嘴边的词，而是能够被教师们内化为理念的精神。因此我从课堂教学入手，提出了基于儿童哲学精神的"有过程的归纳教学"。演绎的教学是有

---

① 王清思在由东北师范大学教育学部及东北师范大学附属小学主办的"第三届全国儿童哲学与率性教育"高峰论坛的报告。

② 于伟：《教育哲学》，74 页，北京，北京师范大学出版社，2015。

等级的，是有"一"的。"一"就意味着真理，意味着有权威、不平等。"有过程的归纳教学"则允许"多"的存在，就是允许有不同观点的存在，就是允许有不同观点倾向的学生表达自己的观点。

传统教学模式大都是演绎的教学，如《鲁滨孙漂流记》一课，按照传统教学模式，首先，教师讲解作者的生平、写作背景、写作手法、段落大意、中心思想。然后，孩子根据作者的写作手法进行模仿创作。这种方法将课文视为模板，视为正确的、唯一的"　"，它展开的方式就是演绎的方式。"有过程的归纳教学"把这个过程反过来了。教师先提问，让孩子们表达他们对《鲁滨孙漂流记》的看法，并说明这篇小说是怎么写的，它的核心是什么，喜欢哪个情节、人物等。然后教师从孩子们提出的多种结果中选择其中一种或者多种进行评论讲解。最后让孩子们根据自己的理解去写，去创作自己的小说。经验告诉我们，孩子们写得十分精彩。如果按照演绎式的教学来进行，学生很少有机会表达自己的想法，也难以创造出这么丰富的东西。因为演绎教学传达出的信息是：教师就是教师，学生就是学生，两者是不平等的。学生挑战教师就是挑战真理，挑战教师的权威。这些都是归纳教学所摒弃的，而它们的反面就是"有过程的归纳教学"里的深刻的儿童哲学内涵。

(二)儿童哲学视角下的儿童

我喜欢观察儿童。2014 年 8 月我刚上任，时逢新生报到，开始迎接新生。这是我第一次这么近距离地看那么多小孩，才六岁的小孩！

事实上我并不知道如何观察儿童，应该从哪些方面观察。因为不知道看什么，所以就盲目、茫然地乱看。就像我在附小听的第一堂课，我真的不知道应该看什么，该观察哪几个点。只是看见孩子的时候，我觉得新鲜和好奇。我认为，"看"就是目的。我去看孩子，这就是目的。

我的办公室正好挨着六年级孩子的教室。一开始我并不习惯孩子们的嬉笑打闹声。随着时间的推移，我不仅适应了这种环境，还喜欢上了孩子们这样的场面。我认为这是孩子的一种释放方式，学校和教师应给予他们这样的空间和环境。①

　　从办公室下楼，我就能看见校园里的滑梯，小孩一般躺在滑梯上就不愿意下来了。毕业班的孩子还和我说："校长，我们快毕业了，我得赶紧多滑几下，不然上了中学就不好滑滑梯了。"甚至还有从附中回来专门玩滑梯的孩子。在某种程度上，滑滑梯对孩子而言是很好的释放机会，无论是低年级还是高年级的学生都喜欢去滑滑梯。这在大学里是看不到的。我在大学待了 30 多年，真的很少看到学生滑滑梯。现在回想起来，我们小时候也喜欢玩滑梯。尽管条件简陋，工具有限，但依旧玩得开心，收获很多乐趣。

　　我也观察身边的孩子。例如我亲戚家的孩子，他上二年级，就像小动物似的，总要大喊大叫，过一会儿就要喊一下。前段时间他到我家来，就在地上、沙发上滚来滚去地玩耍。小孩子没有闲的时候，滚累了就要吃要喝，这个时候还能歇一会儿。除此之外，就是看动画片的时候才不吱声。要不然孩子们就在地上滚，还要喊和叫。其实那说明他非常高兴，那是幸福的叫，是一种自由的表达。

　　我所观察到的附小孩子的表情，是一种自由奔放的表情。如果一个孩子没自由，感到拘谨，就不可能有什么创造，因为他就只是想着紧张了。由此可见一个相对民主和自由的环境有利于创造力的培养，孩子们可以放开了去进行想象和创造。

　　我还喜欢给孩子拍照。孩子们的有些动作吸引、感动着我。相比孩子哭的场景，我更愿意拍孩子的笑脸。我喜欢孩子们的笑脸，他们的笑容也感动着我。我一般都是抓拍，因为小孩的动作相当快，等你准备好再来拍，精彩就没了。我照片里的孩子都是对着镜头比"耶"或者是开心地大笑。他们看见我就觉得很亲切，这是我的真实感受，也是我来这里近 3000 天最深刻的感受。当我去繁荣、中信、深圳益田校区的时候，有的孩子就算不认识我，对我也挺好的。有的小孩跟我说"你是校长"，

①　于伟：《儿童的意蕴与率性教育》，载《中国教师报》，2015-08-12。

因为他看过照片。在自由校区，除了一年级的小孩，其他年级的孩子基本都认识我。一年级的小孩子可能还没有这个意识，其他年级的小孩一看到我，就会说"你是校长"，还有直接叫我的名字的，很有意思。也有可能是我不会让人感到惧怕，孩子们跟我没有什么距离感。有时候我去听课，小孩就给我拿坐垫；还有的时候我去摸摸他们的耳朵，和他们聊聊天等。这些看似平凡的细节中，传递着孩子们对我的接纳，蕴含着我对儿童的关爱。

1. 儿童是哲学家

到附小工作之后，我进一步坚信和验证了来自儿童哲学学者们的观点和判断——"儿童是哲学家"。

从理论上来讲，哲学家的一个重要特质就是批判、质疑和前提性反思。古希腊哲学家的一个重要表现是"爱智慧"，即对世界充满了惊奇和疑惑。就如柏拉图所说，"疑惑感是哲学家的一个标志，哲学确实没有别的起源"[1]。亚里士多德也提出，"古往今来人们开始哲理探索，都应起于对自然万物的惊异；他们先是惊异于种种迷惑的现象，逐渐积累一点一滴的解释对其做说明"[2]。而儿童就具有这种惊奇的本事，好问与探究是他们的天性。"由于儿童的思考具有原始性和直接性，没有经过经验的'污染'，所以他们是通过对这个世界打破砂锅问到底的好奇来表达自身对这个世界独特的'认识'的。同时，由于儿童是赤条条地来到这个世界，很少沾染人世间的世俗风气，他们是这个世界的新鲜体验者。不仅如此，因为他们是直接接触和体验这个世界的，因而在一定程度上消除了二元世界带来的矛盾。这个时候，儿童的思考就非常接近哲学的思考了"[3]。所以从这个意义上讲，"儿童是哲学家"。之前我在读《诺贝

---

① [古希腊]柏拉图：《泰阿泰德篇》，见《柏拉图全集》第 2 卷，王晓朝译，670页，北京，人民出版社，2003。

② [古希腊]亚里士多德：《形而上学》，吴寿彭译，5 页，北京，商务印书馆，1995。

③ 于伟：《教育哲学》，68～69 页，北京，北京师范大学出版社，2015。

尔奖获得者与儿童对话》这本书的时候，对这个观点还是半信半疑的。虽然我也在报告和讲座中讲"儿童是哲学家"，实际上我是有疑问的。是不是真的是这样的呢？一定是这样的吗？

我到了附小之后，就变得确信不疑，甚至比看刘晓东的书更形象直观地感受到儿童就是哲学家。因为儿童真的能提出一些以前你以为他提不出来的问题，甚至连四岁的孩子也能提出来。虽然他提出的不全是哲学问题，但是他确实能提出一些带有哲学意味的问题。就像在附小执教一年级语文的陈老师在"循着问题进入儿童世界，让儿童像儿童一样成长——一年级儿童提问原生态收集、分析"的研究中，就利用"问题树"的方式，向一年级的孩子收集了1300多个问题，这些问题涉及与儿童自身生活相关的事物、自然现象、动植物、天文、生理、科学、历史、文化、哲学和社会常识的诸多领域[①]。有的问题确实是和成人哲学家所提出的问题相似的。当然有的就是纯科学问题，比如"天为什么是蓝的"，这就不是哲学问题了。但若是"人为什么有灵魂""有没有灵魂"等这一类问题就属于哲学问题。

我现在说"儿童是哲学家"和以前说"儿童是哲学家"，从感受上到信念上都有区别。我在阐释"率性教育"的时候，就把"儿童是哲学家"作为论据。这就意味着我从心底承认儿童是哲学家，承认他们的天性——好问、愿意问、愿意想、对世界充满好奇等。当然也有好多人关注儿童的天性，比如卢梭、洛克、杜威等。

除了提问之外，儿童对世界审视的态度和偏好，特别像哲学家，即他们不仅每事问，百事问，而且不厌其烦地问，还具有一种刨根问底的精神。我们经常会听到或看到类似这样的对话：

> 孩子问老师："为什么1加1等于2？"
> 老师说："那就等于2呀。"

---

① 于伟：《教育就是要保护天性、尊重个性、培养社会性》，载《中国教育学刊》，2017(3)。

　　孩子还是继续问："为什么呢？"

　　老师就回答："那就等于 2，本来就等于 2。"

　　孩子还是继续追问："什么叫本来？"

　　孩子这样一问老师就蒙了。实际上，科学问题还好，如果是那些具有哲学意味的，人类还没有解答的问题，更是难以向孩子们解释。例如：人有没有灵魂呢？要是你说没有，儿童就问你：那你怎么能证明没有，为什么梦里有呢？儿童的这种追问是比较纯粹的。哲学之问是不带功利的，往往是超越世俗的，即哲学家问问题时并不在乎这个问题对工业或者农业有什么用。孩子提问题与此类似，不具功利目的。

　　值得注意的是，如果孩子问问题是为了使家长和老师高兴，那就不是哲学思考了。哲学之路应该是脱俗的，哲学之问也应该是没有功利色彩的。提问和追问能锻炼一个人走向两极的思维和推理，即把一个事情颠过来倒过去，将各个侧面都推到极致来思考。实际上哲学思考就是一种思想实验，就是假如这样做会有怎么样的结果，那样做会有怎么样的结果。如果没有哲学试验，很难有真正的创造或者说是思想意义上的创造。

　　我们也要看到儿童哲学家和成人哲学家的区别。有人曾问瑞士儿童心理学家皮亚杰：你为什么那么重视儿童的认知、儿童的道德判断、儿童的逻辑能力呢？皮亚杰回答：我研究的是小康德，即儿童可以提出成人哲学家们经常思考的问题，儿童有自己的哲学。[1] 但是，"孩子的哲学是清新、迫切、自然天成，值得我们为他思考，也有助于我们对成人哲学或者哲学本身的特质或意蕴的领略"[2]。

　　儿童的哲学（如果说它存在的话）是不成体系的，也不具备系统的理论形态。我确信儿童的哲学不是系统的，它可能是碎片化的，甚至是零

---

[1] 于伟：《一位小学校长的教育哲学之思与本土行动》，载《人民教育》，2017(5)。

[2] 于伟：《教育哲学》，72 页，北京，北京师范大学出版社，2015。

散的、随机的和情境化的。如果有这个情境，儿童能问出带有哲学意味的问题，要是没有这个情境或者这个情境不安全，他可能就提不出来了。因此，儿童是情境的思考者。这是儿童和成人的思考之间的不同。成人能够在实物和情境不存在时，甚至只有一面白墙和一张白纸的时候思接千载。但是孩子不行，孩子一定身处于具体的声音、色彩、实物或者是情景等创造的情境中，才能诱发他的思考，比如孩子看到大象，就要想：大象会不会说话？我唱歌他懂不懂呢？孩子们的哲学之问往往是离不开具象的。就像小孩问"我剪了指甲之后，我还是不是我呢？"这是十分具象的。儿童和成人哲学家们的思考有差异，但本质是一样的。同时，儿童对哲学历史基本是一无所知的，而且儿童的逻辑判断也是不系统和不严密的。这也是两者的区别。

我们强调"儿童是哲学家"，可以强化我们头脑里面"儿童是思考者"的概念，而且是平等的思考者。没有平等就不会有哲学，没有自由也不会有哲学，没有个性更不会有哲学。如果一个人在笼子里边，别人让他怎么说他就怎么说，这样的鹦鹉学舌是不会产生真正意义上的哲学的。肉体不自由不等于没有哲学，而如果思想不自由，就真的不会有真正意义上的哲学。所以我们要通过"儿童是哲学家"来强调儿童思考者的角色，而且是拥有和成人一样权利的平等的思考者。我们要强调这样的观念，否则家长和教师容易轻视儿童。

强调"儿童是哲学家"也对课堂教学有所启示。儿童本身就对世界充满好奇，具有爱智慧的特点，所以，教师在课堂中要设置情境，鼓励孩子们提问题，至少不要扼杀孩子们提问题的兴趣和能力，而是引导他们提问题。孩子提问题离不开引导和诱发。

2. 儿童是艺术家和梦想家①

儿童是艺术家，因为儿童确实有一种创造的冲动和欲望。我们不能

---

① 摘选自 2015 年 1 月 10 日我在东北师范大学附属小学全校教职工大会讲话，有改动。

仅仅将儿童绘画理解为一种技能，而应该更多地将其定义为儿童对世界的理解和表达，即他是怎么看待世界的。在成人看来，孩子画的画很奇怪，比如一个人有很大的牙齿，就像动画片里面长得越奇怪的人物，小孩就越喜欢。成人要是想画这样的画，必须经过训练，不然就可能画不出来。但孩子不一样，这就是孩子对世界的感知和理解。要是那个角色长得端端正正，他们就不一定喜欢。

儿童也是梦想家。在儿童的想象力方面，小学的责任相当重要，孩子有没有梦，能不能想，不仅和他的父母有关系，还跟教师有莫大的关系。第一是教师有没有遏制儿童去梦、去想。第二是教师有没有提供相关的条件，有没有鼓励儿童去梦、去想。如果我们不限制孩子，他们就可以自由地去梦、去想，若是我们还能给予他们一点鼓励，他们就可能想得更深，梦得更远。和外国教育相比，我们做得不够的一点就是对儿童的想象力培养得不够。如果我们不加以限制，孩子可以有很强大的想象力。

3. 解放儿童

我在一本书的前言中说过这样的话："虽然 20 世纪有了爱伦·凯《儿童的世纪》的呼声之后，儿童开始进入大人们的视野，但是如今，儿童在我们国家仍普遍地被当作'仓库''小大人''不成熟的个体'等对象去对待。"[①]

这种情况普遍存在于全国各地，附小也不例外。其实这 30 年来我们对儿童的认识已经有了很大的进展。从家庭来看，至少表面上孩子和家长显得更平等了。过去的时代，从家庭看，孩子和家长是相当不平等的，基本家里就是父母说了算，更多的情况是父亲说了算。

从我们看到的现象和实际的观察中可以看出，教师们对儿童的认识还是有限的，尽管教师被认为是对儿童了解和认识最多的人。这主要表现

---

① 于伟：《与儿童的对话——儿童哲学研究的田野笔记》，1 页，长春，长春出版社，2017。

在两个方面：一是对儿童的天性认识不足，二是对儿童的个性认识不足。

有的教师喜欢孩子安静，我觉得这是她对孩子的天性认识不足的表现。孩子要是安安静静的那就不是孩子了。孩子只有两种情况是安静的，一个是睡觉的时候，另一个是生病的时候。小孩连吃饭都有声音，所以王祝辰老先生讲"孩子们绝无静止的时候"①。

媒体曝出有的幼儿园要给孩子吃药扎针，这种极端现象出现的原因之一就在于其对孩子的认识不足。假如幼儿园的教师能够理解儿童的天性的话，她就不会采取这种极端的方式。这不完全是道德问题和法律问题，首先应该是认知问题，其次才是职业道德问题。职业道德的败坏掩盖了认知中的无知。幼儿教师对孩子们的差异缺少体验和认知，这是十分严重的问题。在北京"明远教育论坛"上苏霍姆林斯卡娅说，苏霍姆林斯基曾经讲过，"一个问题不能面对所有孩子"。因为并不是所有孩子都能答上来的。就像一米高的横杆，有的孩子跳过去很轻松，有的孩子就是跳不过去，因而就产生挫折感。但并不是每位教师都能把这个观念扎根在脑子里边，有时候就忘了或者没有牢牢记住。

我们应该努力地解放儿童，给孩子们一定的自由空间。正如陶行知所说的：解放眼睛，使眼睛能看事实；解放双手；解放头脑；解放嘴，使儿童有言论自由，有话直接和先生说，并且高兴、心甘情愿和先生说，首先让先生知道儿童们一切的痛苦；解放空间，不要把学生关在笼中，要把大自然大社会作为他们的世界，空间放大了，才能各学所需，扩大了空间，才能各教所知，扩大了空间，才能各尽所能；解放时间，育才是以此标榜的，然而并未完全做到。儿童都应当有一点空闲的时间，可以从容消化所学，从容思考所学，并且干较有意义的工作。② 我们要做的，就是去解放儿童的眼睛、手脚、大脑、嘴巴、空间和时间，他们才可以看、可以做、可以想、可以说、可以做、可以玩。

---

① 王鸿霖：《动的教学法之尝试》，5页，北平，北师附小，1936。

② 陶行知：《实施民主教育的提纲》，见《陶行知教育论文选辑》，320页，上海，生活书店，1948。

4. 儿童的自由

给予儿童自由就是少干涉，特别是在低年级的时候要给儿童比较多的自由。这并不意味着完全自由，也要适当限制。涉及安全问题的时候，要限制自由，给孩子留几条底线。年级越低要求应该要越宽一点，否则就有些许苛刻了。

具体而言，儿童的自由，是指要给儿童问的自由、想的自由、适当活动的自由、可以歪着坐的自由甚至可以坐地上的自由。这个自由很具体，但是也应该要有规定和限制，特别是涉及危险的行为时。其他的就可以放开一点，包括用拖布拖地的时候可以允许把水洒在地下，检查的时候就别扣分，他可以有这自由。因为六岁孩子尤其男孩可能难以做到这样细致。

但是给予儿童自由并不意味着不用学习社会规范。从社会化角度来看，随着年级增高，可能有要求越规范，甚至要求越高的趋势。年级越低，就越要逐步来，让他有适应过程和接受过程。但是长期以来，我们形成了一些于孩子而言比较苛刻的做法，例如对孩子的"完美主义"，用一个问题面对所有孩子，要求他们回答等。实际上我们国家现在也在改变：比如说孩子们坐的姿势已经发生变化，至少在附小看不到我们小时候被要求背着手坐的姿势了。

实际上孩子们的自由，从附小来看，空间在有序地扩大，比如附小的教学楼空间使孩子们的身体活动的自由得到了保障（如附小的教学楼有的走廊宽达8米）。在时间上，附小一年四个学期，这也是一种自由的保证，使孩子们在春秋天里的五一、十一的假期里面都有机会上全国各地去游玩一下。即延长春、秋假的时间，缩短寒假的时间。附小的管理和教育教学活动也给孩子们提供了比较多的空间。如附小有100多个社团，这就提供了自由表达的空间。又如附小的课堂控制，孩子可以下地，可以跪在凳子上，或者盘着腿坐着，他们的腿还可以放在凳子上面。

附小的运动会最能体现附小给予儿童的自由。有不一样的运动项目，如跳球接力、袋鼠跳、滚车轮等，还有不整齐的"齐步走"。我不赞成在中小学实行正步走，因为没必要。所以在我上任之后，孩子们在运动会开幕式上就不需要走得那么整齐了。附小的运动会变成了体育文化节，基本就是狂欢节。

总体来说，现在附小的孩子们有自由，但秩序可控。同时，附小经常进行安全演练，是为了更好地保护孩子们的自由，包括学校规定怎么上下楼梯。我觉得是相辅相成的，有个词叫"活而不乱"，过去是个理想，现在在附小变成了现实。

三、儿童哲学走"第三条道路"的尝试

就目前世界主要几个国家的儿童哲学教育实践而言，有两种主流的实践方式。"第一种以美国的马修·李普曼为代表，通过开发专门的儿童哲学教材如《聪聪的发现》，对儿童进行专门的儿童哲学教育，这种方式关注的不是苏格拉底、康德等的哲学知识本身，而是儿童对哲学的探寻过程；第二种方式以加雷斯·B.马修斯为代表，他主张成人应该与儿童展开平等的对话，儿童可以帮助成人对有趣的甚至重要的哲学问题进行反思并做出很大的贡献。他自己作为大学教授，也到学校中亲自与儿童展开对话讨论。"①

(一)国内外经验交流

1."毛毛虫儿童哲学基金会"之旅

2015年10月，应台东大学的邀请，我带附小数学教育交流团对台湾地区的数学教育进行了考察，并与他们进行了交流。除了参观台湾地区多所学校，以及听课、评课，我们还到台湾"毛毛虫儿童哲学基金会"在台东大学设立的"毛毛虫"儿童哲学图书馆参观。"毛毛虫儿童哲学基金会"致力于在社会、学校和家庭推广儿童哲学。"毛毛虫儿

---

① 于伟：《儿童哲学走"第三条道路"的可能与尝试——东北师范大学附小探索的历程与研究》，载《湖南师范大学教育科学学报》，2017(1)。

童哲学基金会"的创始人杨茂秀①致力于倡导"儿童天生是哲学家",这与我在附小所倡导的不谋而合。在"毛毛虫"儿童哲学图书馆,我感受到了舒适自由的儿童阅读环境,翻阅了大量翻译和推广的儿童哲学教材。②

　　两年之后,该基金会的李玉贵老师③在附小繁荣校区做关于"学习的课堂文化"的培训报告时,向学校赠送李普曼教授的儿童哲学著作《哲学教室》和《灵灵》、"毛毛虫"工作室的期刊《儿童哲学》等书。④ 这些交流都为学校后续开展儿童哲学的相关研究提供了线索和启示。

　　2. 与托马斯·杰克逊教授和王清思教授的交流⑤

　　2017 年 8 月 30 日,托马斯·杰克逊(Thomas Jackson)教授⑥、王清思教授⑦莅临附小,给附小繁荣校区四年级十班的全体学生和学校各学科的教师代表带来了一堂"儿童哲学课"。

　　在上课之前,两位教授将凳子摆成了一个"圆",这样的"圆"打破了以往的座位样式,力求把孩子们带到一个身体和思维的"安全圈"里,营

---

　　① 杨茂秀,1944 年生,毕业于台湾"辅仁大学",曾任教于台湾"辅仁大学"哲学系、台湾"清华大学"及台东大学儿童文学研究所,创立了财团法人"毛毛虫儿童哲学基金会"、毛毛虫儿童哲学台湾中心。

　　② 东北师范大学附属小学:《学校数学教育交流团赴台湾考察》,http://www.dsfuxiao-com/frxq/xqxw/1730.shtml,2018-05-10。

　　③ 李玉贵,台湾地区著名语文教育专家,台湾师铎奖获得者,一直与同仁践行自己的儿童哲学理念,致力于"毛毛虫"儿童哲学工作室的不断发展。

　　④ 东北师范大学附属小学:《学习的课堂文化,提升的教学素养——台湾教育专家李玉贵专题培训活动报道》,http://www.dsfuxiao.com/fxxw/5678.shtml,2018-05-10。

　　⑤ 东北师范大学附属小学:《一切从"圆"开始……——记台湾嘉义大学王清思教授、美国夏威夷大学 Thomas Jackson 教授的一节"儿童哲学课"》,https://mp.weixin.qq.com/s/ZNT;_891TZSA5NUwDyGRSw,2018-05-10。

　　⑥ 托马斯·杰克逊,美国夏威夷大学马阿诺分校人文艺术学院哲学系教授,夏威夷儿童哲学推广中心主任,在与儿童交流时多自称"唐老鸭"。

　　⑦ 王清思,美国印第安纳大学布鲁明顿分校教育哲学博士,嘉义大学教育学系教授,主要研究方向为教育哲学、杜威思想和儿童哲学。

造出一个让孩子觉得安全的可以充分表达自己的想法，不用担心对错的氛围。而且在圆的里面，每个人离中心的距离都是一样的，可以清楚地看到彼此的表情、眼神、动作，没有人被排除在外。因此，在这两节课里，孩子们显得轻松自在，每个人都能说出自己内心真实的想法，也能以尊重的态度倾听他人的发言，并没有任意地打断、否定、批评或者排斥他人的事情发生。这种充满了尊重、倾听和关怀的真正的师生交流、生生交互在我国的课堂上比较少，我十分希望这种平等的对话能够出现并扎根于附小的课堂中。

除了摆成一圈的凳子之外，"唐老鸭"（杰克逊教授自称"唐老鸭"）教授还准备了一团毛线，在课前给学生展示这团毛线的用法。原来，他是要让孩子们一边回答问题，一边缠绕手中的毛线，直到分享完自己的内容再传给下一个同学。我一开始并不明白为什么要制作这样一个毛线球，但是最后当一颗五颜六色的毛线球完成后，我才意识到这颗毛线球是孩子们齐心协力完成的，里面凝聚了每一个人的贡献和力量。同时，"唐老鸭"也宣布手中握球的孩子才能够说话，同时也可以不用经过教师的指定，自由地将球传递给下一位想要发言的孩子。同时，课堂上也没有过深或者过广的问题，而是让学生"谈谈自己喜欢或不喜欢的事物，也可以谈谈自己小时候发生的故事"。面对这样质朴、不带有测试目的性的问题，孩子们更加放松和真切地回应问题："讨厌的水果，永久的疤痕，食材的混搭，名字的由来，冰激凌与肉的挣扎……"这些带有孩子们独一无二印记的记忆涟漪在课堂上缓缓地激荡开来。

毫无排斥的平等的圆、合力完成的代表发言权的球、看上去很好回答的问题等，这些使得孩子能够主动地参与学习的过程，同时，他们在其中变得更加有信心，更加享受。课堂不再静悄悄，孩子们率性而为，率性而谈，率性而感！不仅如此，孩子们也更为专注地倾听别人的发言，沉浸在每一个人的童年趣事中。不同水平的孩子，在圆圈中学会听与说，乐于谈与议，每个人都可以在其中做最真实的自己，无须刻意包装、掩饰、回避。而课堂上时刻回响的"爱的三下"鼓掌，则充满着鼓励与温暖，这样的课堂开启了教育的无限可能。整堂课，除了最初说明毛线的用途和规矩之外，几乎都是孩子在主导这个课堂，仅有两次王清思教授"叫停"了课堂，一是对学生同伴交往上的引导，一是对所提问题的重复强调，其余时间都要等待儿童自然而然地内化所学而有所蜕变。

课后，教师们也坐进了这个圈，随着发言球的传递纷纷畅谈了自己的收获与心得，有课堂学生之声触碰心弦的感伤、有课堂内容之新滋养心灵的感动、有课堂格局之变反思教学的感慨……让教师也能切身体会到在此安全与平等的氛围下充分交流的感觉，并使其尝试在自身的课堂中营造相似的氛围。

3. 与乔治·贾诺塔基斯教授和高振宇博士的交流

2017 年 11 月 21 日，乔治·贾诺塔基斯（George A. Ghanotakis）教授[①]、高振宇博士来到我校繁荣校区进行以"基于游戏的儿童哲学研究"为主题的交流研讨活动。

上午，贾诺塔基斯教授和高振宇博士同繁荣校区三年级六班的学生一起展开了一场关于哲学的讨论。贾诺塔基斯教授展示了他与团队开发的"玩智"哲学游戏卡片，并通过有趣的游戏挖掘孩子眼中对哲学问题的看法和解答。首先，贾诺塔基斯教授让孩子们分成几个小组，随机给每个小组发了相同数量但不同图案的卡片，并拿出一张类似于大富翁游戏的棋谱和棋子，请各个小组选一个棋子作为自己组的代表。讲清楚规矩之后，教授让每个小组轮流掷骰子，在棋谱上移动棋子走步数来选择问题，之后小组内成员合作商量，选择一张卡片作为问题的回答。孩子们抽到的都是具有哲学意味的问题，如"狗知道它是一只狗吗?"(Does a dog know it is a dog?)、"你能设法不让自己去想那些愚蠢的想法吗?"(Can you avoid having stupid thoughts?)等。以"假如你是一只狮子，你要跟这个世界说一些话，你会说什么?"(Suppose you were a lion

---

① 乔治·贾诺塔基斯，加拿大舍布鲁克大学教授，加拿大儿童哲学协会会长，加拿大渥太华儿童哲学研究所所长，原国际哲学研究理事会秘书长。

and you had to say something about the world. What would you say?)为例，在有个小组选择了"超人"的图片来回答的时候，他们解释道是因为狮子会对世界说"我有力量，我要保护这个世界"。在解释为什么要选择这张图片作为答案之后，教授让其他小组去质疑或者赞同这个答案并说出理由，并基于这个答案提出新问题。孩子们提出了"假如你是一只狮子，有人占领了你的洞穴，你会怎么办?""狮子为什么吃肉?"等问题。在这场互动中，闪现着孩子充满童趣童真和哲理的智慧。

在下午的交流研讨活动中，贾诺塔基斯教授和高振宇博士为教师们从多角度解答和展示了基于智慧的哲学思维技能的培养和基于游戏的儿童哲学在教育教学中的渗透。我和教师们也与贾诺塔基斯教授就哲学培养学生思维能力等相关问题进行了研讨与交流。

在其中，我明白了在哲学课上小组的相互质疑和讨论并不是如传统的辩论赛一样，追求绝对地把对方反驳击败，而是希望孩子能够看到对方积极合理的想法，抱着帮助对方完善想法的心态去进行质疑或者赞同，倡导的是相互合作和帮助的氛围。这与我们传统想象的不一样，这样解释的新角度，对我们进行儿童哲学的研究带来新的启示。

4."儿童哲学"高峰论坛

儿童哲学"第三条道路"不是凭空设想出来的，更不是闭门造车。我们希望儿童哲学和率性教育能贴合中国的教育实际，也渴望听到来自全国相关领域的专家的反馈和建议。因此，自提出率性教育之后，附小每年都会承办以"儿童哲学"为主题的高峰论坛。

附小的儿童哲学论坛打破了以往的模式，由两部分组成：一是附小的课堂展示；二是专家的主题汇报。这样安排的目的之一是让参会专家对附小的儿童哲学实践有一个直观的感受，他们也能在课后的评课环节中直接给出对课堂教学修改的意见。另一个目的是希望实践的展示能够进一步启发接下来的理论汇报。

至今为止，附小一共承办了 4 次儿童哲学论坛，主题依次为"儿童哲学与儿童教育""儿童之问之思之学""儿童的经验、思维与有过程的教学"和"儿童生活与教育（少数民族儿童的成长）"。与会的嘉宾有教育哲学专业委员会成员、国内外儿童哲学研究学者、全国各地的一线小学教师以及在校大学生、研究生。话题涉及了教育哲学的学科发展、儿童哲学的内涵、儿童哲学教育、儿童观与儿童教育、儿童的天性、儿童哲学的教育方式与实践方式、儿童文学教育、读经教育等。这4次论坛最终形成了几点共识：①儿童哲学研究一定要走向儿童生活，基于儿童经验进行，为儿童发展提供帮助。②基于儿童经验与思维特点展开的课堂教学是丰富的、灵动的，更是归纳式的、原生态的学习过程。③附小的率性教育办学理念为促进儿童的发展提供了很好的实践范例。对于率性教育而言，儿童哲学既是附小实践探索的视角，也是未来改革的生长点；而对于儿童哲学的研究来说，附小的率性教育则是实践领域中具有典范意义的行动路径。④儿童哲学可以在语文、数学、科学、道德与法治等多学科中通过"有过程的归纳"的教学得到很好的贯彻与实施，儿童哲学对于教师站在儿童的立场重构自己的教学设计、重新理解以及定位自己的角色，提供了非常好的理论视角。

5. 国内几个重要的儿童哲学年会

世界哲学大会每5年召开一次，由国际哲学团体联合会和其中一个成员单位共同举办。中国组委会承办的第24届世界哲学大会，于2018年8月13日至20日在北京召开。这届大会围绕"学以成人"的主题，着重开拓了人的多重维度，并探究人类面临的各种挑战。这届哲学大会因为我有别的会议与此冲突因此没有参加，但是我以及我的学生白情提交了会议论文。我提交了《儿童哲学走"第三条道路"的可能与尝试》的论文，白情提交了有关我国对儿童哲学本体论的解读的论文并做了大会发言。另外我还有5位博士和硕士研究生参加了这次会议。

2019年5月11日至12日，由杭州师范大学教育学院主办，中国学前教育研究会基本理论专业委员会、东北师范大学教育学部及附属小学协办的首届儿童研究与教育学术年会在杭州师范大学仓前校区举办。会议围绕"多学科视野下的儿童研究及其教育启示"这一主题展开研讨。中国学前教育研究会基础理论专业委员会主任、华东师范大学刘晓东教授，以及不同领域从事儿童研究的多位学者出席本次会议。附小作为协办单位派出 4 个校区的教师代表参加此次会议。

2019 年 11 月 1 日由杭州师范大学举办的 2019 年儿童研究高端论坛在杭州国际城市研究中心举行。来自美国加州大学尔湾分校"新人文"教席熊秉真教授、杜威研究协会前主席伦纳德·瓦克斯（Leonard J. Waks）教授、华东师范大学刘晓东教授、杭州师范大学高振宇副教授，以及来自浙江师范大学、上海师范大学、上海真爱梦想公益基金会等多所大学、研究机构的专家、学者参加了会议。我以《儿童的普遍性问题之思——以自由问题为个例》做了大会主题报告，以道德与法治学科为例，介绍了附小在多学科教学中实践儿童哲学的探索。在这次会议上除了学术交流的收获之外，还有一个很重要的收获就是与熊秉真教授做了很深入的交流。熊秉真教授在报告中介绍的歌曲《西风的话》饱含了她对儿童童年期蕴含的价值的认识：

　　　　去年我回来
　　　　你们刚穿新棉袍
　　　　今年我来看你们
　　　　你们变胖又变高
　　　　你们可曾记得
　　　　池里荷花变莲蓬
　　　　花少不愁没颜色
　　　　我把树叶都染红
　　　　今晨的梦里
　　　　树上猴子穿新衣
　　　　鼓号吹奏的章鱼
　　　　路过森林下着雨
　　　　嘀哩哒啦

嘀哩哒嘀

桃花变成了狐狸

迷路的乐队在哭泣

人生也许是个迷

花少不愁没颜色

我把树叶都染红

2019 年 12 月 19～20 日，第二届儿童哲学与学校变革论坛暨儿童哲学项目学校联盟成立大会在上海市杨浦区六一小学举行。本次会议由华东师范大学基础教育改革与发展研究所主办、上海市杨浦区六一小学承办，旨在促进项目学校之间的协同发展，推进理论与实践的积极对话，发挥儿童哲学项目的综合效应，探索新时代背景下学校生活的新标准、新形态和新路径。本次会议的主题是"儿童、哲学与课程"。华东师范大学基础教育改革与发展研究所儿童哲学项目团队的杨小微、王占魁、刘学良及研究生参加了此次论坛。本次活动特别邀请了华东师范大学哲学系高瑞泉教授、教育学部彭正梅教授，复旦大学教育哲学研究中心副主任徐冬青副教授，香港教育大学钱海燕副教授，上海平和双语学校颜志豪博士等专家学者参与。我们也派出教师参加了这次活动。这也是促进儿童哲学研究的一个非常重要的学术研究以及实践平台。尤其是华东师范大学众多学者如杨小微教授、彭正梅教授的参与，以及研究初高中阶段哲学教育的高瑞泉教授团队的参与，将我们实践儿童哲学的视野，从仅仅关注小学，拓展到了站在小、初、高一体化儿童哲学教育的视野，这是非常重要的拓展。另外，通过参加会议我们了解到，上海的六一小学以及他们带起来的一个共同体做儿童哲学研究也有 20 多年了，真是很了不起的事情，有了很多成果，值得我们敬佩和学习。

2019 年，我成为新创刊的《新儿童研究》联合主编之一及编委会委员。《新儿童研究》是杭州师范大学教育学院主办、广西师范大学出版社出版的学术刊物。我非常认同不忘初心，方得始终。因为儿童乃成人之父，儿童乃教育之根。儿童研究，"不观止中外已有之，更待若新发之于硎"。《新儿童研究》旨在展现新儿童之观点、新教育之使命；搭建海内外交流共享之平台，共创新思路，共享新成果；从人文社科不同领域出发研究儿童，提升对儿童的认识，构建并发展关于儿童的理论与方法体系；对儿童的相关实践进行有效反思与指导，以促进儿童的整体福利。

(二)对儿童哲学的实践探索①

在附小的教师专业发展中，有着较为完备的"优师阶梯工程"，即青蓝工程、希望工程、名师工程。青蓝工程面向教龄 1～5 年的青年教师；希望工程面向 6～10 年的骨干教师；而名师工程则面向逐渐成熟起来的已经逐渐形成自己独特教学风格的学校名师。名师工程的教师，是由学校最为优秀的各个学科教师代表组成的。

2015 年 12 月，学校开始有步骤地在名师工程的示范课中尝试儿童提问的研究。各个学科名师引领的探索，为整个儿童哲学研究的推进起到很好的探索性作用。同时，有部分名师尤其是语文教师对儿童哲学产生了浓厚的兴趣。比如一年级语文的陈老师，就做了一个题为"循着提问进入儿童世界，让儿童像儿童一样成长——一年级儿童提问原生态收集、分析"的研究。陈老师在日常的常规教学中累计收集了 1300 多个儿童的原生态问题，并进行了分类整理，整理出了四大类问题：看似莫名其妙的问题、成人司空见惯的问题、难以给出答案的问题、作者写法的问题。尤其是关于作者写法的问题，深入了语文学科内部，比如收集到的儿童问题有："不是曹冲称象吗？怎么都是官员在说话？为什么到了第四段曹冲才出现？为什么前几段都没有?"陈老师对儿童提问的研究既进行了归类，还分析了教师应该如何回应。

---

① 于伟：《与儿童的对话——儿童哲学研究的田野笔记》，12～28 页，长春，长春出版社，2017。

可以说，各个学科的教师都开始慢慢意识到儿童哲学的重要性，开始有意识地在自己学科内部关注儿童、关注儿童哲学、关注儿童哲学教育。儿童哲学、儿童哲学教育开始走进班级，走进儿童。

2016 年年初，在台湾访问"毛毛虫儿童哲学基金会"并进行交流的基础上，我开始推荐全校教师开展儿童哲学作品的研读。马修斯的哲学三部曲——《哲学与幼童》《与儿童对话》《童年哲学》成为全校教师的寒假读物。2016 年 3 月份开学，即组织了全校性的儿童哲学作品研读读书交流会。学校 12 个学科的教师结合自己的学科进行了互动交流。

这次读书交流，使得附小的大部分教师理清了几个主要问题：为什么要读马修斯的这三本书？什么是哲学、哲学问题？李普曼、马修斯及他们的哲学有何区别？为什么要向儿童学习？怎么看待"故事"？怎么看待哲学和数学的关系？如何看待东西方文化的差异？

在理清的主要问题中，大部分教师达成较为一致的观点就是"向儿童学习""要保护好儿童独有的哲学思维：教师没有绝对的权力，只有相对的权力，在思想上都只有有限的权力。所以，教师要反思自己的'优越感'"。总体看，教师和孩子比，成人和孩子比，还是有优越感的。就像我们和动物比，这个优越感是客观存在的。如果我们不反思我们的优越感，就不可能真正实现与学生的平等交流。一个成人，在接受了多年的教育之后，获得了很多很多符号，但同时也失去了很多，孩子身上恰恰有我们这几十年失去的，比如纯真、天真、想象。孩子们想象力是非常丰富的，他们没有那么多的清规戒律。儿童时代有儿童时代的价值、儿童时代的目的，不能简单地用"幼稚"来否定儿童时代的价值。当然，儿童时代离不开教师的引导。

各个学科的教师也从自己学科的角度对马修斯的作品进行了研习、诠释。比如"道德与法治"学科的杨静老师，就结合自己的阅读，提出了要"尊重并保护儿童的哲学思维"。她认为，马修斯的《哲学与幼童》等作品所透射出的，是作者站在哲学的高度，透视儿童所提出问题背后的哲学思维。我们需要做的是保护好儿童的哲学思维。对儿童哲学思维的认识，使得我们不得不重新审视自己的儿童观、教育观。哲学存在的最深层的原因就是怀疑与困惑，儿童大量的、充满哲学性的问题都是来源于儿童对周围世界的好奇。成人、家长及教师，面对儿童的童真和洞察力，必须丢掉自己的傲慢与偏见，心怀谦卑地去善待儿童的提问，尊重儿童的天真、天性，理解、欣赏、尊重儿童的认知能力和思维方式，正确调整自己与儿童在教育过程中的关系。

再比如教语文的李维奇老师谈道："我倒觉得孩子们关注什么样的哲学内容不重要，有哲学思维对于儿童来说才是最宝贵的。哲学思维是求真思维，一般来说，我们成人是不太具有这种思维的。作为教师要懂得保护这种思维，这很重要。在保护的基础上，我们如何能在原有基础上帮助儿童进一步提高？其实我觉得，所有的教师在和孩子交流的时候都可以去有意地培养渗透。"

所有 12 个学科的教师对马修斯作品的研读，使得重视儿童哲学思维培养的观念逐渐深入人心。

2016 年 6 月，附小在长春的三个校区，每个校区选择了一个主题，分别在低、中、高三个年段进行了专门的儿童哲学课程的讨论尝试，进行了原生态的研究。这是"李普曼式＋马修斯式"儿童哲学课程的一种初步尝试：在课程形式上采用的是李普曼的理念，进行专门化的儿童哲学课程尝试；课程内容则选择了马修斯的童年哲学三部曲中曾经讨论过的经典内容，比如"特修斯之船"的问题；课程目标上也采用了马修斯的理解，即更加强调与儿童的对话，在与儿童的对话中讨论哲学专题。

在这次活动中，三个校区累计上了 9 节研讨课，覆盖了所有年级。在研讨课上，我们选择和创造性地改编了《特修斯之船》《花儿快乐吗?》《三个人的快乐和一个人的快乐》等文本，对"同一性""他心问题""功利主义""'自我'与'他人'"等哲学问题进行了深入谈论、思辨和分析。同时我们还参照原生态的研究方式，记录下孩子原汁原味的观点和话语，耐心倾听孩子的提问，在答、辩、问中，理解并尊重儿童，完成了本次基于儿童哲学问题讨论的田野研究。

　　我以刘丹、孙千卉和李维奇老师组织的对《特修斯之船》文本的讨论为例子，向大家展示部分研究成果。

　　首先，教师给孩子们讲这样一个故事：

　　　　在两千多年前的雅典，有一艘古老的战船，因为国王特修斯曾经在船上指挥过很多场战争，这艘船被称为"特修斯之船"。战争结束之后，雅典人民为了纪念它，就把它留了下来，并向全国人民展出。时间一天天过去了，船上的木材开始腐烂。只要有一块木板烂了，雅典人民就会为它更换新的木板，慢慢地，这艘船的每块木板都被更换过了。

　　然后，教师向孩子们询问这个问题："请你想一想，现在的这艘船还是原来的'特修斯之船'吗？为什么呢？"

　　(1)材料

　　在讨论中，低、中、高三个年段的孩子都提到了材料的变化可能会影响这艘船是否是"特修斯之船"，置换木板的数量问题引起孩子们普遍的思考。不同的是，大部分低年级孩子认为换过的木板数量超过一半就可以认定不是原来的船了。

　　一年级的杉杉①："我认为不是，这艘战船，即使你用的木材跟它一模一样，它也不是那一块啊！那一块已经腐烂了，就算是一模一样，它也不可能再是那一块了。"

　　一年级的冉冉："换一块还是，换两块也还是，但是都换了，就不是了。"

　　四年级的小宇："我认为这已经不是原来的船了，我认为木头被换过之后只能算是克隆或者说代替品。这艘船如果换掉一半以上的零件，就不是原来的船了。就比如这支笔，如果笔头被换掉了，你还可以认为它是原来的笔，但是如果笔杆也被换掉了，笔芯也换了，一半以上都换

————————————

　　①　出于隐私保护，本书涉及的名字都经过处理，均为化名。

139

了，那我就认为它变了。"

而高年级的孩子对这一个问题的理解能够超越实体本身，进入非物质的维度。

五年级的城城："我认为不是同一条船，因为船的本质变了，甲板都给换掉了……把有价值的东西换掉了。整艘船上旧的东西是有价值的，因为它已经经历了很多年。"

这里孩子已经抓住"时间"这个确定"特修斯之船"价值的非常重要的前提条件。甚至还有孩子(五年级的小陌)这样说："我认为还是那条船，因为人们只改变这艘船的外在，而内在是它的灵魂、它的历史、它的使命，它的内在没有变。"

(2)结构

低年级孩子特别在意船的外形和样子是否发生变化，他们认定船的样子由于修补肯定会发生变化。

一年级的滢滢："我认为也不是，因为原来的木板是国王在的时候，精心挑选过的，可是现在的木板是被别人换上去的，原来的有好几千年的历史，这个变了。而且，用途也变了，原来它是一个战船，现在它就是一个用来展示的船，样子肯定会发生变化的，因为木板颜色是一丝一丝的，一块黑一块白，看起来肯定会有一点不同，不是原来船的样子了。"

而中年级孩子则在确定结构和样子发生变化的基础上，讨论同一性问题，他们讨论的焦点在于精神是否依附于事物的具体组成。

四年级的小亿："我认为这艘船还是原来的'特修斯之船'，因为雅典人民想纪念的是特修斯国王，无论这艘船怎么变化，这艘船都是他们心中的'特修斯之船'，也是我们心中的'特修斯之船'。……这艘船的零件虽然被换过了，但是在我们心中，它永远都是那个样子，是特修斯国王坐过的那艘伟大的船。它永远是我们心中的'特修斯之船'。"

高年级也更重视在外形和结构之上的船的本质、内涵、灵魂和历史问题。

五年级的桐桐："首先我们研究的是这艘船，这艘船的整体都被换掉了，那就说明它只是留下了以前的躯壳与外表，所有以前的本质、内涵、灵魂、历史，包括刚才说的使命全都被换掉了，它现在是一艘全新的船，它现在的使命就是供人参观。那它以前的使命呢？它以前的灵魂呢？历史呢？以前的历史是在被人述说，谁又能直接看出来呢？……不是以前的一切都不存在了，而是表现不出来。"

（3）时间连续性和空间一致性

低年级孩子由于受到思维和词汇语言表达的限制，极少有学生能思考关于时间的连续性和空间的一致性问题，只有一名学生（轩轩）模糊地意识到了，他说："我觉得不是，文里说是两千年前古老的战船，现在是新战船，那它根本就不能叫古老的战船，因为它没有两千年的历史。"

中年级的孩子特别关注"时间"这一因素在"同一性"问题里面所起的作用。

四年级的乔乔："我认为'特修斯之船'不是原来的船了。虽然船看起来还是原来的样子，船原本的木料都是在特修斯时代的木料，但现在已经找不到了。"

小宜也有相近的观点："我认为用旧木料造的船才是真正的'特修斯之船'。"

还有好几个孩子都认为"旧"是十分重要的。

高年级孩子的讨论，则更侧重于承载时间连续性和空间一致性的"历史"。他们对历史的概念、本质、是否需要物质表现形式、历史转变等都进行了比较深入的讨论。

当弘弘说这艘船的"历史"已经发生了，所以改变不了时，夕夕反对这种说法，她说这艘船的现在也可以称为历史，这艘船以前是古老的历史，现在是崭新的历史，所以说历史已经改变了。她并不否认这艘船过去打仗的历史，但是它在改变。弘弘又反驳说，但是这不能说过去的历史已经改变。这说明孩子们已经由原来的讨论话题转向了对概念的辩论。

（4）充满创造力和深意的表达

三个年级的孩子在讨论中都自发地使用了讲道理、追问、举例子、类比等思考问题的方法。其中有很多充满创造力和深意的表达。

一年级的宁宁：

> 我去上厕所，回来还是我，也不能说我上几次厕所，就会变成女孩啊。

还有小弼：

> 我看动画片《迷你特工队》里，很少的某某特工对很多的敌人，他们也没有输啊。

他用打仗中以少胜多的例子来说明数量多不一定有意义。

四年级的淇淇：

> 我认为哪个都是真正的它，就像《西游记》里的孙悟空，不管他怎么变，七十二变，怎么变他都有一个本体。

2016 年，我们把附小教师们的探索结集成《与儿童的对话——儿童哲学研究的田野笔记》。

2019 年儿童哲学在附小的实践探索产生了一个重要的飞跃，就是在道德与法治学科将学科与儿童哲学进行非常好的结合。儿童哲学在小学中除了开设专门的儿童哲学课程之外，在其他学科进行实践也存在一定弊端，即教师们重视，但是儿童哲学并不能成为这些学科的核心，最重要的方式是以理念的方式指导这些学科的备课上课。在道德与法治学科的实践探索使得我们发现，儿童哲学既可以从理念上指导教师，同时在实践教学层面也会非常好地得到贯彻和落实。我们在道德与法治学科选择了一篇与"自由与规则"主题相关的文本《心灵的管理员》分别在 5 月份、8 月份进行了两轮试验。通过韩玉琢、韩美琳等老师的探索发现，在道德与法治学科中，可以引导儿童对哲学中的一些普遍性问题进行比较深入的思考。这与我所倡导的让儿童更多地经历"从个别到一般"的归纳学习过程及"有过程的归纳教学"在基本理念上也是一致的。从个别到一般的归纳的过程，是对"普遍性""一般性"问题学习思考的重要起点。

这次试验教学中，我们首先对儿童对"自由"的起点认识进行了测试，发现大部分四五年级的儿童对自由认识的起点较为趋同，如：

学生 1：我觉得自由就是想做什么事情就可以做什么事情。

学生 2：我认为自由就是随意地做某些事情。

学生 3：我感觉自由就是不受限制。

学生 4：自由就是没有拘束的自由玩耍。

······

洛克曾经说："儿童出生后不久（我确信远在他们会说话之前）就会仅仅为了要如愿而哭泣、使性子、闹别扭、不高兴。他们想要别人顺从他们的愿望；试图要周围的人都随时依从他们。"[①]人不能仅仅根据感觉和欲望行动，那种不受理性控制的、所谓自由状态不是真正的自由，只能是动物的自由。对许多儿童来说，自由是无规定的存在。教育的作用是引导儿童由无规定的存在走向有规定、有规则的存在。因此我们在课上对儿童进行了引导，引导他们对自由、什么是真正的自由这一问题进行多角度的深入对话思考。我们设定了如下的教学目标。

珍惜自由，有规则地、自律地行动。

（1）使大家明白并不是只有自己喜欢自由，每个人都向往自由。

（2）使大家明白所谓自由并不仅仅是自己想做什么就做什么，更是建立在自我管理基础上的。

（3）使孩子逐渐懂得在日常的具体生活情境中具有自律的责任，从自律的角度实践自由。在选择追求某一方面的自由的时候，要考

---

① ［英］洛克：《教育漫话》，153 页，徐大建译，北京，商务印书馆，2018。

虑规则、考虑不伤害他人的自由、考虑自由可能带来的后果。

(三)附小特色儿童哲学实践的诞生

在经过一学期的探索之后，我们最终决定不将儿童哲学设置为一门单独的课程。原因之一，对大多数学校来说，开设专门的儿童哲学课程缺乏相应的条件支持，往往会受时间、师资、教材的限制。原因之二，也是最重要的原因，与我对哲学和儿童哲学的理解有关系。

首先，不同哲学家对哲学的看法不同，如黑格尔认为"哲学史本身就应当是哲学的"①，马克思认为"任何真正的哲学都是自己时代的精神上的精华"②，李泽厚认为"哲学始终是科学加诗"③等。我觉得哲学的内容本身就不适合讲授，即哲学在本质上是不可以教的，因为哲学是"爱智慧"。如果人们把它当作清规戒律背下来，然后严丝合缝地去执行，就违背了或者偏离了哲学的本义。哲学恰恰是开放的，它没有唯一结论。

其次，我认为在小学不适合开设专门的哲学课，包括离开学科内容，搞思维训练，尤其是李普曼所提倡的儿童哲学。我细致地读了李普曼的书，发现其大多是关于概念判断和推理方面的训练课程，我认为不适合在小学的课程里单独讲语法和逻辑结构。我们可以在教学中渗透和体现语法和逻辑结构的思想，但是在小学这些内容不适合作为专门的知识和训练来呈现。儿童哲学之所以不适合单独开设，是因为它的内容脱离了各学科的教学，直接去教孩子怎么推理和判断，这是不合适的。

---

① [德]黑格尔：《哲学史讲演录》第 1 卷，贺麟等译，13 页，北京，商务印书馆，1959。

② 《马克思恩格斯全集》第 1 卷，220 页，北京，人民出版社，1995。

③ 李泽厚：《美学的对象与范围》，见中国社会科学院哲学研究所美学研究室、上海文艺出版社文艺理论编辑室合编：《美学》(第三期)，15 页，上海，上海文艺出版社，1981。

虽然如此，儿童哲学对教育教学和小学来说很重要，我们应该要把儿童哲学的思想、方法和策略拿过来渗透在教育教学中。我们可以偶尔上一次儿童哲学课，但是不能经常上，不能常态化。儿童哲学和逻辑学、修辞学、语法学和哲学一样，都不适合在小学专门集中讲。

因此，我们将"儿童哲学"与学科教学进行渗透式融合，培养儿童的基本思维能力，形成较为独特的"儿童哲学"实践风格，并称之为"第三条道路"①。

那么在学科中应该渗透的是"儿童哲学"的什么精神呢？首先要体现的是哲学精神，然后再体现儿童的特点，但最根本的一条，是苏格拉底的"助产术"的思想，即教师要营造一个和儿童进行思想互动、引发儿童思考质疑的氛围，从而培养儿童的理性精神。要儿童明白不能把所有的知识都当作真理，要有一种批判和质疑的精神。而且实际上，儿童生来就有这种质疑精神，成人认为对的事情，他可能就提出不同想法，或者成人认为没问题的事情，他也能提出问题，这大概是基因带来的。

我觉得通过这样一个结合儿童哲学精神的环境，能够培养儿童一些如质疑、平等对话的精神。平等对话一方面包括师生平等，另一方面包括同学之间平等，简单来说，就是双方势均力敌，没有较强势的一方，但在实际中要做到这一点很难，比如在一堂课里，总共有9次发言机会，可能有8次都是那个孩子发言，也有可能第9次，这个孩子也没轮上，或者他本身就不举手，不表态。儿童哲学的精神，就是要培养儿童质疑、判断和推理的能力，要把他们的好问、多思、敢于批判的精神发扬光大。

除了各科教学吸纳儿童哲学精神外，儿童哲学的"第三条道路"还是一种儿童研究的范式。马修斯和李普曼利用课堂教儿童哲学或者和儿童探讨哲学，而我们的目的在于利用课堂研究儿童的思考，包括其思维

---

① 于伟、王艳玲、脱中菲：《原生态实践性研究：小学教育研究的本土化行动：来自东北师范大学附属小学的实践与思考》，载《中小学管理》，2017(1)。

的发生、进程和结果。这其实也是儿童哲学本土化、中国化的一种尝试。研究儿童的思考是目前国内较缺乏的，我们利用自身的"田野"优势，如果能够在这方面取得一些进展，也算是一种贡献。附小的儿童哲学研究虽然起步晚，但起点不低，因为我们是在国内对马修斯和李普曼研究的基础上，在学者刘晓东、高振宇等研究的基础上，结合附小的实际琢磨出来的。

我们希望依靠儿童哲学的"第三条道路"解决的关键问题是如何增进教师对孩子的理解。教师能够逐渐地理解和认可孩子，能够允许孩子有不同的答案，保护孩子的好奇心，培养其勇于质疑、平等对话、不惧权威、追求真理的意识和责任感，以及对真善美的向往，是我们研究儿童哲学的最大愿望。

我也衷心地希望，孩子们在接受经过儿童哲学"第三条道路"渗透的教育之后，能够拥有一个快乐难忘的童年，能够在往后的生活和学习中保持对世界的惊异与好奇，能够在压力中仍具备发展的后劲。

对于附小来说，探索儿童哲学，从更大意义上或者从儿童哲学的概念内涵认识上来说，并非让儿童掌握"名词性的哲学"，即哲学概念体系，而是让儿童实践"动词性的哲学"即爱问、爱智慧。因此，从保护儿童"好问、好探究"的天性角度来讲，在教育教学中如何提升儿童的思维品质，如何帮助学生深度地思考问题、沉思问题，是下一步需要集中攻坚的难题。

第一，关注基本思维能力培养。与史宁中教授所强调的"核很重要"的思想一样，附小进行儿童哲学研究的尝试，同样要抓住最主要的内核是什么、最开始实践的出发点是什么、最终的目标追求是什么。正所谓"不忘初心，方得始终"。在"马修斯式"和"李普曼式"之间，笔者认为附小未来要走的道路应该可以被作为"第三条道路"，即在各个学科教学中如何进行儿童的哲学研究，而不是进行专业的儿童哲学教育。附小所进行的儿童哲学研究的尝试，最基本的出发点就是培养儿童的基本思维能力，以求更好地进行基本思维能力的教育。除了生活习惯和价值判断的教育之外，早期教育在本质上应当是基本思维能力的教育[1]，也就是说，在早期教育中，要特别关注培养学生的"想象能力"和"抽象能力"。

第二，关注各个学科中的渗透。开设单独的儿童哲学课程，可能在未来的附小会继续进行尝试，但是尝试只是手段而已，目的是深入"儿童之问、之思、之学"的研究。单独开设专门的儿童哲学课程对附小来说可能不是主要的方向。对于附小来说，要培养儿童的基本思维能力，未来最主要的方式还是要采用在全学科进行渗透式的教育路径。附小各个学科未来都要进行集中探索的课题是，儿童是如何"问问题"、如何"思考问题"、如何"进行学习"的，这对教师的教育教学意味着什么。总之，无论哪个学科，在教学实践中采用"渗透"的方式去研究"儿童之问""儿童之思"，并不断贯彻、落实"尊重、倾听"的态度是目前的重要任务。教学如何更有实效？从历史的角度来看，我国缺乏追求理性和培养未成年人理性思维的传统。再加之教学方法呈现多元化的态势，二者合流而导致的儿童哲学教育及课堂教学到底如何展开，是否存在较为成熟的模式，是否具有一些核心的理论基础、原则和流程，各个学科教师如何能保护好、引导好、发展好儿童好问、好探究的天性，都是需要进一步探讨的问题。

第三，深入推进"儿童创造的问题"研究。东北师范大学的办学理念是在尊重教育的基础上提出的"创造的教育"。"创造的教育"既是时代发展的需要、社会发展的需要，同样是人才成长与发展的需要。"创造的教育"对于小学来说，意味着打基础的阶段。在这个阶段我们认为重要的事情可能包括三个方面。一是，培养孩子的兴趣。其实主要是好奇心，即儿童愿意开放地问、开放地想。比如说提问题的兴趣、发现问题的兴趣、愿意动手动脑的兴趣。这些都需要我们认真地进行研究，教师在教育教学中也需要予以有效的培养、激发和保护。二是，注重培养分类、归纳、直觉、想象等思维能力，其是创造教育的重要内涵。三是，

---

[1] 史宁中：《试论教育的本原》，载《教育研究》，2009(6)。

培养能够合情合理地进行推理的能力。我们认为在这三者中，最重要的事情是兴趣的保护与培养。对于儿童来说，兴趣是一切学习的起点，也为持续学习、持久思考提供内在动力。

对于附小来说，要坚定不移地继续推进儿童哲学的原生态研究，尤其是关于"儿童提问的原生态研究"，是儿童哲学研究的"蝴蝶效应点"。通过"儿童之问"的原生态研究，可以让我们较为容易地窥见儿童的秘密，理解儿童的特点、水平，更好地帮助教师逐渐形成儿童哲学教育的思维及模式，提高儿童哲学教育水平。因此，坚持抓住一个切入点进行原生态的深入研究，是未来必须要坚持做好的。

第四，做好教师培训工作。儿童哲学的教育能否取得更好的实效，关键在教师。小学教师素质好、能力高、意识强，儿童哲学的教育效果就更好，反之亦然。但就目前附小推进儿童哲学教育的现实来看，一些教师进行儿童哲学的教学，往往是凭着一种感性直觉。至于为什么这样做，如何做得深入等问题，教师们缺乏思考或者没有进行深入的思考。很多学科的教师凭经验上课，尤其"教教材"的倾向较为普遍，忽视儿童如何提问、如何思考的问题研究，忽视儿童认识是如何发展的问题研究。

儿童哲学历经八年多的时间已经慢慢地"走进了附小"。当然，附小比国内的一些小学包括研究机构起步晚，我们的研究也才初见端倪，尚显幼稚粗陋，所以抛出来，其意在"课虚无以责有，叩寂寞而求音"。

第七章　升　华

从大学到小学工作"阵地"的转换，使我重新思考古典教育智慧与现代基础教育实践的结合点。基于对教育哲学本土化的关注，我聚焦到我国最早的教育哲学著作之一——《中庸》，其开篇三句话——"天命之谓性，率性之谓道，修道之谓教"，就表达了天性、人性和教育的关系。我从"率性"二字出发，将之转化为"保护天性、尊重个性、培养社会性"。"率性教育"是遵循儿童身心发展的自然趋势、规律和特点去促进儿童发展的教育。

一、"率性教育"六字解

我有一个笔记本记录了我看书做笔记的结晶。我在 2017 年 6 月底大概用了一个多月的时间，通读了贾馥茗的著作。然后顺藤摸瓜，还看了对贾馥茗有影响的一些著作，比如她老师的书，以及研究贾馥茗、追思贾馥茗的书。我关注贾馥茗有近 20 年了，总的来说，从研究教育哲学开始就逐渐关注贾馥茗，因为她在中国古典文化方面有深厚的修养，同时是在美国读的博士学位，有国际视野和心理学功底，特别是她和黄济老师是同学，有这样一种缘分，加上她有诸多教育学和教育哲学的著作。贾馥茗在美国留学期间，发现《中庸》"天命之谓性，率性之谓道，修道之谓教"三句话非常重要，引起了我的强烈共鸣，所以愈发关注贾馥茗。贾馥茗特别重视教育学的中国化问题，在晚年花了十几年时间，写了近 10 本书，构建"有中国气派"的教育学，陆续出版了《教育的本质：什么是真正的教育》《中庸释诠》《人格教育学》《教育伦理学》《教育认识论》和《教育学方法论》等著作。她的视野十分宏阔，比如对中国教育思想的研究，超过了过去我们理解的范围，认为《尚书》《诗经》《周易》都属于我们教育学要关注的经典论著范畴，这对我很有启发。可以说，中国的大教育学不仅包括《礼记》，也包括《尚书》《诗经》《周易》等。

之后我阅读了一些关于《中庸》的著作，包括注解、研究和分析《中庸》的书。主要分为两类。一类是历史上的一些大思想家对《中庸》的注释和注解，特别是宋代以后的，比如说朱熹、王阳明两人最有代表性，对中庸的注解也比较权威。另一类是近现代的思想家，如杨伯峻、杜维明、贾馥茗、辜鸿铭等。凡是近代以来有名的思想家，大都比较关注《中庸》。最后，我还抽时间阅读了一些有助于理解"有根源教学"方面的书，包括王小盾的《中国早期思想与符号研究：关于四神的起源及其体系形成》、刘长林的《中国象科学观：易、道与兵、医》等书籍。

(一)《中庸》阅读札记

通过阅读这些著作，我做了一些札记。我一直在琢磨怎么加深对"天命之谓性，率性之谓道，修道之谓教"这三句话的理解。要固本，使我们对"率性教育"理念的解释更加扎实，理解更加深刻，然后才能深入浅出。贾馥茗在《教育的本质：什么是真正的教育》这本书里特别提到《中庸》"天命之谓性，率性之谓道，修道之谓教"（简称"性—道—教"）三句话。她专门引证了董仲舒的"命者天之令也，性者生之质也，情者人之欲也"[①]。"性"来自"生"，"生"在中国哲学里非常重要。《周易》里面就多处讲"生生之谓易"[②]。韩愈也讲"性也者，与生俱生也"[③]。我还看了《韩愈文集》，他专门写了《原性》《原道》。《郭店楚简》中讲："性自命

---

① （东汉）班固：《汉书》，562页，北京，中华书局，2007。

② 《周易》，郭彧译注，363页，北京，中华书局，2006。

③ 《韩愈文集汇校笺注》，刘真伦、岳珍校注，47页，北京，中华书局，2010。

出，命自天降。道始于情，情生于性。"钱穆说："性则赋于天，此乃宇宙之至诚。"①这些论述有助于我们今天重新理解《中庸》开篇三言的文化内涵。

《郭店楚简》中对于"天""性""命""道"的论述对于理解《中庸》"性—道—教"三句话很重要。在《郭店楚简》中还发现了最早的"教"字和"学"字，"教"字怎么写呢？一个"爻"，下面一个"子"，这是一种写法。第二种写法是上面一个"爻"，下边一个言语的"言"。现在出版的《教育学》著作很少提到第二种写法，说明撰写《教育学》著作的人还没有注意到《郭店楚简》。因此，对于我们研究教育的学者来说，《郭店楚简》很重要。"楚简"是什么时代的呢？据推算是战国中期的文献。有关《中庸》方面的著作，我阅读了一个假期，写了有 20 页札记，最后经过归纳与抽离，可供理解与总结的内容只有一页纸左右。

"性—道—教"三句话从源头来解释的话，近代以来有这样一些人做过解读：李石岑、蒙文通、冯友兰、范寿康、傅斯年、唐兰、贺麟、金景芳、李泽厚、叶秀山、蒙培元②、陈来等。

现在来分析"率性教育"六字解，哪六个字呢？就是"天命""率性""修道"。

第一，"天命"。 "天"，自然也，社会也。这和我们原来对"天"的理解不完全一样，原来我们理解天性，主要将其看作自然性，指人生来就有的生理心理发展规律特点。现在看来这一认识具有局限性，"天"还可以解读为"社会也"。《中庸》的"天命之谓性"，"天"主要是指社会性，什么样的社会性呢？敬天、敬地、敬祖上，人要承担起传承的责任。张载云"为天地立心，为生民立命，为往圣继绝学，为万世开太平"，很典型地表达了儒家对"天"的看法。中国有一句古话叫替天行道，这个"天"显然也是社会意义上的"天"，所以《中庸》中的"天命"既是"自然"，也是"社

---

① 钱穆：《中国学术思想史论丛》(二)，295 页，台北，东大图书公司，1983。

② 蒙培元研究中国哲学中"情"的问题，他认为"生"是中国哲学的核心问题，《中庸》是围绕着"生""命"等问题展开的，所以《中庸》抓住了中国哲学的根本问题。

会"。就像世俗中的普通大众，不仅承担着生物学和自然意义上的使命，要传宗接代、传承自己家族的自然遗传基因，同时还承担着一定的社会历史责任，要赡养长者，抚育幼者。我曾听附小一个孩子在课上讲他画的绘本——《小老鼠远行记》，孩子就写了一句话，老耗子就跟小耗子说："你不能走，咱家就一根独苗儿。""独苗儿"这个词不仅是生理学、自然意义上的描述，也浸透着社会意义上的责任感。所以"天命之谓性"中的"天"，不仅是自然之命，也是社会之命。显然我们此处的解读已经远远超出了儒家的原意，儒家认为的重要使命是什么？是"中庸"，是"和"。孔子曰"五十而知天命"，孔子把自己的社会历史责任看清楚了，所以我们说"天"是"自然也，社会也"，我们也可以再加个"时代也"。"命"，令也，运也。天命带有一定的必然性，比如时代的要求、祖上的使命，就带有一定的必然性，这是天命。但"命"也有一定的偶然性，比如说运气、命运。

"率性教育"对"天""命"的理解并没有照搬儒家的原初含义，而是做了现代意义上的解释。"天"更多是自然意义、天赋意义、遗传意义以及基因意义上的含义。我们说"保护天性"，主要是保护这种生来就有的自然天性，尽管我当时提到这个"天"是有社会意义上的含义，但我们还是侧重自然意义上的"天"，实际上这是我们对"天"做了一个现代的解释，把"天"窄化了。这样来看的话，可能和现代社会重视人的自然属性是相通的，看到了人性中"情"的一面。其实，情感中很多方面是自然的，比如性格、气质、人的神经类型，显然就是自然意义上的天性。有的人性格比较文静，有的人性格不稳定，这和遗传有关，想改变一个人的自然属性是比较困难的一件事情，需要很顽强的意志。

第二，"率性"。"率"什么意思？已有的文献中大致有三种解释：一是"循"，二是"尽"，三是"顺"。第一，"循"：遵循，即遵循人的身心发展规律。如《礼记正义》中郑玄注曰："率，循也。循性行之，是谓'道'。"①

---

① （东汉）郑玄注，（唐）孔颖达正义：《礼记正义》，1987页，上海，上海古籍出版社，2008。

朱熹承接汉儒注解将"率"同样解为"循也"。《中庸章句》云："率，循也。道，犹路也。人物各循其性之自然，则其日用事物之间，莫不各有当行之路，是则所谓道也。"①对于"率性"二字的释义，郑玄注解与朱熹章句在内在理路上是相通的，都主张"循其性之自然"。冯友兰也曾提到过"循性教育"。第二，"尽"：充分发挥，尽量发挥，兼有认识与实行的意义。"尽性"，指充分发挥自己固有的本性。这一解释主要引申自《中庸》第二十二章的相关论述，"唯天下至诚，为能尽其性；能尽其性，则能尽人之性；能尽人之性，则能尽物之性；能尽物之性，则可以赞天地之化育；可以赞天地之化育，则可以与天地参矣。"②因此，也有人以此解释为基础提出"尽性教育"的理念。第三，"顺"：顺应，与"循"的释义较为接近。古代还有人讲过，叫顺性教育。近日还注意到了张中行。张中行早年毕业于北京大学，在人民教育出版社当过编辑，编辑语文教科书。他写过一本书叫《顺生论》，其中"顺生"两个字就来自《中庸》。他认为"率性"中的"率"就有"顺""循"以及"尽"的意思，这三个字是从教育角度对"率"做出的主要解释。此外，还有一种理解将"率"解释为"引"，导引、引发之义；还有的解释为"率领"之义。纵观上述多种解释，我还是倾向于"循"，但也不排斥"顺"。

"性"如何解释？我们最初将其理解为"自然之性"，其实还包含"社会之性"。"自然之性"很好理解，马特·里德利（Matt Ridley）所著的《先天后天：基因、经验及什么使我们成为人》中提到当社会环境越趋于均衡的时候，基因的作用越大。"我们越是让社会平等，遗传度就越高，基因体现的作用就越大。"③所以，"性"的释义首先是自然之性，其次是社会之性。儒家《中庸》提到"率性"的时候，更多的是指社会之性。比如女性遵从三从四德、规规矩矩就是率性，不反抗、循规蹈矩就是率性。

① （南宋）朱熹：《四书章句集注》，17页，北京，中华书局，1983。

② 《中庸》，刘兆伟译注，61页，北京，人民教育出版社，2015。

③ ［英］马特·里德利：《先天后天：基因、经验及什么使我们成为人》，黄菁菁译，61页，北京，机械工业出版社，2015。

但是我们对"率性"的内涵进行了创造性转化，这种创造性转化是具有丰富内涵的，我们不是把《中庸》原汁原味、一字不差地搬过来，而是赋予它时代的教育内涵。比如，儒家关注的是"三纲五常"。"四书五经"从内容和主题来看，主要是培养那个时代需要的接班人——君子，君子在家能孝，在外能忠。儒家的思想继承了中国"教"字最初的内涵——敬天地、敬祖上。所以长者为师，长者为尊，这在中国历史上是非常重要的。因而儒家对人的自然之性关注得比较少，从教育上来说对儿童天性的关注也不够；相反，在中国古代社会，医学对儿童自然之性的关注和研究比较多，这一点要引起我们今人注意。我提出"率性教育"后十分重视对人的自然之性的理解。

"性者，生也"，人类至少有 300 万年历史，如果 20 年为一代，那么，现在一名小学生的身上至少承载着 15 万代的遗传基因与经验。所以，儿童有很长的历史根源。在思考的时候我也看到了一些重要文献，中国古代有许多重要的教育思想值得重视，如成己成物，立德树人；道而弗牵，强而弗抑，开而弗达，教学相长；又如王阳明说的"童子之情，乐嬉游而惮拘检"，实际上率性教育与王阳明的思想主张是不谋而合的；李贽的《童心说》写道，"童子者，人之初也；童心者，心之初也"；王筠所著《教童子法》中说"学生是人，不是猪狗"。以上这些都是支撑我们率性教育的中国本土的重要理论资源。

第三，"修道"。先说"道"，后说"修"。"道"，简单说就是"天道、人道"。有人认为还应该包含"地道"，叫作"天道、地道、人道"。我把"天""地"合在一起，称之为"天道、人道"。天道，按照通常的理解是自然规律，比如天体运行、江河日下、大道之行。但是在中国文化里面"天道"还有丰富的社会内涵，甚至具有一定的神秘感。所以"道"的第一内涵是天道，既指自然意义上的规律，也包含社会意义上的规范。人道，就是为人之根本。显然在中国人看来人道的根本是做人，从社会政治道德意义上讲，就是对人的规定。或者说人道就是人之为人的最基本的要求、规范，例如我们通常说的人道主义、人本主义。如果单从"道"

的含义来看，有如下几个层面：根本也、法则也、规律也。老子讲过
"道可道，非常道"，"道"是自然规律，也可以说是天下万物发生发展的
法则。不论是社会制度变迁，还是天地万物的演变，总之这个道是根
本、法则和规律。"修"，核心是做人。在中国文化看来，修养就是求取
学识品德之充实完美、学做人。因为人生来有不完善的地方，环境对人
还有一些负面影响，怎样才能够致中和、达中庸，怎样才能够信奉三
纲五常，都需要教化。所以"修"带有"教化""学做人"的意思，我们经常
用的词叫"修枝剪叶""修正"。中国人倡导的儒家思想的核心是内圣外
王，内圣是指人要有很好的修养、很高的境界，孟子讲的"穷则独善其
身，达则兼济天下"就体现了内圣外王的思想。

总而言之，"性—道—教"这三句话充分体现了从孔子到孟子思想的
贯通。所以要真正理解"天命""率性""修道"，需要从儒家思想角度来理
解这些话。孔子一生追求"朝闻道，夕死可矣"，那么"道"是什么呢？其
实就是儒家的一些最基本的思想。如孔子十分重视人的德性修养，认为
"不义而富且贵，于我如浮云"，"曲肱而枕之"[1]，"一箪食，一瓢饮，
在陋巷，人不堪其忧，回也不改其乐"[2]。《孟子》里面提到浩然之气、
恻隐之心。孟子讲人有良知、良能，其实那个良知、良能就不仅是自然
之性，更是气质之性、社会之性。先天之性绝非现成具足之"性"，须待
后天养育教导方可大成。因此，只有通过后天教化和社会性的培育，才
能使人终达天性本然之路。

(二)中国教育的精神特质

李泽厚认为我们过去只是简单地把《周易》作为儒家著作来对待，那
么在它没有进入儒家之前是什么样呢？那就和"巫史传统"有关系，是一
种用于预测的书。李泽厚的说法对于我们理解中国文化和中国教育有帮
助。比如，中国人为什么重现世，不重来世？显然和"巫史"传统有关

---

[1] 《论语》，刘兆伟译注，138页，北京，人民教育出版社，2015。
[2] 《论语》，刘兆伟译注，110页，北京，人民教育出版社，2015。

系。中国没有宗教，但中国人有着丰富的精神世界，很重视现实，就是受这一传统影响。

具体来说，《由巫到礼　释礼归仁》这本书的书名就反映了李泽厚的追寻——进一步解释儒家的思想和中国文化的特质，即何以"由巫到礼"，儒家思想又是如何起源的。这对理解中国教育思想及效果有帮助，比如我们说的"上所施下所效也"，包括我们解释"教"字，有人说"教"字上面是"爻"，下面是孩子，旁边有手，手上拿着一个器械。这个器械有人说是棒子，我觉得太简单了，应该是带有神秘气息的，可能是巫师手中拿的东西。巫师就是最早的老师，所以提出巫史传统，可以说有了"巫"，就有了教化，巫师的重要功能之一，就是教化的功能。教化的功能就是文明化的功能，也是文化化的功能，让人知天、知地、知祖上，就是巫师教的。中国过去有个传统，后来有人也提到，叫"君师合一"，就是王才能当师。因此可以说中国古代教育的特质就是让人敬天、敬地、敬祖上，而原初的教育，我们猜测就是由巫师来负责的，这就是中国文化里面所谓受过教育的人。

如此看来，虽然"率性教育"思想来自《中庸》，但《中庸》的思想特质也许还可以往前追，因为《中庸》只是某一阶段的产物。就像《周易》，它的思想比孔子还早，所以我们才有了"原始儒家"的说法。

实际上，《中庸》的核心就是"教化"，就是"立德树人"，就是"知天命"。"天命"是苍天大地给人的责任，以前称作"敬天地、敬祖上、敬皇上"。为什么我们说中国历史上的老百姓叫"顺民"？因为教化的目的是让人顺从，每个人都规规矩矩的。儒家文化的厉害之处就在于，它已经渗透在生活的各个方面。无论衣食住行还是待人接物，方方面面都有体现，儒家的"规训"就是维护了社会的稳定。

"率性教育"也继承了其中一些思想，例如"教化"，"教化"的手段可以批判地继承，内容则需要扬弃。就是说，"教化"是中性词，关键是用什么来教化、教化什么。我们教化的目标指向现代人，这显然和《中庸》提到的教化的方向不一样。可以这么说，教育的本质是"教"，当然现在我们也提到教育的本质不仅是让人"成人"，还包括让人能生存，就是要让人有一技之长，也就是有本领。过去的教育重视的本领范围有局限性，关于我们现代人的本领，重视不够，比如工业、农业、国防科技这些方面涉及的技能。过去的教育主要是读圣贤书，这与当时的科举选拔制度有关。当然，不能说这一文化与制度都是错的，至少这样的制度可以做到任人唯贤，而不是任人唯亲，对于打破任人唯亲的循环来说，科举制度是一个创造。

总体来看，中国的人性论思想还是很重要的，主要包括孟子的思想、荀子的思想。现在看来不能简单地说人性恶或人性善，它是一种可能性。可以这么说，荀子的思想更深刻：如何使一个人成为好人，成为受过教育的人？人生来是有可能变坏的，怎么防止人变坏呢，那就要通过教育，这是荀子很了不起的地方。赵汀阳也提出了"荀子假说"，值得关注。

二、古为今用、推陈出新

毛泽东同志的两个理念非常好："古为今用""洋为中用"。我们研究古代的意义是什么？从个人偏好来看可以是满足个人的兴趣爱好；而作为研究者来说，更重要的是要思考如何让历史的东西在今天发挥出它的作用，即"古为今用"。

从"推陈出新"的角度来看，一代人的经验是有限的，怎么让有限的经验变得无限呢？那就要回头看。我们既要往后看，也要往未来看。因为以前做的是确定的，比如说有文本在、有习俗在。而未来好多是不确定的，所以要研究未来。有人说，中国人的眼睛是往后看的，这一判断既是缺点也是优点。比如"二十四史"，我们可以对其进行批判，但还是要看。如果没看过，对中国历史的理解就仅仅是抽象的，没有血，没有肉，没有鲜活性。

在教育、文化、医学等领域里要好好研究古人的思想。我有一个假设，古人的思想多如牛毛，能传下来的大概都是有用的。就像现在的微信一样，一个人用微信是因为他喜欢，人们都用它则说明它有用，除非进行人为控制。所以中国传下来的不少医书、兵书、天文的书、算卦的书，说明它们都有用。再如，《礼记》是中国的大教学论，《礼记》中的《学记》是小教学论。《学记》中提到很多教学思想，"今之教者，呻其占毕，多其讯言，及于数进而不顾其安"，强调教师教学不能照本宣科；"道而弗牵则和，强而弗抑则易，开而弗达则思""教学相长"等都是很重要的。"学不躐等"也是《学记》中很重要的思想，它看到了儿童身心发展内在的规律性。学习不能简单地讲"超越"，尤其是在孩子们的最初发展阶段，要遵循儿童身心发展的顺序和特点。

那么如何对待它们？首先是保存、继承，然后是批判、发展，这几步都不能缺少。在中国办教育，如果不了解中国的文化历史，就如同盲人摸象。毛泽东对中国文化的理解是非凡的，我们要认真看一看。最近我又买了几本书：《毛泽东文艺论集》《毛泽东新闻工作文选》。还看了逄先知主编的《毛泽东年谱(1893—1949)》、冯蕙、李捷著的《毛泽东》。

研究古人的思想，要处理好传统和现代的关系。中国古典的思想有好多是前现代的，充满人文色彩、人文精神，但缺乏普遍性和一般性。现代性追求的是"一般"，近代科学与思想的发展和工业化有着密切联系。工业化追求的就是一般，没有一般就没有工业化，没有一般就没有铁路，没有汽车，没有飞机，它显然不是简单的手工劳动，标准化才能实现机械化甚至自动化。我们说现在的"互联网＋"也是大一统的产物，没有标准化就没有"互联网＋"。其内容可以有差异、可以本土化，但从技术本身来看，它追求的就是一般化，像通信技术、线上教学，它用的技术是一般化的，没有一般化就不能互通、互联、互用。可以说，万维网体现的思想都是现代性的思想，核心是大一统，只不过它不是封建统治意义上的大一统，是从技术层面上讲的大一统。但是，一个显见的问题是，在"一般"的背后如何看待个别、本土、差异，这是后现代值得我们认真对待的思想。率性教育不属于一般，它属于个别、属于差异。比如，它是中国某个小学实践的，是基于中国文化这个土壤做的。但是不排除它有一般，不过我们提出"率性教育"主要是从个别出发，或者说是教育本土化思考的产物，它考虑的是本土化的教育思想，本土化的教育教学策略，本土化的道路、路径和模式。

(一)教育即天性的保护

中国传统义化对儿童天性的认识是局部的、片断的。比如虽然有思想家关注了儿童天性的特点或关注了儿童的特质，但还是少数，如王阳明、李贽等。有些人也提到了，但想法对中国的教育是有负面影响的。比如朱熹，他对儿童也有研究，但他主张儿童要安静。我细致地看了朱熹的书，比如《小学集注》，书里有对儿童礼仪的要求，就是安静。朱熹的这一思想的影响是比较大的，这种思想在当时属于主流，正确认识儿童天性的是少数派。熊秉真教授的一个重要贡献就是发现了《婴戏图》和安静之间的矛盾。孩子是要玩的，老师、家长则希望他们是安静的，但是孩子安静不下来怎么办呢？就得有戒尺、戒具、体罚。

中国古代儿童史主要有两方面。一方面是中医儿科，另一方面是《婴戏图》。中医儿科和《婴戏图》从不同侧面反映了我们先人对儿童的研究。其中，儿科是对儿童的生理发展规律特点做的精湛研究，著作相当多，包括小孩的生育、养育怎么做，怎么接生，描写得非常细致，非常了不起。研究儿科是很难的，因为小孩，特别是一岁、两岁的小孩，话说不清楚，表达不明白，只能靠人们经验的积累去判断。如俗语所云，"宁治十男子，不治一妇人；宁治十妇人，不治一小孩"。就是说研究儿童非常难。如果没有上千年的临床，我们很难说对儿童的研究，对儿童疾病的研究能发展到今天这个程度。这些内容看了之后很惊叹，实际上我们对文化遗产的认识是有局限性的。一般的观点认为，我们古代对儿童没有多少研究。但实际上，我们对儿童有研究，只不过不是儒家的研究，不是所谓教育家的研究，而是儿科医生的研究。熊秉真发现在《清明上河图》里面还有小儿医、小儿病。我还发现了熊秉真当时没提到的，比如最近看了一个材料——《殷墟卜辞研究·科学技术篇》，早在殷商时代，甲骨文里就有小儿疾病的记载。在甲骨文中还有关于龋齿、小儿牙科病的记述。现在小孩龋齿还是个严重的问题，在殷商时代甚至更早的时期就有这方面的记载了。说明我们中国人对儿童、对儿童疾病的认识有 3000 年以上的历史。我们在童年时候就知道马王堆汉墓，马王堆汉墓出土的医学方书《马王堆帛书五十二病方》，其中几处提到婴儿疾病治疗方面的药方。是什么疾病呢？其中有关于小儿抽风、癫痫方面的疾病。我专门买了这方面的书，自从看了这些书后，对于婴儿两个字特别敏感。婴儿瘛，瘛就是抽风。我们古人对儿童的身心发展规律特点的把握是比较早的和细致的，东汉时期的《说文解字》中也有相关记载，如"男八月生齿，八岁而龀；女七月生齿，七岁而龀"（《说文解字》），其解释说男孩出牙比女孩要晚一个月，男孩掉牙要比女孩晚一年，女孩是 7 岁掉牙，7 个月长好一颗牙，男孩 8 岁掉牙，8 个月长好一颗牙。这说明当时人们就已经看到了男孩和女孩的差别。

在阅读熊秉真的著作后，我就开始关注儿科，其实过去我对儿科是不了解的，我查阅的资料发现我们中国这几千年对于儿科方面的著作超过 500 种，是富矿，值得研究。所以最近我花了几千元买了近百种中医儿科方面的著作，浏览和学习。我们都说要了解儿童身心发展规律特点，但实际上我们都还不了解。比如对于出水痘、疹子这件事，现在我们的小学也经常有这样的情况。实际上对于水痘的认识，在中国至少有 2000 年的历史了。

其实西方也是这样，西方对儿童天性的认识也有一个过程，不是所有人都能正确认识儿童天性的，福柯《规训与惩罚》中的图片就反映了法国 200—300 年前的这一状况。正确认识儿童天性的代表人物有卢梭、杜威、洛克等，比较科学的观点可能就是近 200～300 年的事，所以我们说"率性教育"的理论基础不仅是中国的《中庸》，人类丰厚的教育遗产都是我们的理论基础。

卢梭认为，人的天性善良无邪，自然人就是这种理想的具体化。实际上，天性只是人类发展的潜能，它在合理的环境中，可以向善的方向

发展而成为善。① 保护天性在小学低年级和幼儿园时期尤显重要。忽视
对天性的保护，就会影响儿童的率真与创造。所有的孩子都有好奇心，
面对新鲜的世界，他们总是向大人提出各种各样的问题，这是人的本
能。孩子们的好奇、好问、好探究是为了了解周边世界、探索未知，是
为了更好地生存。比如儿童经常会提出一些成人无法回答的问题，如什
么是政治，为什么有男和女，为什么有贫穷和富裕，等等。

通过对这些问题进行分析，我们发现：儿童提出的感兴趣的问题可
以划分为现实类问题、想象类问题、哲学类问题以及前沿类问题等几大
类。儿童提出的问题不仅"千奇百怪"，而且有些问题是非常根本性的问
题。例如，有的孩子问道："爸爸妈妈为什么要去上班？我为什么要去
上学呢？"好问、好探究是学习的起点，更是创造的起点，也为持续学
习、持久思考提供了内在动力。这让我们进一步反思：我们的教育教学
是否给予了学生充分想问题、提问题的机会和时间？我们的学校教育是
否回应了儿童提出的问题？是否满足了他们的好奇心和求知欲？我们的
教学能否以儿童的问题作为起点？这些都是需要我们在实践中思考并尝
试的。②

我的办公室隔壁就是学生教室，一下课，学生们就像出了笼的鸟
儿一样，寂静的校园突然变得人声鼎沸。我从开始的不适应到逐渐适
应，甚至喜欢上了这种嘈杂。这时我会离开书桌，静静地观察学生，我
发现即使是高年级学生，一到下课铃响，他们也会跑闹，甚至在地上打
滚儿，这对我有所启发——这是孩子的一种释放方式，学校和教师应给
予他们这样的空间和环境。附小的教学楼，最窄的走廊都达到了6米，
宽的甚至达到8米，每个教室面积至少都达到了90平方米，大的可以
达到180平方米。每一个教室都不设门，教室的墙带有滚轮，可以推
开。这些宽大、灵活的设计都遵循了孩子好动、爱玩的天性，他们喜欢

① ［法］卢梭：《爱弥儿》，李平沤译，"序"12页，北京，人民教育出版社，1985。
② 于伟：《教育就是要保护天性、尊重个性、培养社会性》，载《中国教育学
刊》，2017(3)。

时不时在地上躺一会儿，或者四处跑动。① 而附小的教师在了解孩子的天性之后，也能够对孩子们一些细微的"小毛病"宽以待之，为孩子们创造一个轻松愉快、笑声洋溢的校园环境。

我时常思考：孩子为什么不爱学习？在现实中我们经常看到教师抱怨学生没有学习兴趣，家长感慨自家的孩子不是学习的材料，教育学界也针对"钱学森之问"做了反思，这到底是由于学生天性如此还是后天人为导致的呢？探寻人类本能和自然天性便可发现，学习本身是一种本能，出自自然之手的儿童都是爱学习、爱创造的，因为学习是为了求生，创造是为了更好地生存。人生来就有学习生存本领的欲望，有改变生存条件的欲望，有创造的欲望。因此，我们应当把"保持并放大孩子学习和创造的天性"②作为教育的原则。那为什么现实中存在很多学生不爱学习呢？学生进入学校，他的天性和教育教学会有冲突。因为人的发展是一个社会化的过程，通常发生在人没有意识的时候。比如说，0到1岁孩子在没有意识、没有反思的情况下就开始牙牙学语，蹒跚学步。但是到了小学这个阶段，我们有意识地把人类多年的文明成果教给孩子，那么多的间接经验背后承载着的是人类几百万年的演化历程，实际这是一个很困难的过程，如果违背学生的天性而强行灌输，便会导致学生抗拒、痛苦甚至厌学。孩子常常发问："凭什么'人'字要这样写？凭什么那个字就叫'话'，叫'王'？为什么1＋1＝2？"从小学教学内容来看，其内容是人类几千年知识经验的结晶，而且是人类经验筛选的结果。我们看着"1＋1＝2"简单，但这不是孩子发明的，它是人类在黑暗中走了很长时间才探寻出来的，是成人发现的结果，是几千年积累的结果。对于儿童来说，这些内容就是先验的，是前人的规定，如果这种规定学生不愿意接受，学习就是一个相当痛苦的过程。儿童学习的过程并

---

① 于伟：《教育就是要保护天性、尊重个性、培养社会性》，载《中国教育学刊》，2017(3)。

② 史宁中：《数学的抽象》，载《东北师大学报(哲学社会科学版)》，2008(5)。

非成人想象一般简单，然而成人却主观低估了儿童学习的难度，在课堂教学过程中，学生的学习过程被代替、修正、缩短，这些做法都是违背儿童天性的。因此我们的实际教学要顺应儿童爱学习、爱创造的天性，并在教学过程中摸索学生认知发展的规律、探究真实学习的发生过程、遵循学生学习的原初方式，实行有过程、有根源、有个性的率性教学，让学生尽可能跨越与先验知识之间的"鸿沟"，充分发挥其爱学习、爱创造的天性。

华东师范大学陆有铨教授就说，孩子生来就有创造力，创造力不是培养出来的，我们不去伤害它就不错了。我们需要保护他的创造力，当孩子在沙堆里面玩得兴高采烈时，孩子们本身就具有探究的能力。我们在限制他的时候，需要考虑如何将保护和限制结合起来，不能一味地限制孩子们的创造力。就算家里的床单画脏了、墙画脏了也没有什么关系，这是孩子们的创造力发挥，但如果大人责备不得法，打骂孩子，那么孩子的创造力就被限制了。所以家长保护孩子的创造力其实就是给孩子积累财富，没有创造力的孩子不会有很好的未来。所以创造力最重要的是保护的问题，是引导的问题，然后才是规范的问题。不能从一开始就去规范，孩子只要不违法、不涉及安全的事，就不需要采取特别强制的措施。探究和创造是孩子的天性，孩子的探究本领是生存本领的一部分，这是一种自我保护的行为。

（二）教育即个性的发展

来到附小之前，我对学生的认知一直停留在抽象的文本、符号、概念上。自从来到附小，我最喜欢的就是与学生接触，几乎每个学生见到我都会开心地跟我挥手打招呼，我也愿意摸摸他们的头，蹲下来跟他们聊聊天，跟孩子们的接触让我看到了真实的学生是什么模样的，他们具有共通的天性——好问、好动、爱玩，但每个孩子又是差异性的存在，如同世上没有两片相同的树叶，学生也是一个个独特的个体。

"率性教育"倡导尊重学生个性化的差异存在，就是要因其固有、循序渐进、因材施教地帮助每一个学生找到自己的位置，要在保护儿童共同天性的基础上，让儿童的差别性充分显现出来。过去我们认为"齐"就是好，要求走得齐、坐得齐、答得齐、写得齐。尤其是在小学、幼儿园，很多女教师有做事认真、追求完美的特征。我认为，教育尤其是基础教育要打破完美主义，不要一刀切。管理方式、教学方式等都要打破完美主义，要严而有度，不能对学生苛求。东北师大近年来大力倡导"尊重的教育""创造的教育"，提出要尊重学生的人格、人性，对学生多一分理解，少一分苛求。附小在 70 多年历史积淀中所传承的也是尊重学生的个性差异，因此，我们要将这一理念与精神传承和发展下去。

(三)教育即社会性的培养

培养社会性的核心是培养"理性自由人"，具体有四条：自主、责任、规则、合作。自由和理性要保持一定的边界，中间要有弹性，理性不能干涉人的基本自由，自由也不能突破理性的边界。

如何从童年开始，让孩子们愿意生活，喜欢这个世界，相当重要。我们要培养学生的自主精神、合作态度、规则意识和责任观念，也要培养孩子的好习惯、好气质，为学生未来成为合格公民奠定价值基础。[①]培养学生的社会性，便不能将儿童囿于学校与家庭的两点一线，学校努力整合社会、社区、家长的资源，引导学生走出校园，走进社会，为学生搭建了解社会、扩大交往的平台。

社团活动是附小重要的特色活动，也是学生们培养爱好、增进交往，实现社会化的主要阵地。在社团活动中，不同年级的学生打破了原有固定的班级空间，因为共同的兴趣爱好集结起来。他们自发组织、自愿选择、自主管理社团，他们兴致勃勃地设计社团标志、招募团员、开展活动、展示汇报，在班级之外形成了另一个集体，并对其充满喜爱与归属感。社团组织为学生的兴趣与特长寻找"可用武之地"，让学生活动超越班集体的限制，拓展了学生学习内容和交往的范围。自主组建社团、自主规划、自主管理，让学生有机会参与到活动的设计与实施中，一方面锻

---

① 于伟：《儿童的意蕴与率性教育》，载《中国教师报》，2015-08-12。

炼了学生的思考、策划和组织能力，另一方面这种参与权的赋予和下放，让学生感受到了学习的主人意识和责任感，提高了学生的主观能动性。

学校依托社会资源积极开展小学生职业微体验活动，开展职业生涯指导，为学生认识自我、发展兴趣特长、了解职业环境、适应未来社会发展搭建平台。小学生通过小小美容师、交警、育婴师、蛋糕师、考古专家等职业的微体验感受了不同行业和不同职业的特点，职业微体验活动为儿童开启了探索世界、了解社会、与人交往的独特而又充满趣味的旅程。职业生涯指导的微体验活动让学生感受到了未来社会的多种选择，更是学生体验社会、培养自身社会性和提高社会化程度的有效途径。

"率性教育"从中国古典教育哲学的土壤中生发，在提出之后便受到了教育理论与实践工作者的多方面关注，对于这一新生理念，人们从善意的角度提出了各种问题，引发我的进一步思考。其中经常被问到的一个问题是：率性教育的思想来自中国两千多年前的儒家经典《中庸》，如何对这些思想进行创造性转化才能被现代人接受？

实际上，率性教育在创造性转化中融合了许多现代人的重要观点。譬如，研究发展心理学的维果茨基、皮亚杰。研究神经教育学的一些学者发现：婴儿拥有数感，孩子们对距离的感知是来自先天本能的。史宁中教授说过：教育的前提是人的先天本能。为什么狗不能接受这样的教育？因为它没有这样的先天本能。这些研究是很深刻的，像这样的思想，显然不仅仅属于教育学，需要认知神经科学做支撑，所以现在有一个学科叫神经教育学。

儿童哲学的有些思想也是率性教育的重要支撑。比如怎么看待儿童的天性，尤其是怎么看待儿童思考的天性、说话的天性。儿童愿意表达，只要你不限制，他就会说不停，问不停。有的小孩把父母问得睡着了、生气了，还在问，这是孩子们的天性，而不是有没有教养的问题。所以在一定意义上，教化的过程有时候是一个限制、约束人的天性的过程。教育从这个意义上讲，是痛苦的，因为有强迫。比如"你别说了"

"吃饭不能掉饭粒儿"，这些对有的年龄阶段的孩子来说是困难的事情。

我最近在关注苏联心理学家赞可夫(1901—1977)的思想，将来也会推荐给附小教师，如《论小学教学》。实际上，我很早就知道赞可夫，但是没有像现在这么关注他。有时候虽然知道，但不是熟知，更不是真知。因为原来没有敏感地注意到赞可夫是以研究小学教育为主的。后来一看，豁然开朗，赞可夫的理论体系都与在小学做的近20年的实验有关系。小学研究是他的第一桶金。以前我们重视皮亚杰，却忽略了赞可夫。赞可夫是心理学家，是维果茨基的学生。赞可夫与苏霍姆林斯基各有千秋。赞可夫是纯粹的心理学家，写作语言不一定很优美，但他的实验、假设思想是了不起的。

教育与农业相似，我们的教育生长在中国的土壤上，要考虑中国的本土特点，考虑我们的文化特质，如何在我们的文化基因中寻找强大的动能，是我辈教育人应始终努力的方向。农业讲究天时地利人和，要合自然、循规律地播种、施肥、除草、收获，教育也是如此，教育工作者要像一个个耕耘的农人，勤勤恳恳，遵循规律，不可揠苗助长，不可操之过急，要耐心等待收获时节的到来。

三、其作始也简，其将毕也必巨

提出一所学校的办学理念并不是最难的，关键是提出的理念有没有意义、价值或独特性。有价值的学校理念需要考虑以下这些因素或者元素。第一，历史，包括中国的教育文化传统与具体学校的历史。第二，现实，宏观的国情与微观的教育实践均需考虑，如在小学阶段，要考虑小学教育有什么问题迫切需要解决。第三，全球视野，即从历史到现实，国外是怎么做的、有哪些理论或思想对我们有价值。第四，未来，教育是指向未来的，教育的一个重要特质就是面向未来。

附小能够提出率性教育，也是充分考虑了上述四方面的因素。我考虑的是以下几点。第一，中国的教育传统和教育哲学，所以我很快就想到了《中庸》，因为陈元晖称它是中国最早的教育哲学著作。第二，我们国家基础教育的现状。率性教育主要是针对基础教育中普遍存在的一刀切、完美主义以及功利主义传统，或者这三个方面存在的问题。其中一个重要表现就是相当一部分孩子对学习不感兴趣，甚至读到硕士、博士也不一定感兴趣。为什么会这样呢？我想这和在长期的教育过程中天性和个性没有得到很好的保护和尊重有关系。第三，全球视野，率性教育的提出融合了生物学、脑科学、神经教育学、哲学、心理学、教育学等众多学科对"儿童"的最新思考。第四，未来，率性教育一直把未来学校、未来课堂、未来学习的变革当作自己的探索方向。当然，率性教育的提出还有一个重要因素就是东北师范大学和附小自身的办学历史。东北师范大学的办学理念是尊重的教育、创造的教育。尊重的教育（尊重教育规律，尊重人才成长规律，尊重受教育者的人格人性，尊重教育者的劳动成果）是 1998 年提出来的，创造的教育（倡导注重过程的探究教育，激发基于兴趣的内生动力，养成批判反思的思维习惯，塑造卓越担当的人生品格，构建协同开放的育人模式，凝铸张扬个性的校园文化）是 2013 年提出来的。"尊重的教育"理念刚提出来的时候，其主要的核心是尊重学生的人格人性，附小也有这样的传统，历任校长都提了很好的理念——小主人的教育、综合改革、"开放式·个性化"的教育，都为我们提出"率性教育"奠定了非常好的基础，也可以说附小提出"率性教育"是水到渠成的事。特别是附小首任校长王祝辰，早在近 70 年前就提出了"顺应儿童天性"的观点。

（一）学校理念的正式提出

率性教育的创生过程包括以下五个阶段。

第一阶段：我提出。从接任附小校长到"率性教育"正式提出，仅用了不到两个月的时间。但关于"率性教育"的思考，却整整持续了 13 年。我一直非常重视我国传统教育哲学研究，因为这是我们的文化之"根"、文化之"魂"。我将"天命之谓性"中的"性"解释为儿童与生俱来的生理和心理发展规律、特点，"率性"便是遵循这个规律，而教育就应该遵循这个规律去促进和改变一个人，这就是"保护天性、尊重个性、培养社会性"的教育。①

第二阶段：个别征求意见。通过主动寻求多方的反馈意见，在深挖附小优良办学传统的基础上继续构思率性教育理念的适切性。率性教育的提出，继承与发展了东北师范大学以及附小自身发展史上沉淀下来的"解放儿童"的理论资源。东北师大"尊重的教育""创造的教育"理念，附小的各个时期的实验探索（"动的教学法""小主人教育实验""开放式学校"构建等），其核心目的都是要"解放儿童"，让儿童成为教育中的主人。"率性教育"通过承继东北师大及附小的办学传统的方式，继续不断发扬"解放儿童""保护儿童天性"的优良传统。

第三阶段：附小党政联席会商议。"率性教育"的内涵在这一阶段最终确定为"保护天性、尊重个性、培养社会性"。这几个关键词的提炼并不是一蹴而就的，而是经过多次的打磨和商议。率性教育的内涵最初只有一条"保护天性"；"尊重个性"是后来加上的，因为附小自身办学历史中就有"开放式·个性化"的教育理念；对于"培养社会性"的提法，我还有不同的叫法——涵养（育）社会性，但是与大家交换意见后，都认为"培养社会性"提法更好。因此，上述三个关键词从 2014 年 12 月份就基本定型了。但是当时这三个词（保护天性、尊重个性、培养社会性）的内涵到底是什么还不具体，只是"率性的教育"五个字提出来了，三个关键词凝练出来了。这就是 2014 年 8～12 月的一个基本建构过程。在学校理念的创生过程中，附小的智囊是校领导班子和学校的教育研究部。此外，在读的硕士生、博士生也是智囊团，2014 年 10 月 17 日在师门的内部研讨会上，我将附小筹划中的学校理念"率性的教育"介绍给诸位硕士生、博士生，征求大家的意见。当时认为"率性的教育"内涵包括五方面——"天性""个性""社会性""功能性"和"艺术性"，之后在进一步的意见反馈中将内涵确定为"天性""个性""社会性"三方面。

---

① 于伟：《一位小学校长的教育哲学之思与本土行动》，载《人民教育》，2017(5)。

第四阶段：与老教师座谈。2014 年 9 月 28 日，附小召开了老教师座谈会。在和老教师座谈过程中，我介绍了"率性的教育"理念的初步构想，其中许多老教师比较赞成，认为提得好。这进一步坚定了我对"率性教育"理念探索的信心。

第五阶段：大会上宣讲。2014 年 11 月 12 日，附小开展家长开放日活动，在大会上我首次向全校教师和一年级学生家长介绍了"率性的教育"理念。提出"附小的教育是率性的教育，就是遵循儿童的身心发展规律的教育"。率性的教育首先要保护儿童的天性，如附小的孩子上课可以晃，甚至可以下地，对于 6 岁的孩子不能要求太严，他们只要不干扰别人就行。其次要尊重个性，尊重每一个孩子。例如，附小有的孩子看到别人上课间操，他就蹲在角落里面不出去，学校要正确对待学生的个性差异，理解和宽容儿童的不同行为。最后就是培养社会性。教育的最终目的是让孩子们由自然人成长为社会人，教师和家长要耐心等待孩子的成长。此外，这一时期还有一个重要变化：学校理念由"率性的教育"改为"率性教育"。2014 年年底，附小的张瀛老师针对"率性的教育"提出自己的想法，认为"的"字应该去掉，改为"率性教育"。说了以下几个理由：一是有"的"字，那么"率性"永远是做教育的定语，是教育中的一种，可以是"率性的教育"，也可以是"生命的教育"等；二是如果去掉"的"字，"率性教育"可以作为一个专有名词出现，是一种理念，一种模式；三是从口语习惯上看，"率性教育"也给人们一种朗朗上口的口语感。我认真考虑后，接受了这一提议。

2015 年 6 月，附小承办了首届"儿童哲学与率性教育"高峰论坛。会上，我以"儿童的意蕴与率性教育"为题做主题发言，围绕着儿童意味着什么、什么是率性教育、为什么要提出率性教育等几个问题与参会代表进行了交流。"儿童哲学与率性教育"首次进入全国教育哲学学术委员会的学术视野，这标志着我们对于率性教育与儿童哲学的研究工作获得了国内诸多专家的认同。此次大会上有专家建议将附小的研究性刊物《东师附小教育研究》改为《率性教育研究》，我们认真吸收了这一建议。

2016 年 9 月，第二届"儿童哲学与率性教育"高峰论坛在附小召开。本次会议的主题为"儿童之问之思之学"，我做了题为《我，我们与儿童哲学研究》的主题报告，向与会代表整体介绍了率性教育理念下儿童哲学田野研究的探索历程，提出了附小倡导以"哲学的视角研究、关照儿童世界"，以"全学科探索儿童之问、之思、之学的方式"推进研究，以"发现问题、提出问题能力的发展，归纳思维、想象力的发展"为目标追求。我们还以纪要的形式向大会汇报了关于儿童哲学在教学实践层面的原生态研究工作，这项工作标志着附小关于儿童哲学和率性教育的研究正式由思辨进入实践，从宏观进入微观。

2017 年 9 月，附小举办了第三届"儿童哲学与率性教育"高峰论坛。本次论坛的主题为"儿童的经验、思维与有过程的归纳教学"，我做了《有过程的归纳教学：理论与实践》的主题报告，向与会代表介绍了学校对于"有过程的归纳教学"的探索与践行。率性教学是遵循知识和智慧发生规律、儿童成长发展规律与阶段性特点，促进儿童在共同体中更好地成长的教学。这次会议标志着"率性教育"从宏观学校理念进一步具体化到微观实践教学层面。

2018 年 12 月，"基于'率性教育'理念的小学教育教学改革研究与实践"荣获基础教育国家级教学成果奖二等奖，荣获吉林省基础教育教学成果奖特等奖。这两次获奖进一步扩大了"率性教育"在全国范围内的影响力。它标志着在基础教育领域倡导实施遵循儿童身心发展规律的"率性教育"，开始引领创生有中国特色的儿童教育研究话语和实践模式。

2019 年 9 月，附小举办了第四届"儿童哲学与率性教育"高峰论坛。本次论坛的主题为"基于儿童经验、思维的单元开发与有过程的归纳教学"，我做了《有过程的归纳教学的单元设计与实施》的主题报告，向与会专家介绍了学校"有过程的归纳教学"在单元设计上的创新与突破，这次会议标志着学校对于率性教育在教学层面的探索取得新的成果，已初步形成体系化、模式化的具有自主知识产权性质的教学创新成果。

此外，我在第十六届全国教育基本理论学术委员会第 16 届学术年会(南京)、全国教育哲学专业委员会、2017 年教育哲学高层论坛(沈阳)、首届儿童哲学与教育高峰论坛(杭州)等全国性的学术会议上做了多场关于"率性教育"的主题报告；我个人亦多次赴北京师范大学、国家教育行政学院、南京师范大学、湖南师范大学等校做有关"率性教育"的报告，收到了同行、专家的良好反馈意见，有助于进一步深化"率性教育"的理论探索与实践模式创生。

"率性教育"的理念自从 2014 年创生后，对它的探究就从未止步，在教学、德育、管理和学校空间建设方面做出了多项探索。譬如，为进一步深化率性教育理念在教学层面的践行，2015 年附小提出"率性教学"，并凝练了"率性教学"的三个关键词："有根源""有过程"和"有个性"。2016 年提出"率性学校"的构建："率性学校"是儿童喜欢的慢步调空间，是儿童可以胡思乱想、体验探究的智慧之家，是儿童想象力、创造力发展的梦工厂。2017 年 3 月学校提出"率性教学"实践的三个着眼点："情境/具象""操作/体验""对话/省思"。2017 年 7 月附小提出"率性德育"的核心要素："有过程""有尊重""有道理"。可以说，对于"率性教育"的建构与探索，我们一直在"林中路"上。

(二)思想的落地更不容易

一个思想提出来不容易，落地更不容易。刚提出"率性教育"时，我的脑海中其实是没有"落地"的概念的。在我们的团队助手来问我如何在教材和教学中落实和实践"率性教育"之后，我们才开始一步一步探索率性教育的思想在教学中的实践。基于此，我们提出了率性教学，并提出了相应的策略，如"情境/具象""操作/体验""对话/省思"，这其实是一个行动的改进过程。

率性教学是 2015 年的下半年正式提出的。率性教学三个关键词的确立，确实经过了一番仔细的研讨与打磨。率性教育作为一种学校理念，如何在课堂、教学层面落地？附小领导班子和智囊团队商议好几次怎么确立指导行动的关键词，或者说是如何凝练能够表达率性教学特征的关键词。最初，我提出五个词：有趣味、有个性、有过程、有沉思、有根源。后来经过一学期的实践，大家觉得还是选择其中的三个词比较合适，就把有趣味、有沉思拿掉了。最后的标准版就是有根源、有过程、有个性。这三个词更加具有独特性，更能传达率性教学的精髓。

挖掘"本源"，教学才能有据可依。我们秉持着这样的理念，也在进行着这样的行动。我会给语文教师推荐《说文解字》等一类的书目，让教师了解字、词的根源，可能讲课的时候，带给学生的就不再是单纯的知识灌输了。讲《红楼梦》《水浒传》等名著的节选文章时，我会建议语文教师们读读原著，看看大家们的批注。做完这些前期的准备工作之后，再去讲，教师自身的感受不一样，课堂的效果自然也就不同。数学教师在讲数理之前，看看《几何原本》，看看史宁中校长的《数学思想概论》等系列的书籍，再回过头来理解数学，讲授数学必然是不同的。因此，挖掘本源，对教学而言是十分重要的。

"有过程"并不是简单的教学流程，更多强调的是对学生归纳思维的培养。一直以来，在教学中惯用的是演绎的教学。教师都是先把结论告诉学生，再引导学生推演过程。并不是说这样的教学不好，而是长此以往可能并不利于其抽象思维能力和创造力的培养。为学生提供个别的学习材料，启发他们自行探究得出结论，无论是在语文还是数学甚至其他的学科中，这样的教学可能更有利于达到我们的期许。这一段时间的实践效果也印证了我们的假设，给孩子们自主探索的空间，他们不仅会爱上学习，还能够快乐地成长，这不就是我们都愿意看到的局面吗？

儿童的学习过程是值得研究的。首先，儿童的学习离不开操作和体验，"具身认知"特别符合儿童的学习。儿童的学习在很大程度上依靠观察和感知，赞可夫做过相关研究。儿童对于一般或抽象的认识是需要具象的辅助的。比如学习"手"这个抽象字，儿童需要在书本上认识了"手"这个字之后，被告知具体的"手"，否则对这个字是没有概念的。儿童的学习并非都是从具象开始的，如果儿童先认识了抽象，那么我们教师需要做的就是帮助儿童从抽象到具象，然后再到抽象。其次，口语对于儿童的学习是很重要的。口语的学习直接影响书面语的学习，尽管口语的学习和书面语的学习不是一一对等的。口语是基础，书面语是目的。所以，口语对于学生理解书面语是非常重要的，我们首先要发展学生的口语表达能力，然后适时将其引导至书面语的学习。这也是语文教学要朗读和背诵的原因之一。但是，书面语和口语之间也是有一定的距离的，书面语在一定意义上是先验的。最后，儿童的学习需要同伴。线上教育如果没有同伴，那么学习效果就会大打折扣。父母不是同伴，也替代不了同伴。孩子的学习需要在学校进行，需要面对面地进行，以此来解决学习同伴的问题。总之，儿童的学习有特殊性，需要长期观察，但是我们国家对于儿童的研究是欠缺的。李宇明的《人生初年——一名中国女孩的语言日志》研究了一个中国女孩的成长发展，非常细致。我们中国需要这样的研究。实验室的问卷测查的确也需要，但这样的原生态的观察整理也很重要。因为这样的研究人为干预少，更加真实。

研究儿童的学习过程有什么用呢？有利于我们更好地组织教学。在课堂教学的情境下，教学内容的本质就是知识。从知识的产生、发展过程来看，知识诞生于人类的生产、生活实践，是人类经验不断积累的结果，知识经过挑选、组合、编排进入课堂，成为课堂教学中的要素之一，即教学内容。教学内容是师生之间产生教育关系的重要媒介，对于教师、学生具有两种属性。对于教师而言，先于学生掌握了知识，容易成为知识的所有者，进而在教学行为上表现出一种"霸权"主义。而对于学习者而言，学习内容是先于经验的，事先规定的，预设的，他者的。我们不能低估儿童掌握这样一种先于经验、脱离具体情境、经过多次抽象和概括之后的知识的难度，更不能想当然地认为仅仅通过在短时间内依靠教师的"教"让学生完全掌握、理解。在课堂教学的过程中，要努力还原知识产生、发展的情境；在可能的情况下，让学生经历知识、概念、原理产生的过程，让这种先验的知识转化为一种学生可经验、可发现、可探究的知识。

附小教师是怎么做的？那就是"搭梯子"，"搭梯子"的目的是给孩子们建立一个由抽象变到具象的情境。为什么孩子需要反复操作呢？包括我们说的 10 进位加减法，对于我们来说是再简单不过的，但孩子不能理解，所以这就需要一遍一遍地操作，让他记住一个典型的故事。小学教师们都得像讲故事一样，让孩子通过记住某一个故事来记住某一个知识，硬背下来他们是无法理解的，所以教师们经常举小猴子分蛋糕的故事。但是我更希望教师给孩子们讲一些真实的情境，让孩子通过记住情境明白真实的道理，比如说 7 加 5 为什么等于 12，这是怎么得来的，这是非常抽象的，而背后的数学道理更抽象，附小教师的做法是还原，通过创设情境使抽象变成具象，使先验变成经验。教师举例子讲故事的目的就是把先验的道理和已有的知识结合起来，这样他们才能够理解。

所以对于附小教师来说很重要的是"搭梯子"，用他能理解的方式来讲授。原来附小的单元开发，以中国文化中的马或者中国智慧为例，中国智慧就是一个很抽象的事物，备课的时候讲了很多，比如关于计谋方面的，这是有局限性的，只讲政治方面的事是不行的，还要讲军事方面，比如孙子兵法里的事，还要讲医学方面、建筑方面、冶炼方面（比如青铜器是怎么诞生的）、天文方面的中国智慧。通过这些，孩子们才能够理解原来这就是中国智慧，否则孩子的理解可能会有偏颇，单元是小学很重要的知识团。从个别到一般，小学教学的归纳教学，是解决问题的良方。

记得在 2014 年 8 月 19 日，我刚到附小的时候，在就职讲话中说了一句话，就是希望我们附小的教育是一种"沉思的教育"。应该说，"率性教育"的起点不是沉思，目标是沉思。这并不意味着学生一入学就要沉思，而是需要教师发挥"搭梯子"的支架作用，通过搭各种各样的"梯子"让孩子能够主动地、自觉地走向沉思。例如，2017 年 11 月 10 日，从中午 12 点多到下午 1 点半，我和 6 位语文教师讨论了将近两小时的"童话教学"。这部分内容是我们 2017 年年度下半学期"有过程的归纳教学"的一个探索。大多数人认为，数学做有过程的归纳教学可操作，有一套办法。语文怎么办呢？当天上午，我听了一节"童话教学"课，三年级的学生是怎么做的呢？首先，让孩子们回顾一下这三年来你学过多少篇童话，孩子们说学过了 20 来篇。其次，让孩子们自己说这些童话有什么特点，孩子们大概说出了 20 多种特点。最后，分成 10 个小组，先在小组里交流，我们可以想象一个组 4 个孩子，4 个孩子观点变成一个组的观点，10 个组的观点下节课就可能会成全班的观点。比如全部观点一共是 8 个，有的观点说童话里有好人有坏人，坏人很坏，好人很好；有一个圆满的结局，善有善报，恶有恶报；还有一个带有悬念的结局；童话让人感动，都有好人、坏人；朋友是在市场中买不来的，结果有时是预想不到的；善有善报，多数比较圆满，开头大都是从前；多数主人公都是勇往直前，大难不死的，都有梦想。这部分教学是第一、二节课两节连上的，中间休息 10 分钟，孩子们表现得很棒，毕竟三年级的孩子刚刚 8 岁。之后这个班的班主任孙老师和我说，她备课的时候只想到了 13 个童话故事的特点，结果孩子们归纳出了 25 个特点，有 12 个特点是她根本没想到的。这也就是说，传统的教学讲这篇童话，讲的是从字到词到句到篇是什么特点，然后一遍一遍地读。她们在前些天备课、设计的时候，我都参与了。我当时说朗读不是重点，讲这一篇不是重点，这一篇只是药引子，要以一当十，以一篇联想十篇，把一、二年级联系起来肯定会有意外收获。她们说："这能行吗，校长？能做到吗?"我提出，可以尝试。所以，这位教师特别兴奋，孩子们也非常高兴，而且能够分出类来，能归纳出特点来，这是孙老师没有想到的。这是第一步，能通过他们的阅读把童话的特点抓出来。在下课之前，教师用了 15 分钟留作业，让孩子们自己创作童话，下课的时候 90% 都能创作出来。有的是 100 字，有的是 30 字，几乎所有孩子都写了。有写小青蛙的、小老鼠的、大灰狼的、刺猬的、恐龙的，什么都有。然后教师问一个孩子，说你写得怎么样？孩子回答说我这个童话特点全有了，他说有这些特点的：得有坏的，得有好的，得有曲折故事，然后这个主人公最好是动物，这就是童话。他们不仅能分析出来，还能模仿写出来，就是不仅能内化，走进童话，还能外化，创作童话。这样的 80 分钟课

175

堂教学，学生在思维上的训练是愉快的、有挑战性的，而且是在他们的头脑中打下烙印的。我觉得我们需要追求这样的教学，教师帮忙"搭梯子"，不是一下子让学生去思考童话的特点，而是让他们操作，自己看。我跟教师们讲，说孩子能分类，遗传都有这个基因。因为通过查材料可以发现，大猩猩大概能辨认出 200 多种不同的果子，能区分能吃的、不能吃的。能分类，不仅是教出来的，而且是因为人的基因里就有这样的东西，只不过有时候需要引发。这么做大概就会逐渐引导学生学会思考，学会推理，学会归类，逐渐走向成熟，学会沉思。这个过程就是有归纳的、有过程的教学。率性教学的样貌，包括率性教育在附小如何进行细化、具体化、本土化的一种实践过程、探讨过程大体上已经呈现出来了。某种意义上，附小所开展的本土化教育实践，是为了应对外来文化而开展的一种探索，是一种应对外来文化理论冲击的具体行动。① 这种教育理论本土化的过程，正是一种理论创新的过程，"并不是故意说与此前不同的话语，简单地与别人不一样"，而是"从本土教育实践问题出发进行教育理论创新，并与国际教育理论对话的过程"②。而附小的教师，正是"教育理论—教育实践—教育理论"发展链条中最主要的推动者。③

（三）率性教育是"成人"的教育

我们对率性教育的认识随着教育教学实践的深入而不断深化。2014年底提出率性教育，2015 年提出率性教学，2017 年初开始着重研究有过程的归纳教学。为进一步总结附小德育工作的经验，让德育工作的思路变得清晰，我们开始思索率性德育问题。

小学德育工作包罗万象，有班主任工作，有少先队工作，有教育、指导，还有管理、服务，还涉及家庭和社会方方面面。小学德育工作的

---

① 于伟、李姗姗：《教育理论本土化的三个前提性问题》，载《教育研究》，2010(4)。

② 于伟、秦玉友：《本土问题意识与教育理论本土化》，载《教育研究》，2006(6)。

③ 于伟：《中小学教育研究本土化》，载《人民教育》，2014(9)。

实质是教养，核心是育德，内容比较广泛，有传统的思想教育、政治教育、道德教育，其中道德教育是基础。近几年又强调心理健康、法治教育。

中国文化是伦理型文化，立德树人，源远流长。《说文解字》讲："教者，上所施下所效也。"当然教不仅指学校的教，而且指整个社会的教化，叫"化民成俗"。古代"上所施"的核心是学做人。今天的教育工作也应该是让学生学做人。附小的德育工作要从立德树人总体要求出发，倡导学校家庭社会协同育人、全校教职工全员育人、教育教学全过程育人的大德育观，帮助学生认识自己、悦纳自己、理解他人、熟悉社会，把附小的学生培养成好问多思、阳光自信、友善乐群、手脑相长、敢于担当的好少年，为成为有理想、懂道理、明事理的合格公民奠定基础。

"率性教育"是成人的教育。这是指向成人的，指向立德树人的。立德树人不是近代才出现的词，古代就有。现在提出的立德树人继承了中国教育的一条基本线。中国的教育目的就是要立德树人，这个"德"会有不同的时代内容，但是会始终保留着中国一直以来的"大德"，也就是很重要的德行，比如忠和孝，还有敬天地。所以过去虽然识字的人少，但是受过教育的人并不少，比如小庙、说书之类的民间文化，也就是民间文学，都承担着教化的责任。比如，现在的山西保存的古戏台最多，有 1000 多年历史的古戏台。过去我们的研究视野比较狭窄，其实类似古戏台这样的文化非常有研究价值，立什么牌坊、摆什么雕像等都是很有学问的。中国遍地是教育，就看能不能被人发掘，我们应该要有一双能够发现教育的眼睛。

概言之，"率性教育"是一边探索一边实践的过程，我们用理念指导行动，也用行动来促进理念的完善。展望未来，率性教育下一步还面临着很多亟待探索的课题。就当下来说，我觉得存在如下几个问题。

一是少和多的问题。我们提出"率性教育"，但是真正能够做到的是少数，绝不是每位教师在每节课上都能做到的。率性教学对教师的素质有一定要求，而且它不同于我们平时的教学，比如演绎教学。在演绎教学中，教参都是设计好了的。现在的率性教学还是一种实验教学，并不是所有教师都能够自觉做到的。

二是如何把实验阶段的教学转化为常态化教学的问题。比如单元开发，这显然是不属于常态教学的。比如语文课，一节课有规定的要求，但是如果按照单元开发的方式来，可能一节课的内容得扩充到几节课，这是有一定难度的。

三是理论还有待挖掘。我们当前的理论研究是不够厚实的，对儿童、素养等与率性教育相关的研究还不够，如何将理论与实践很好地结合起来，也有许多困难，所以也希望我的学生能够继续在这方面有所研究、有所成就。

第八章　回　响

凡事念念不忘，必有回响。因为它传递你心里的声音，绵绵不绝，遂相印于心。我想，我一直心存着对教育现代性、本土化，尤其对率性教育不断追问与追索的这份执着，即使并非必然得到回应，但我仍要通过我写作的笔传递出去。

一、以我笔写我心

巴金先生曾说过这样的话："我写作不是我有才华，而是我有感情。"的确如此，作为一位学者，之所以选择写作，于我来说，功利的成分基本已经很少了。我内心更多的是出于对教育现代性、本土性，包括将其付诸实践、改变实践的一种执着感情。我发表的作品，大概分为两个部分，即论文与著作。

从总体来看，我发表的研究论文，可分为两大系列。

第一个大系列是围绕我的博士论文主题——教育现代性问题，发表的系列文章。第一篇是《教育观的现代性危机与新路径初探》，这是我在《教育研究》发表的第一篇文章，也是我博士论文的开题报告。第二篇是《论人类中心主义教育观问题》。第三篇是我在东北师范大学农村教育研究所工作期间根据大调研结果发表的《我国欠发达地区农村教师队伍建设中的结构性困境与破解》。

第二个大系列是围绕教育理论本土化问题的系列文章。分别发表于《教育研究》(2篇)、《东北师大学报(哲学社会科学版)》(1篇)、《人民教育》（1篇）。之后发表了《先秦儒家之"礼"与我国教育的教化功能》《儒家的濡化与国民性问题再思》《"率性教育"：建构与探索》等文章。除此之外，还有关于卢梭的自然人与公民教育的矛盾冲突的文章——《公民抑或自然人——卢梭公民教育理论的前提性困境初探》；关于几位教育学家思想述评的文章，如关于黄济、陈元晖、王逢贤的相关文章；关于如何借鉴本土化理论资源的文章，如关于李泽厚、傅统先的相关文章。

来附小的近8年我大概写了十几篇文章。到附小后虽然工作量大大增加，但是发表论文的数量不仅没有减少，反而增加了，实际上这并非刻意追求的结果。通过发表的论文可以看出我们研究取向的变化：更加聚焦基础教育、教师发展、学校变革、儿童发展、率性教育。除论文之外，还有一部分成果通过报纸发表，多是从讲座报告中整理出的文字资料，也包括在学校备课、听课、评课的发言。

《教育研究》上发表的《"率性教育"：建构与探索》，是到附小工作3年的一个标志。这篇文章不完全是从文献中梳理出来的，它是整个附小团队集体智慧的结晶，如果我不来到附小，不可能写出这样的文章。率性学校、率性教学的策略是实打实的，话语可能仅仅一二十字，但是它的背后有几千节课、几百位教师的汗水与思考。

来到附小之后，我开始尝试主持编写"率性教育丛书"。这一丛书于2016年7月开始出版，借助它，不仅能够全面展示附小的教育教学改革，而且起到留下历史资料的作用，也便于和全国的同行交流。最初启动的两本书都是有关学生德育的：第一本是记录赴美游学的《七彩梦·游学路——东北师范大学附属小学学生赴美游学纪实》，图文并茂；第二本是学生的职业微体验方面的《行动·成长——东北师范大学附属小学学生职业微体验研究》，因为附小许多社团为学生提供了很多职业微体验的机会。后来出版的第三本则是儿童哲学方面的《与儿童的对话——儿童哲学研究的田野笔记》。我们同时还组织编写了校刊《东师附小教育研究》，有一次叶澜老师看到后建议刊名改为"率性教育研究"，目前我们已经出版了第5本。2018年是附小建校70周年，在附小教育研究部的策划下，"率性教育丛书"还先后出版了《率性教育的理论与实践探索》《王祝辰集》《我们与率性教育——来自教师的思与行》《小学社团课程的设计与实施》《童心绘世界》《童心话世界》《儿童的话与画》《儿童的学习故事》等。其中的《率性教育的理论与实践探索》这本书，我特意邀请顾明远先生作序，顾先生写道：东北师范大学附属小学的探索给大家带来了新视角，"有过程的归纳教学"是实实在在的理论与实践创新。他认为这是我和我的团队"用了短短四年的实践完成了从书斋到田野的转变"。顾老师的话语，是对我和我的研究团队莫大的肯定和鼓励。

二、研究共同体

率性教育，从理论到实践，都不是附小孤独地在战斗，它是集体智慧的结晶，国内外多个层面的同行们都为率性教育的发展贡献了很多智慧和力量。

附小每年都要举办一次全国性的率性教育学术会议，把国内学术界的同行请进来，为附小率性教育的未来发展"把脉"。举办全国性的学术会议是附小的传统，熊校长把这种学术会议制度化，每年一次或者每几年一次。我来附小当校长之后沿袭了这个传统，近三年每年一次。这样的会议有以下几个功能：第一，进行教育教学改革的展示；第二，把相关的专家请来"华山论剑"，切磋交流。小学举办的学术会议和大学举办会议的重要区别在于大学的学术会议基本没有课堂展示。附小举办的会议在第一天进行课堂展示，第二天进行学术报告。课堂展示是典型的实践成果的展示，里边渗透着思想；学术报告是理论成果的展示，是对实践的回应与反思。

我们还有一个比较重要的学术交流共同体，即"长春市率性教育研究协作体"。它是根据长春市教育局的建议，于2015年开始着手，2016年4月正式成立的。长春市选择了各个层面的学校参与"率性教育研究协作体"，不仅有长春市内其他区的学校，还有农村地区如农安县、九台县的学校，这是希望附小进一步发挥引领辐射作用。附小主要通过以下几个渠道发挥作用：第一，附小有重要的会议——发表会，把这些学校校长、教师"请进来"；第二，根据附小的情况，适当地"走下去"。其实附小将校长、教师"请进来"负担稍轻一点，因为附小在有活动的时候经常接待上百人来参观。但关键是"走下去"负担较大，因为附小的教师多数都是"一铆钉一楔"的，"下去"就意味着要离开教学岗位一段时间，附小教师公派外出一年有几百人次不止，外派的单位从教育部到省市区，从各级教研机构、行政部门到东北师范大学。附小不仅发挥引领作用"送课下乡"，而且派出的多是学校的骨干，精英中的精英。

　　为了很好地宣传附小的率性教育，我也在完成附小工作的同时尽量走出去，应邀参加一些学术会议、学术论坛。近三年来，我参加的学术交流大概有 20 次，比如到国家教育行政学院、北京师范大学、南京师范大学做有关率性教育的学术交流。2014 年 9 月，在东北师范大学举办的教育社会学专业委员会第十三届年会上做报告；2015 年 10 月，在东北师范大学举办的首届批判教育学国际研讨会上做学术报告；2016年应邀到北京大学参加学术论坛，与顾明远先生、清华附中的校长一起做报告，我也是唯一一个发言的北京地区以外的校长，中国教育智库对我的发言进行了整理；2017 年有两次重要的报告，一次是在沈阳师范大学主办的全国教育哲学专业委员会 2017 年教育哲学高层论坛上我进行了专题报告，另外一次是在南京师范大学的全国教育基本理论会议上我讲了率性教育的理论与实践；2019 年 11 月，我应邀参加人民教育出版社举办的第九届基础教育改革与发展论坛，作为 6 位大会报告专家之一，结合附小率性教育的理论与实践成果做了大会报告，会场观众千人之多，反响热烈；另外，在吉林省内参加了长白山学者论坛、田家炳学校联盟成立会议，还有一些研修班如名师工作室的研讨会等。这些走出去的学术会议，对附小的率性教育起到了很好的宣传作用。

　　附小是一座蕴藏着丰富、先进教育实践经验的宝库。我来到附小的一个重要职责就是要把附小好的传统、经验传播出去，在全国讲出附小的故事，讲好附小的故事。这里我做了几件很有意义的事，第一件事是 2015 年教育部责成我牵头制定《中小学教师培训课程指导标准（班级管理)》，如果能制定某个领域的标准，那就意味着在这个领域的研究和实践达到了全国顶尖的水平。对于这项工作，我的定位是不能把它当成工作去完成，要当作一次全面的研究、一次深度梳理与总结，于是我带着附小的研究团队开始了拓荒式的研究，自下而上地深挖、反思实践经验，自上而下地构建理论框架。历时4年多研究，我们制定的培训课程指导标准最终通过教育部专家审核，由教育部办公厅印发。回望研究历程，正是这种实践中的智慧与经验给予我们丰富的给养，才使得培训课程指导标准能够接地气、可落实、可操作。

第二件事是我和附小道德与法治学科教师参与了义务教育道德与法治学科课程标准的修订工作，完成了《品德与社会课程标准(2011版)调研报告》《道德与法治学科课程标准美、韩等七国比较研究报告》。为什么要参与这些工作？多年来，附小的道德与法治学科进行了非常深入的研究，无论是单元课程的开发，还是学科本质的把握与落实，都是非常专业的，也非常有经验。我参与国家义务教育课程标准的修订工作，就是希望通过调研与研究让附小优秀的学科研究成果与经验走向全国，推广到更多的平台，为国家研究和决策提供借鉴。

第三件事是我一直积极鼓励和推荐我们学校的教师参与申报国家的高级别项目。附小有30多位博士，有的已毕业，有的还在读。这些博士教师就是未来附小研究与发展的核心力量，是附小发展的希望和源泉。学校经费一直非常紧张，再困难我们也要加大对申报校外项目的教师进行配套的资助和奖励。目前，我们学校已经有4位教师申报的全国教育科学"十三五"规划项目、教育部人文社会科学项目获批立项，有20多位教师成功申报了吉林省教育科学"十三五"规划项目。如果说附小作为一所名校与其他名校有哪些本质上的不同，我想这就是差别所在！

让我备感珍惜和欣慰的是，国内同行、专家对我的关注和厚爱，让我有机会站在更高的平台，思考研究教育问题，不断审视附小的教育发展。2018年我被遴选为教育部"长江学者"特聘教授，2018年10月，受聘为教育部高等学校教育学类专业教学指导委员会副主任委员，2019年11月，受聘为教育部小学教师培养教学指导委员会副主任委员，同年12月当选中国教育学会教育学分会副理事长。职责与使命意味着责任与担当，我想这不仅是对我个人的荣誉和褒奖，更是对全体附小人提出更高的期待和要求——作为东北师范大学的附属小学，我们的改革要真正领跑国内基础教育改革，要为基础教育创新发展提供本土的实践范例，使命在肩，任重道远！

这几年，各种媒体的报道也对附小的率性教育起到了很好的宣传作用。我接受了十多次采访，在报刊方面，《中国教育报》《中国社会科学报》《光明日报》《校长派》《今天》《半月谈》《新文化报》都曾对我进行过采访；电视台方面，也分别接受了来自中央电视台、吉林电视台等十多次采访，采访基本都围绕教育或者率性教育问题。长篇采访多是报纸进行的，如2017年6月，《中国教育报》的记者赵准胜，在附小用一整天的时间对我进行了采访，并在《中国教育报》用一个专题报道了率性教育。我个人很重视记者的报道以及对率性教育改革的反馈。我认为，在一定意义上记者就是研究者，尤其是长期面向教育领域，面向基础教育、学校改进、教师发展进行研究的记者。这些记者的深度报道能够促进我的思考。2019年是中华人民共和国成立70周年，《人民教育》约全国几所中小学撰写专稿，我撰写的《童心同行，率性而歌——东北师范大学附属小学与共和国共成长》一文刊发在"庆祝新中国成立70周年"专栏。这次约稿进一步表明，附小70年来的办学方向、办学理念是正确的，是具有全国影响力的。附小的发展反映了新中国成立70年来基础教育改革发展的新面貌、新气象。

在吉林省内宣传附小率性教育的办学理念，另一重要渠道就是我个人作为吉林省人大代表提出议案，尽可能地推动教育的改进。到目前为止，我参加了三次吉林省人民代表大会，提出了三个议案，其中两个在吉林省人大常委会的刊物上正式发表。第一个是关于校园伤害事件的议案。我建议，在法院判决赔偿时，要分清学校的责任，不能把责任都推给学校。第二个是关于产假式缺岗的议案。我建议有关部门建立"临聘教师人才储备库"，应对国家"二孩政策"放宽后，因中小学女教师比例较大，由于"产假式"缺岗造成的临时性教师短缺的问题。这个提议《光明日报》进行了转发，教育厅专门给了我 4 页的书面回复。第三个是关于中小学生社会实践的议案。我认为社会教育是人生教育的重要组成部分，是帮助教育个体顺利地完成社会化的过程。良好的社会教育可以帮助学生树立正确的人生观与社会观，培养创新精神和实践能力，提升综合素质。我建议由政府牵头，借助地方特色，整合现有资源，开拓更广泛的中小学社会实践活动领域，比如以广大农村为主题的农业实践基地，以中国第一汽车集团有限公司(一汽)、中车长春轨道客车股份有限公司(长客)为主体的工业实践基地，以长影集团为主题的影视实践基地……结合不同区域、不同年龄学生的需求，针对城乡儿童分别建立完整的学生社会实践体系。目前，三个议案所提及的问题虽然还没有完全解决，但引起了社会的广泛关注，尤其是第二个议案，推动政府去解决女教师遇到的实际问题，同时，在媒体的宣传下，也得到了家长和社会的理解。

国内学术界有一些重量级的专家如顾明远、叶澜、谢维和、张斌贤、金生鈜、石中英、李政涛、刘晓东、康永久等人都十分关心率性教育的发展，给予了非常大的支持。顾明远老师两次为附小的刊物题写名字——《东师附小教育研究》《率性教育研究》。顾老师很热情，有一次我通过微信问候顾老师，他回复说："我在芬兰，半个月之后回国，到时候我用荣宝斋的纸给你题字，写一张横的、一张竖的。"他十分关注附小和率性教育，很想到附小来看一看，我也曾邀请过他，但由于顾老师年近九十，身体不便出远门而未能成行。叶澜老师经常关注、评论我在微信上发的文章和图片，而且我们能在全国的会议上做报告，有些就是由叶澜老师推动的。在沈阳、大连、南京的学术会议上，叶老师都说，一定要把儿童作为一个重要主题。康永久老师也说过，附小儿童哲学年会开得好，儿童很重要，建议把会议主题定为"儿童的发展与学校变革"。

刘晓东老师也十分关注附小的发展，为率性教育的发展感到兴奋。简成熙、但昭伟等学者也十分关注我们的率性教育，我到台湾地区做报告，他们都对附小给予了很高的评价。

一些国外的学者也对率性教育十分认可。佐藤学多次到附小来听课、评课，对附小的率性教育十分赞赏。另外，有两位海外学者对率性教育也是十分认可的，一位是当今美国最富影响力的课程论专家威廉·派纳（William F. Pinar），另一位是美国批判教育学派的主要代表人物彼得·麦克莱伦（Peter McLaren）教授。

派纳曾主编过一套"世界课程研究系列"丛书，其中一本是卢乃桂老师和王芳对我教学研究经历的记述——《在中国教育变革中穿行：当代史与日常经验》（*Navigating Educational Change in China：Contemporary History and Lived Experiences*）。从 2013 年到 2016 年，王芳对我进行了三次深度访谈。王芳负责将内容由中文变成英文，然后由卢乃桂老师审定后征求派纳的意见。这本书对率性教育以及我所做的相关实践有很多关注：

> 我回顾了学校的课程，并试图丰富它，使它更贴近学生的生活。我的主张使得全体教师们对学生有新的认识。
>
> 我跟学校的教师们说，我们需要做的第一件事就是要认真研究孩子们的心理，那就是他们的心理发展。我们需要深入研究和理解孩子们需要的是什么，什么是他们可以接受的，他们喜欢什么样的学习方式。我们真的应该向医生、营养学家学习。从我个人的观察来看，我认为我们现今的学校还没有更好地理解儿童。许多教师只是依靠经验教学……我的任务不仅是实践，我还要反思，要研究……我现在当小学校长，提出了一个重要思想，这是接中国地气的，就是率性教育的思想。率性教育的核心就是三句话。第一句是保护天性，因为《中庸》里面讲，天命之谓性。第二句就是尊重个性，尊重差异，打破完美主义。第三句就是培养社会性，培养学生

的文化素养、核心素养，使他们有规则意识、责任意识、自主观念、包容意识。

……于老师被大学任命为小学校长时大学的教师们都非常惊讶。推测比比皆是：为什么把他的工作从大学的讲堂换成了小学的教室。大多数人士似乎都同意这一观点，即学校迫切需要他的服务……被任命的职务从农村所所长到远程教育学院院长、从学生处处长到小学校长，他很好地迎接了来自多种工作范畴的挑战！①

麦克莱伦教授多次来过附小，在其文章《具有历史意义的新型学校建设：一个发生在中国的弗莱雷式实践》(*Making History through Making New Schools：A Case of Reinventing Freire in China*)中，关注了率性教育的相关想法与实践：

在长春的多次访问中，我们有幸认识了一位著名的进步校长于伟博士，他帮助建立了批判教育学研究中心。他既是东北师范大学的教师，又是一所知名小学的校长，这所小学被许多人认为是中国东北地区的顶尖学校之一。于校长对培养中国学生的创造力和解决问题的能力特别感兴趣，同时也对中国古典文学（如孔子的作品）能否为中国学校改革做出贡献的问题更加关注……

在我们的学校访问中非常清楚的是，负责发展这所学校的人对孩子有很高的评价……

他告诉我们，他认为孩子们是哲学家、艺术家和梦想家。他倡导保护儿童的天性、尊重他们的个性、培养社会性。他将自己的教育理论命名为"率性教育"(free-spirited education)，灵感来源于最著名的儒家经典之一《中庸》。

于博士作为学校校长和大学教授的独特地位，使他能够在实

① Wang F，Leslie N K L.，*Navigating Educational Change in China：Contemporary History and Lived Experiences*，Springer Publishing Company，2018，pp. 43-44.

践中开展一项衔接理论的参与行动研究项目。这涉及将大学教师、学生与小学教师、学生联系起来的实验。他小学的一些教师同时也是他的硕士或博士生。这些群体很少见面，但他们都有共同的目标，那就是提高儿童的教育成就。他在他的小学里举行学术会议，这样学校的教师就能与学术界联系更紧密。与此同时，他还在小学举办了博士研讨会，为大学生提供基础知识和小学实践的基础知识。作为一名学校领导，于博士把这些谈话延伸到家长们，他们每年被邀请两次，讨论儿童成长和发展等话题。在国际舞台上，于2015年在中国举办了第一届批判教育学国际研讨会，并开设了批判教育学研究中心，让他的教师们能够接触到国际学者和实践者……

我们能从于博士的教育理论和实践中学到什么？于博士鼓励我们培养一种意识，迫使当地人在他们的历史、社会文化背景下建构自己的现实的解决问题的方法。这样才能保存和保护地方性知识免于(西方)现代化的影响。①

2018年，我们的研究成果《基于"率性教育"理念的小学教育教学改革研究与实践》荣获吉林省基础教育教学成果奖特等奖，第二届基础教育国家级教学成果奖二等奖。成果的取得是附小70年优良办学传统的继承与创新，更是全体附小人努力探索小学教育改革中国经验的重要阶段性成果。2018年12月，经过大半年的申报、答辩、筹备，学校成功承办了中国教育学会第31次学术年会的微论坛，是当年承办微论坛的12家单位中唯一一所小学。我们将微论坛的题目确定为"儿童的经验、思维与有过程的归纳教学"，邀请了东北师范大学史宁中教授、华东师范大学刘晓东教授作为发言嘉宾，同时邀请了来自北京市第二实验小学、云南昆明南站小学的专家共话教学改革，此次活动将附小的研究

① Mclaren P, SooHoo S, Wang Y, "Making history through making new schools: A case of reinventing freire in China", *Rizoma Freireano · Rhizome Freirean*, 2017(23).

成果在全国范围内的最高平台上进行首次推广，赢得强烈反响。2019年基于学校有过程归纳教学实践研究的成果《基于归纳，关注过程——东师附小有过程归纳教学的行与思》在第五届中国教育创新成果公益博览会上荣获 2019 年优秀教育创新"SERVE① 奖"。

三、在场者的声音

回想起来，率性教育理论在附小的展开带有很多实验性质。附小是率性教育的第一现场，它最直接也最真实地反映了这场实验的成与败。或许更精准地描述应该是，附小人的态度最直接、真实地反映了率性教育存在的合理性与必要性。为此，2018 年 7 月，我们对在校学生进行分层抽样（小学低年段、小学中年段、小学高年段），共采访了 32 名学生。与此同时，我们访谈了 11 名小学生家长，向幼儿园学生家长征文（共获得 256 篇文章），询问他们对率性教育的看法。我们还向附小的教师征文（共获得 109 篇文章），以了解他们作为率性教育实施者的意见和想法。

（一）孩子的声音

"我喜欢学校，最开心的是能和同学们一起玩儿。"孩子们最喜欢学校的原因莫过于在这里能和小伙伴们一起玩。

> 我很喜欢体育课，又跑、又跳、又玩。
>
> 我喜欢音乐课，还喜欢老师和同学，下课和同学一起玩。
>
> 高兴的事是中午玩的时候会一直玩到打铃。
>
> 我喜欢玩，喜欢玩滑梯。
>
> 我喜欢学校，因为能学到知识，还有和同学们一起玩。
>
> 不是把我们埋在书里，而是让我们在操场上尽情地玩儿。

除此之外，孩子们也表达出对课堂以及丰富的课外活动的喜爱。

---

① Solutions，Example，Rules，Value，Education.

喜欢学校的阳光超市，那里有许多东西……

我喜欢低碳超市，喜欢那里很多东西……

（有开心的事吗？）今天语文课的时候，大家讨论生活中的第一次，我说了我第一次自己下楼跳绳的事。

喜欢学校的语文课，语文课开诗词大会，和老师讨论问题。

我喜欢学校的诗会，各个种类的，自己可以做很多事，能表演也能当观众，在下面还能鼓掌。

喜欢学校，主要喜欢学校的课，包括环境、教学理念和学校整体的样子。和其他学校相比，（附小）很保护我们的天性，老师不干预我们。

我们还能看到，孩子们因为在学校里能交到朋友，受教师的关心以及校长的关爱而发自内心地感到开心。

每一天都很充实，开学典礼搭书包桥很开心。我同桌还是双胞胎，还交到了最好的朋友。

喜欢学校。学校老师对我好，犯错了老师也能原谅，生病老师也能关怀我。上课间操的时候老师说我穿得少，让我回班，关心我。

我很喜欢老师待我们像家人一样。我也很喜欢这里教学理念——率性教育，不会让学生写太多的作业。我们学校会给学生娱乐的时间，也让同学学会了充足的知识。

很喜欢，因为在这个学校里的老师给我们的笑容都是非常真诚的，并不是装出来的、很虚伪的。

喜欢于校长，他长得很酷，戴个眼镜。每天早上我都会和他说早上好，他也回我早上好。

于校长会摸着我的耳朵说，耳朵长大了，眼睛也大了。

我认识于校长，他很帅，戴眼镜，像博士。他和我说过话，但我忘了和我说过啥。他心灵好，对我特别好。

在大课间或者是操场上玩的时候，经常会看见于校长在操场上，而且会和他打招呼，他也会很可爱地回应我们。他很有爱心，他和我们打招呼的时候很有童心。

最重要的是，孩子们会因为自己的才能和成果得到认可而喜欢附小。

我喜欢学校，喜欢剪纸课，我剪的窗花在姥姥家。喜欢学到知识，喜欢美术课、体育课和语文课。

我很喜欢学校的美术课和音乐课，我虽然画得慢，但是老师关注我。

我很快乐，喜欢中午的大课间，还很喜欢学校的手风琴课。

我打网球和弹钢琴，在音乐会的时候可以展示自己。而且在学校组织游学的过程中，因为我的英语很好，到了美国之后，并不是完全都听不懂他们说话。

当问到学生们在学校里面的感受时，他们回答"自由"和"开心"的频率尤其高。

我觉得很开心，每一天在学校里面，学习也开心。老师用很多方法教给我们很多知识。每天早晨中午上学都很开心。

我觉得自由，但是自由是有拘束的，跑得太快就会从天井掉出去摔倒，再急也不能跑。

我很喜欢（学校），因为在学校里面有我发挥自己特长的空间，并且在学习上，也获得了很多快乐，不像其他学校那么死板。

我非常喜欢咱们学校。就像我们以前提出率性教育，让我们自由自在的，不像其他学校那么刻板，让我们一直学习。我们可以保持自己的个性，没有那么严格，逼着我们学习。

认识很多伙伴，很多老师，每天上学都很充实，酸甜苦辣咸的，很好。有时候很伤心就很酸，汇报受到表扬就很甜，苦的时候就是学习很辛苦的，一起努力的时候，遇到很刺激的事觉得火辣辣的，咸还没想好。挺充实的。

对小学中年级和高年级的学生，我们还询问了他们对率性教育的看法和体会。他们的回答带给我们很多惊喜。

"率性"分成两个字，"率"是修饰性的。有一类学校是很严谨、苛刻的，但附小从来不这样要求学生。另一类学校就很宽松。就像社会不能没有法律一样，"率"并不是草率，是自由。在性格上校长希望每一个孩子都率性成长。我很喜欢率性，它的意思只有于校长能很深入地去解释，我也不能很清楚地说出来，只是我感觉很自由。

先解释一下这个词(率性)，它让我们很好地保存了一个属于小孩的天性，让我们能够有一个更好的环境去成长。自己有自己的特点与性格，而不是把我们锻炼成比较符合大人心目中的特别好的孩子的形象。

率性教育就是没有为了学习知识而扼杀学生天性，我们的刘老师也做得非常好。他给我们组织过"奔跑吧"，八班还有"八班好声音"。我们都感觉非常好。

学校的教育理念，让学生们很开放地去学自己喜欢的东西，也保留了我们的天性，很多孩子现在都喜欢玩儿，老师不会占用我们特别多的时间。讲课也特别注重我们的发言。

保护天性，尊重个性，培养社会性。保护天性，就是保护我们的天性，让我们每个人把品质继承下来；尊重个性，就是尊重我们每一个人不一样的地方；培养社会性就是，培养我们一些在以后社会上能用得到的，有意义的事儿。

首先培养我们在社会上以后能够独立起来。上完小学以后，上初中和高中都能让我们独立一点。还有就是，保护我们自己的想法，不要让我们每个人都一样，要让自己有自己的想法，保护我们的童年和纯真。

王老师给我们讲，率性不是任性。你可以有天性发挥自己的特长。(你怎么理解天性?)大家都知道玩耍是最好的。爱玩儿就是天性。

说实话我不太了解(率性教育)。但是老师们会给我们一些空间，这给我留下了很深的印象。我的梦想也是当一个老师。我们学校老师让我们在快乐的世界里学习，真的很好。

(喜欢率性教育理论吗?)我们都喜欢，因为我们都喜欢玩儿。

最让我们感动的是，在问一位学生他小学阶段最大的收获是什么的时候，他回答道："除了知识，还有最大的收获就是童年回忆。当我们在白发苍苍的时候，还会想到童年的快乐。"给孩子们一个快乐的童年，正是率性教育努力的方向。

(二)家长的声音

家长是孩子成长的第一参与人。他们直接感受到孩子在成长中的各种变化，对教育最敏感，也最关心。我们采访了家长几个问题，包括对率性教育的理解，率性教育实施后孩子的变化，对保护天性的看法以及对学校的建议。

大多数的家长理解的率性教育是"保护孩子的天性，尊重孩子的个性，培养孩子的社会性"三句话。

附小"率性教育"我理解的核心也可以概括为三句话：第一是保护天性；第二是尊重个性，尊重差异，打破完美主义；第三是培养社会性，培养学生的基本文化素养，培养规则意识、责任意识、自主观念和合作精神，为将来成为一名合格的公民奠定基础。总之，率性教育的核心理念就是要保护孩子的天性。

我对"率性教育"理念的感受是能最大限度地保护孩子的天性，其实就是在根本上让孩子能葆有对未知世界的好奇心，保持自我的感性，并且伴随认知、情感与社会性能力的不断提升，实现感性与理性的完美统合。保持了好奇心和感性，才可能让孩子的创造性得到发展。

这三句话中家长们最感兴趣的是"保护天性"，他们阐述了自己对天性的理解，并联系自己孩子的成长说明保护天性的价值所在。

天性不可违，孩子的成长自有其规律。我家孩子性格有点内向，我非常着急，但就是这样的孩子，在班主任老师静待花开的温柔守候和鼓励中，当了班长，竞选了大队委员，我看到了她一点一点绽放的全过程。

个人觉得儿童的天性应该是思想中的天真纯洁、活泼快乐。保护好儿童的这些天性，对于孩子的健康成长十分重要。

保护孩子的天性非常重要。孩子的天性是快乐的、纯真的、健康的、好奇的。不能等到大学、成人再去保护天性，那就为时已晚。

保护孩子的天性至关重要，在很大程度上将决定一个孩子未来对待学习、工作、生活的态度，因为在天性得到很好的释放的过程中，孩子们会更加愿意思考、乐于创造、发挥自己的主观能动性。

在学校"率性教育"理念下，孩子们的天性得到了很好的保护。事实上，儿童天性的保护说起来容易，做起来却是一个艰辛的长期过程。拿三年级一班来说，孩子的班主任非常重视对学生们天性的保护。以培养孩子阅读兴趣为例，从一年级开始，孙老师每天都会节省出半个小时的时间，让孩子在班级的阅览区读书。孩子们读书是自由的，他们可以选择任何一种喜欢的姿势，可以采取自读、讨论、共享等任何喜欢的形式，这些顺应孩子天性的做法使孩子们认为阅读是一件轻松快乐的事情，他们在不知不觉中爱上了读书，每天半小时阅读这个读书习惯一直坚持到现在仍倍受孩子们的喜欢。

对附小实施的率性教育，大多数的家长十分支持，他们认为率性教育理念符合儿童身心发展规律，让孩子体会到学习的快乐，同时也为孩子未来的美好生活打下了基础。

"率性教育"理念符合当今儿童身心成长规律，满足儿童自我个性发展需求，贴近孩子，符合家长需要。

那句"不要输在起跑线上"不知阉割了多少中国孩子的幸福童年，但"率性教育"让孩子在科学课、美术课中创造着，在语文课、数学课中思考着，在社团中寻找着自己的爱好。创造力、思维力、热爱、自信是一所学校能送给孩子的最好未来。

未来世界一个最大的特点是智能化，当人类的生活越来越为机器所物化的时候，人类生存的目的与意义感的追求就成为奢侈品，这就要求人类有更高水平的感知能力、创造能力、积极情绪的管理能力。这些能力靠死记硬背的知识是难以达到的，"率性教育"对天性的保护与感知的统合方面的努力，将使孩子能够有机会发展出适应未来媒体时代的基本能力。

我认为率性教育对孩子的成长和未来发展最重要的意义在于塑造绝无仅有的自己，保护始于天性的创造性。中国当代教育最显著的特征就是统一标准，就好像被割的麦子，衡量孩子教育成果的标准过于统一，缺乏多样性。

附小所倡导的"率性教育"理念，充分释放孩子的天性，让孩子在相对宽松的环境中更好地发挥自己探索与想象的愿望，在此过程中形成爱思考、爱创造的好习惯，这对于孩子来说将终身受益；同时这个理念关注孩子的个性，尊重个体差异并进行因材施教，让所有孩子可以最大程度地获得符合自身特点的教育；再有这个理念也特别注重孩子社会性的培养，逐步引导孩子们形成正确的人生观与价值观，形成自尊、自立、自强、团结互助、有责任心、有担当、遵纪守法等理念，有利于孩子们未来的学习、工作与生活。

在附小，孩子的天性得到了很好的保护。开放式的课堂教学充分地体现这一点，比如任课教师经常会让孩子们自己搜集整理资料，以自己的方式表达出来，这不仅帮助孩子树立了自信心，而且培养了孩子自己动手、独立思考的好习惯。

语文课上，老师引入了分组讨论、脑力风暴、思维导图、分享讲解、互动激荡等方法。对同一篇文章，不同的小组提出了不同的思维导图，不同的同学提出了不同的主题，通过讲解、交流、分享，一堂课下来，孩子们对同一问题有了更多方向的思考，极大丰富了孩子们思维的宽度和深度，使孩子们领会了独立思考、独立见解的重要。

我的大女儿10年前在附小上二年级，小女儿现在上二年级，我对附小的教学还是比较了解的。十年之间，印象最深的是附小的教学，即便是再简单的数学规律和生字的写法，老师们也能用科学的、富有逻辑的生动的教学方法让孩子们理解，进而接受。而在与其他学校孩子家长的聊天中知道更多的学校是死记硬背与很多的课后作业。

家长们认为率性教育给孩子们带来了明显的改变，孩子们变得更加自信阳光，愿意学习，心理承受能力和调节能力增强等。

我的孩子更加自信，更加有责任感。她专注于学习，专注于自己感兴趣的事情，懂得交流与分享，能和老师、同学们成为朋友。

孩子明显比以前更加自信，更加愿意与人沟通，更加乐于动脑思考解决问题的方法，越来越开朗、活泼，更加注重团队活动，主动帮助需要帮助的人。

我觉得最大的变化是她喜欢学校，愿意去上学，而且回家后会把学校的好多趣事都讲给我听。比如，星期五早晨，她竟然说："又到周五了，这一周过得太快了！"我听后觉得很欣慰。

孩子的学习态度发生明显变化，由"要我学"，变成了"我要学"。在以前的学习中，孩子学习的心理压力较大，自己不感兴趣的科目不敢不学，自己感兴趣的科目学得"不解渴"。率性教育之后，课程设置涵盖面更广，符合小学生生理、心理发育特点的课程设置更科学合理。老师在教学活动实施中运用多种教育方法和手段，保护孩子天性，尊重孩子个性，让孩子勇于发言，敢于发言，潜移默化中，学习兴趣、学习成绩显著提高。

在学校秉承的"率性教育"理念下，孩子们感到学习是一件快乐幸福的事情，非常愿意上学，大小假期几天不见，嚷嚷着想老师、想同学、想学校。学习新的知识不再是死记硬背，不再是老师的硬性灌输，孩子们大大增强了探索的兴趣，丰富眼界视野。同时在寓教于乐中，孩子们并不是一盘散沙，而是特别尊重老师、尊重学校、尊重同学，反而提高了团队合作精神，淋漓尽致地发挥了属于孩子们的天性。

我女儿在幼儿园阶段接受的教育也是以保护天性、循序渐进地引导孩子成长为主的，因此进入附小后，她是很适应学校的生活的，她经常说世界上最好的老师就是她的高老师。因为喜欢老师，她每天都能在课堂上记住老师的每一句话，时常回来给我讲，比如她会说高老师教了6种记住生字的方法，分别是加一加、减一减、联系生活、想象、分析结构、猜谜语，并让我用形旁加声旁来重新记住"遍"字。我能感受到她是觉得在做记住生字的游戏，那学习也是在喜爱"游戏"的天性中完成的。

我们还邀请家长和我们分享率性教育和孩子之间的趣事。我们发现家长和孩子心目中的率性无比细致、生动。他们会因为教师的一句话、学校的布置和课堂中学到的知识而欣喜、感动。

故事1　我孩子一年级刚刚入学，有一天放学，孩子问我："妈妈，你提醒我上学要严格注意的一些事情，我们学校是不强调的，也是不要求的。"我问："你说的是哪些？"孩子说："我们不用靠右侧通行排成一排，也不用肃静，下课可以在教室和走廊开放空间玩耍，可以在楼里随处探险。"我："哦？小学现在是这样的吗？这可真好，大大增加了你们对上学的热爱呀！"过了几周，有一天孩子又对我说："妈妈，我现在已经把北楼的全部设置弄得一清二楚了，我们老师要是有什么事情忙不过来，我就能找到地方去办理了！我还在各种牌牌上认识了很多的老师！"学校的这些做法体现了率性教育的方针，让孩子们喜欢学校生活，快速学会处理事情的方法，增强了生活能力。

故事2 女儿是一个对自己要求严格，性格敏感的孩子。进入五年级之后，她曾多次不经意跟我提起，在语文课堂上每节课她都会发言两三次。看着她兴奋的表情，我故作镇定地问她为什么。她回答："因为我想回答啊，而且回答错误了老师也不会批评我，还会让我坐下再想想，然后可以再说。"看似幼稚的回答，作为家长，我的内心是欣喜的。因为孩子的学习态度从被动转为主动，学习兴趣从低位升到高位。老师鼓励式的教育，极好地保护了女儿敏感又上进的本性，这才有了孩子成绩的稳步提升。

故事3 孩子上小学以后，越来越喜欢观察事物。遇到感兴趣的事情，若有条件，就一定要实践一番。去年冬天，我带她在小区里滑冰，她看到冰面上落着一些枯树叶，就好奇地蹲在冰面上观察。很久以后，她缓慢地用手将粘在冰面上的树叶一片片地拿起，然后兴奋地告诉我她发现了一件有趣的事：树叶落到有些融化的冰面上，经过夜晚低温的冷冻后，再拿起来，树叶的脉络就会刻在冰面上。为证实这个猜测，她决定自己动手实践。我们一起找来了大小不一的几片树叶，把它们平放到冰面上，然后将水浇在上面。第二天，我们再去看时，果真如她所发现的那样，树叶的脉络清晰地印在了冰面上。这个小发现令她兴奋不已，她回家拿了形状不同的小铁盒，装上水，制成了很多漂亮的冰叶模。

故事4 我女儿被保护天性的例子是很多的，我举一个她绘画日记的例子吧。绘画的主题是秋天来了，她在桌旁构思了好半天，说树叶黄了，树叶落了。突然，她说："那是风婆婆给小动物们捎的信，树叶落在趴在树下的小狗的鼻尖上，小狗高兴地读起信来。"作为家长听到孩子说起这情景的时候，真的是觉得孩子的世界太美好了，我想也正是她的天性得到了保护，才能有这么美好的影像出现在她的脑海里吧。

(三)教师的心声

附小的教师是率性教育的实施者，他们通过讲座、阅读、研讨备课、授课、课后反思等方式，全方位地参与到率性教育的理论升华和实践推进过程中。他们的意见和感受对我们来说尤为重要。从教师们为率性教育所写的文章中，我们看到了他们对率性教育的认可和热情，也看到了他们对自己心目中的理想教育的理解和追求。

我与一群率性的"哲学家"

大三班 董豁然

我的生活很丰富多彩，我所接触的也都是一群伟大的"哲学家"！每天和他们生活在一起，作为班主任，在日常生活中，我会注重启发孩子的思维和想象力，尤其是鼓励孩子提出"为什么"的能力。孩子们比成人更喜欢发问，而且喜欢追根究底，学者称这种提问是关于事物的根源。孩子们的这种发问容易产生哲学问题。这是因为，孩子们是坦率和公正的个体，他们的内心世界被好奇心和本能的探索力所包围，他们敢问、敢想、敢说。秉承着"率性"的理念，在我的儿童观中，这30多个孩子都是天生的哲学家，他们单纯，所以我鼓励他们"放肆"地憧憬世界的无限和"毫无顾忌"地发现世界的新奇。因为单纯而不以无知为耻，因为单纯而又无所忌讳，这两点正是智慧的重要特征。

经过两年多的培养，与孩子们交流中，他们经常会流露出许多

"率性"的特征。一方面，孩子们的思维具有敏感、开阔、跳跃性等特点，总是表现出积极的探究欲望。他们敏感的心理特征总是能对成人司空见惯、显而易见的事物敏锐地发出疑问。另一方面，孩子们思维具有开阔性，他们的问题就来自他们的日常生活，比如："出生前我们在哪里呢？""我的金鱼为什么会死，它死了又会去哪里呢？""如果我是老师""如果我有翅膀"……在孩子们想象的世界里，他们能使许许多多事物发生微妙的联系。

一、在游戏中培养幼儿的"率性"

在游戏中，幼儿与教师之间的对话不再是单纯地为解决孩子们生活中遇到的难题，而更多的是让幼儿尝试用自己的表达方式分析问题，他们可以"肆无忌惮"地发表言论。孩子们在游戏中，如角色游戏、探索游戏、建构游戏等，都会产生或多或少的困惑。因而，我在组织游戏活动时，经常有意识地渗透一些"率性"。在角色游戏中，为什么天天化妆的是妈妈，爸爸会化妆吗？在探索游戏中，我怎么在手机里听到爸爸的声音了，难道爸爸跑到手机里了吗？在建构游戏中，正方形的积木为什么无法放到圆形的积木里呢？游戏中的材料，幼儿在与其互动的过程中，往往包含着许多"率性"的探索。

二、在日常生活中渗透哲学思想

孩子们的生活为"率性"提供了土壤和生存条件，他们的初级概念、"率性"的原始冲动，都是建立在儿童生活的基础上的。面对学生们日常遇到的问题，我经常引导他们有逻辑地分析问题，帮助他们发现并获得生活中各种事物之间的联系。例如，学生们常常对高和矮、长与短、大与小等概念产生兴趣。我就通过实物比较，让他们认知高矮、长短、大小。然后进一步追问他们："在什么情况下，高的也可以变成矮的，长的也可以变成短的呢？"在整个探究过程中，学生们获得了宝贵的生活经验，而且他们的逻辑能力还得到了锻炼，他们体验了思考过程带来的乐趣。

孩子们具有求知本能，对幼儿进行"率性"教育，其意义在于培养幼儿思维能力和问题解决能力。因而，"率性"并不是为了追求在幼儿园课程中通过设置独立课程学习"率性"本身，而是贵在以孩子们感兴趣的形式激发他们探索的欲望，解放幼儿思想，在潜移默化中让学生们养成运用"率性"思维解决生活中困惑的习惯，从而让学生们获益终生。

率性教育伴我行

中九班　韩冰

"率性"，顺着本性，索性；"教育"，教导启发，使明白道理。率性教育在我看来就像两个人，率性是孩子，教育是老师。

随着社会的进步，教育水平也不断地提高，"不要输在起跑线上"的教育理念在每一个家长心里落地生根，他们期望自己的孩子从小就受到好的教育，把对未来美好生活的期盼也都寄托到孩子身上。那么，什么样的教育才是好的教育？好的教育又能给幼儿带来什么？在好的教育中作为教师的我们又将充当什么样的角色呢？

率性是孩子。孩子的本性就是天真烂漫的。

叶圣陶先生说过："教育是农业，而不是工业。"每个幼儿的成长如同不同植物的生长，因地域、气候以及自然条件等的不同，而出现千姿百态的生长和发展态势。每一个幼儿都是一个独立的个体，在沿着相似进程发展的过程中，各自的发展速度和到达某一水平的时间完全不同。所以一定不要用固定模式和设定好的标尺去衡量幼儿。尊重幼儿的个体差异。例如老年人 70 岁和 80 岁的差距并不会很大，但是在婴幼儿时期，两个月就会差距很大。我所带的是幼儿园中班的孩子，班里孩子的年纪在四岁半到五岁半之间，有一个女孩子却刚满四岁，虽然她在思维能力和语言能力上跟其他孩子差不太多，但是动手能力却天冠地屦，每到美术课、手工课的时候很明显地就会看出她比其他孩子要小很多。

"××小朋友，你怎么又把鞋穿反啦，快换过来。""××宝贝，怎么总把衣服穿反？"我想从事过幼儿教育的老师肯定说过无数次这样的话，尽管说过无数次，但是在同一个幼儿身上还会发生无数次这样的问题。真是应了"错了再改，改了再犯"这句玩笑话了。可是当我们冷静下来想一下，为什么我们跟他强调了无数次的问题还是记不住呢？还是孩子根本就不想记？例如一个孩子他的室内鞋总是穿反，穿反鞋的概率超过90％，室外鞋穿反的概率却很小，老师们看见了都会提醒他把鞋换过来。一天我又发现他穿反鞋，我没有像之前一样提醒他换过来，而是问他："宝贝，你的鞋这样穿舒服吗？"他点了点头没出声，我又说："你的鞋穿反了，你知道吗？"他低头看了看，然后把鞋脱了下来，这时我发现他的鞋跟他的脚不成正比，鞋子又肥又大，我瞬间明白了孩子为什么要穿反鞋，因为又肥又大的鞋只有穿反了才会舒服。作为教师的我真的很庆幸孩子当时没有问我为什么鞋子一定要正着穿。所以说每一个孩子都有自己的认知能力。

每个幼儿都有对美好事物的向往，对东西的占有欲，这都是幼儿的本性，尤其在当今社会家里多为独生子女，最多也就两个孩子，无论家庭条件如何都会给孩子创造最好的条件，把一切好的东西给孩子，这也无形中让孩子的占有欲不断膨胀，但是幼儿园不是家里，幼儿自己又会怎样避其锋芒，处理好自己的本性呢？例如一天区域活动时，有6个小朋友玩区域里的纸壳车模型，但是只有5个车模，就发生了两个小朋友抢一个车模的情况，我没有急着过去，而是观察他们的做法。一个孩子说："咱俩都在里面谁都不能玩呀，你出去吧。"另一个孩子还是没动，也没说话，他见另一个孩子没动又说："那我让你先当领导，当警察叔叔指挥交通，一会儿再换过来。"另一个孩子听了欣然同意，去当警察了。事后我想了一下，如果我当时毅然决然地阻止了他们的争吵又会是怎样的结局。

教师的职责是引、是听、是看。

在我们这代人的印象中我们的老师就是标杆，他说的每一句话都是"真理"，我们必须铭记在心，而且不容推翻。也许这样的孩子学习考试都是非常优秀的，但是独立思考和创造力却鞭长莫及。因为幼儿涉世不深，好奇心特别强，幼儿的思维特点又是以具体的思维形象为主，只有对直接感知的，亲身体验的，实际操作的事物有较深的认知和理解。例如一位教师在给孩子上一节《绽放的烟花》科学实验课，是在装有牛奶的盘子里滴上各种颜色的色素，然后利用洗洁精的活分因子，让色素不断产生变化，看起来像放烟花，孩子们都做得很投入，很成功。这时候一个声音突然响起来："老师你快看，牛奶像海浪一样翻滚。"一句话震惊了在场的每一位教师，这是所有教师没有想到的答案。教师表扬了这个孩子，又问其他孩子有没有别的意见。其实对于教师而言把课引出来就已经成功了，其他的就可以交给孩子们了，把课堂还给孩子们，不要将孩子们的想象力和创造力的萌芽扼杀在摇篮里。

都说对待幼儿要有足够的耐心，那么无论是作为教师或者家长你是否倾听过孩子的话 10 分钟不打断。在日本作家黑柳彻子的《窗边的小豆豆》一书中，校长倾听小豆豆整整 4 小时的讲话，并且中途没有打断，这件事给小豆豆的人生影响很大。在我们生活中也会有很多这样的孩子，他们会喋喋不休地跟你讲述他的各种见闻，这时你是不是会没有耐心听他讲完或者敷衍了事？其实他们说的不见得都是没有根据的。例如，一天我看孩子在厨房喝水，一个孩子就跟我说起了他周末去当当城的事，什么要先买卡然后充钱才能玩，什么 3 岁以下的孩子好多不能玩，等等，当时我真的没有当回事，一个四五岁的孩子懂什么呀。过了一周，周末我带着我的孩子也去玩了，结果很多事情都和他说的相互印证。由此可见多倾听孩子们的心声，了解孩子，让孩子丰富自己的想象力和表现力是多么重要。

率性教育就是教师保护引导着孩子们的天性和个性，使孩子开心快乐地度过美好的童年，尽情地释放自我、展示自我。

"率性教育"理念下之我的改变

中信校区　王文斌

"率性教育"的理念是我校于伟校长提出的。最初，我对"率性"的理解是：附小的孩子都比较个性，那么就让他们的个性持续下去，这就是"率性"。可是，经过几年的熏陶，于校长多次讲座与研讨，使我感觉当时的理解太过于片面，还缺少深刻的思考。

如今，再次静下来思考这个问题：何谓"率性"？于校长多次讲："率性就是遵循人的本性，遵循人，特别是儿童的身心发展的特点。""率性教育"的核心同样可以概括为三句话：第一是保护天性，源于"天命之谓性"；第二是尊重个性，尊重差异，打破完美主义，少搞一刀切；第三是培养社会性，培养学生的基本文化素养，培养规则意识、责任意识、自主观念和合作精神，为将来成为一名合格的公民奠定基础。

当反复阅读校长对率性教育理念内涵的解释时，当每天都面对自己孩子的问题时，当日日都在经历学生的教育教学实践时，具有教师和妈妈双重身份的我，就开始有了不一样的思考与感受。

第一重改变：换位思考

尊重个性，在"率性教育"中占有非常重要的位置，优势的教育就是尊重个性的教育。在我的音乐教室，凳子的摆放方式，我总会进行改变，以此增加学生的趣味。有时会中规中矩，有时会围成圆圈，身边的小伙伴甚至可以自己挑选。之前我会按照我喜欢的方式，适合教室的风格去改变，会注重是否好看，风格如何。现在除了思考这些，我在摆放完凳子后，会坐在每个小凳上，像学生一样坐在那儿感受，是否能够看清黑板，前面的同学是否遮挡了后面，我需要用多大的音量，学生们才能够听得清晰。

换位思考不单单是换着座位来思考学生这般简单。每个孩子都是一个家庭生命的延续。当每个父母将孩子送入学校，交至教师手中时，教师们将陪伴他们学习、生活。

以前的我是个完美主义者，上课要求比较严格，但设想孩子一天6节课，每个教师都如此要求，孩子真的很累。哪里有压抑，哪里就有反抗。于是有一天，一个男孩就开始挑战我了。你不让说话，我偏说，你不让我的竖笛随便发出声音，我偏乱吹。一开始，我很生气，这不是挑战教师的权威吗？以前的我会坚决地批评他，并且很生气。但这次我冷静下来，问清他如此做的缘由，原来是这两天家中有事，他心情不好，他说每天那么多课，本想着音乐课可以释放一下，结果同样要求严格。好吧，我喜欢你的"释放"一词。了解他的心理活动后，我也反思了我的课堂，从孩子的角度去分析，使事情简单化，才是最好的解决方式。

第二重改变：等待

于校长希望小学教育能打破完美主义，给孩子足够的等待。每个孩子都不是完美的，如果以完美主义来要求孩子，孩子就难以拥有幸福感。有些孩子在行为上表现出的迟缓和抵抗未必是故意为之，而是天性使然。

"你不管怎么说他都没用，他就是记不住。""孩子写字写歪了，走路不规矩，不好好朗读课文，为啥不能给孩子改正的时间，为啥要这么着急？"

原来不觉得这段话对我有多大触动，总觉得学生有聪明与不聪明的，上课学不会的就多练呗，练练就会了。直到身为妈妈，我的孩子也上学了，真实地感到孩子和母亲的幸福感全无，每天鸡飞狗跳。身为教师，总是能够看到很多优秀的孩子，也总是希望所有的孩子都是优秀的，自己的孩子也是如此。可是每个学生都有自己的花期，每个孩子开花的时期都各有不同，于是总是想统一花期的我在经历了一些"痛苦"后，终于明白，那是天性之不同，不可强求，唯有等待，静待花开，一切也都变得美好了。

第三重改变："主演"变"配角"

总是无法估量孩子们的能力，他们总有一些时候展现的能力让我们惊讶。学知识比我快，背东西比我快、牢固，他们看的书籍范围之广，现在的我都自叹不如。我们的学校就在这样的理念下，给了他们机会和施展才华的舞台。孩子们愿意动、愿意说、愿意写，那就让他们做自己喜欢的事情。

我的课堂就是在这样的理念下，悄悄地发生着改变。不再是一个乐句一个乐句地教，不再是不会的地方反复地练习。现在的课堂有了很多小工具来帮助学生们自主学习，例如，我会针对每个新学习的音符，出一张带图的学习卡片，学生们一看简单明了，一旦自己学会的知识，反倒记得特别牢，不容易忘。每一首新乐曲，我会出一张评价卡片，根据知识点进行学习，孩子们拿到评价卡片，首先对知识点进行归纳和分类，然后可以拿着卡片自行学习。而我需要做的就是给孩子们提供必要的帮助及自主学习的小"工具"，我不再啰里啰唆地讲解，只把知识点讲到位，把课堂还给孩子们，他们有了自由、自主的空间，还给我的是一段优美的音乐。

让我觉得孩子们就应该是课堂中的"主角"，天生的表演家，是源于一次音乐课。为了调动孩子们的表现力及团体协作能力，我设计了一个单元"乌鸦与狐狸"，不再是单纯地学唱歌曲，还要表演音乐剧。说到表演，孩子们似乎无师自通，看着他们的排练，看着他们自制的道具，我发现了许多优秀的"小导演""小剧务""小影帝""小影后"。那表情，那动作设计得那么完美。让我印象最深的是一个小男孩，他是一个多么淘气的孩子啊！平时上课着实让人头疼，可是当我看到他做的道具时，我惊诧了，一开始，我没看出来他做的是什么，一问，哈哈，是"乌鸦嘴"，真有想法。只见他（乌鸦），蹲在树杈上（板凳），嘴（自制乌鸦嘴）里叼着一块肉（笔），开始表演。在这样欢乐的课堂上，一群"艺术家"就诞生了。

在这样率性的理念下，有这样率性的学校，率性的孩子，率性的教师，附小的孩子们怎能不快乐地成长？我喜欢看他们天真的笑脸，喜欢看到他们的点滴进步，更加期盼着孩子们的无限精彩！

人定顺天
——语文教学中的率性之教
孙 劼

"人定胜天"一词相信对于很多人来说都并不陌生，追根溯源可至荀子的智慧光芒——"制天命而用之"，原本用于发展生产力征服自然的论断，随着时代的发展也在发生着运用上的曲解。于是我们有了"小树不修难成才"的隐喻，有了"天生好动，需严加管教"的嘱托，有了"哪有那么多的为什么"的指责。但这样的"大行其道""逆天而行"的教育观点背后，体现出的是对儿童天性认知的不足与对学校教育目的的偏颇臆想。刻板下的画卷难见妙笔，"胜天"中的孩子鲜有生机。随着时代的发展进步，以克制天性为内核的教育认知早已难负重任，而顺应天性的教育思想才是人心所向。率性教育也正值此时应运而生。

"天命之谓性，率性之谓道，修道之谓教"是《中庸》的开篇要义，也是我校"率性教育"的理论基础。于伟校长根据"性、道、教"的关系，提出了现代教育的意义转化——"保护天性，尊重个性，培养社会性"。其中的"天性"即是对"天命"的转化。康有为认为：人，非人能为，天所生也。性者，生之质也，禀与天气以为生命，非传于父母以为体魄者，故本之于天。可见天命不可违，天性亦不可违。既不可违，只当率性而育，循性施教。那么何为"天性"，如何"率性"，便是我们需要思考的重要问题。

于伟校长认为：儿童的天性，即儿童"性之自然趋势"。儿童天生愿意探究、愿意想象、好问、好动、爱学习、喜创造。① 对儿童天性的保护，是学生更好发展的保证。但是对于处于儿童时期的小

---

① 于伟：《"率性教育"：构建与探索》，载《教育研究》，2017(5)。

学生而言，还存在着许多相辅相成的特点。例如这个时期好奇心强，而且富于尝试的意愿，喜欢和同龄人交换知识，但又不能舍弃对亲长的依赖和恋慕。这是发现兴趣的时期，对所爱好的似有热情，但却情感脆弱：能证实热情之所寄不误，则兴趣提高，但一遇挫折，也可能变成终生的厌恶。此时，需要正确的指导和启发，更需要对其尝试进行鼓励。① 可见对儿童天性的保护不只是顺其发展的放任自流，而应是悉心有加的"豫时孙摩"。

诗意与想象齐飞

孩子愿意想象是天性使然，想象能力的培养更是基础思维教育的要点。② 但想象力并不是教师教出来的，而是通过具体的情境生发而来的。因此教师需要做的就是创造出恰当的情境，并对想象力进行正向的引导。正如我所执教的"写给自然的诗"这一单元的第四、五课时：首先，带领学生们将《秋天来了》《我们去听秋的声音》等四首"写给自然的诗"，按照"真实"与"不真实"进行分类，即对"写实"与"想象"的区分，之后引导孩子们再读"写实"与"想象"的部分，借他人想象，推己之想象，在理性的剥离后遇见感性的浪漫。不仅如此，正是对二者进行类比后更易寻找二者之间的联系，当我将自然景物的图片呈现于屏幕之上时，同学们自然发现：想象源于实际，始于观察。在这样的教学中，孩子们不仅体会了借由文字传递出的想象魅力，更懂得想象的"前世今生"。"不学博依，不能安诗"，当单元课程结束时，每个孩子都拥有了属于自己的"小诗"，简洁的文字里述说的是孩子们天性中的天马行空。相信随着不断训练与学习，学生自会细心观察，留心生活，关注事物之间的联系，促进基础思维能力的提升。这一切的起点，正是以天性定教。

---

① 贾馥茗：《教育的本质》，北京，北京联合出版公司，2016。
② 史宁中：《试论教育的本原》，载《教育研究》，2009(8)。

好问者亦做善问者

　　好问，源于学生在这一时期强烈的好奇心，是学生探究与学习的动力。我们常能看见在课堂中，当教师要求学生根据课文内容进行自主提问时，学生表现出的积极与主动——问题层出不穷。在我们惊叹于学生问题横向范围之广的同时，也不难发现很多学生的问题在纵向上深度之浅。此时便需要教师引导学生提出更多有深度、有研究价值的问题。例如在执教《池上》这一古诗时，在学生了解诗意之后，为了加深学生理解，体会作者炼字之妙，我带领学生运用提问式阅读策略进行后续学习。很多同学思绪敏捷，略加思考后，便提出一连串的问题："小娃回家是否挨打了？白莲是否好吃？为什么不抓鱼？小娃的妈妈是否发现了小娃的秘密？……"学生们费尽心思却不得要领，此时便需要教师示范，带领学生将思绪向更深处漫溯。于是，我提出了新的问题：白居易为什么说这个小娃是"偷"采白莲回？学生们听到问题后，方才热闹的景象，霎时安静了下来，面面相觑后，便是一阵纸张间的摩擦之声。当学生们再次举手之时，已在文字间重走过一回，一言一答间已不再是离题万里。

　　有些教师认为提问并不用教，其实不然，对于儿童而言，好问有很重的猎奇意味。因此学生在简略思考后，常会提出以"是什么"为提问词的问题，对于这样的问题解决起来相对较容易，适用于对课文字词障碍的解决。更深层的问题应是以"为什么""怎么样"为提问词的问题。这样的问题更有助于学生思维上的训练，适用于对课文内容上的理解。因此对于学生的问题除了深度引导之外，还应教导学生学会"因地制宜""随机应变"地问。好问更要善问。好问是我们的教学之端，而善问才是我们的教学所指。

好之者不如乐之者

　　明代思想家王阳明指出："大抵童子之情，乐嬉游而惮拘检，如草木之始萌芽，舒畅之则条达，摧挠之则衰痿。"可见儿童天性中对游戏与玩具的钟爱。因此在教学中突出一个"趣"字便显得尤为珍贵。在我所执教的"写给自然的诗"大单元的第一课中，导课便借助谜语激趣。在丰富材料的过程中，我提供《全世界有多少人》《笑了》《土拨鼠》三首现代诗，但在呈现方式上不是直接提供材料，而是以一种预测式的提问形式，让学生进行学习，在学生经历"顺理成章"的同时感受哲理诗"意料之外"的惊喜，进而达成激趣的效果。在以往的教学中教师的"激趣导入"关注的重点还是落在"导入"上，而并没有关注到"趣"，没有思考过学生的"趣"在哪。学生们的天性就是好奇心强，喜欢听故事，这样的预测式的启发正是迎合了学生似听故事般的心理期待，进而激发学生的好奇心，达成激趣的目标。

孩子们喜爱游戏与玩具，不仅因为它们能带来精神上的愉悦，也是因为在操作时能带来躯体上的解放。可是对于抽象，相对静态的文字符号而言，如何让文字从纸张上走出来，满足学生操作的需求便成了一个难题。想要破解，教具的开发与文本材料的处理是关键。例如在"写给自然的诗"这一单元中，在材料呈现上，我们提供了四种范例：板书、卡片、大课文、磁力白板。教具的使用促成了抽象文字的具象化需求。而对素材的处理则需满足直观的动态操作，还记得在执教《我从山里回》一课时，我首先带领学生借助磁力白板将个人发现的，文章中作者所写的内容梳理了出来，并粘贴在黑板上；之后，指名数位同学随机进行排列并阐述理由。在不断地交流与讨论后，不仅品析出了作者所写意象背后想要表达的情感，还明确了本诗的分节理由。每当看到学生们课后满足又充满喜悦的笑容，我不禁感叹：好看的课堂千篇一律，率性的学习万里挑一。

钟启泉先生曾说："在'应试教育'的背景下，我国的课堂教学及其研究归根结底不过是聚焦碎片化的'知识点'教学而已，往往'目中无人'。"①一语道出我国教育、教学中的问题。学生是课堂学

---

① 钟启泉：《读懂课堂》，上海，华东师范大学出版社，2015。

习的主体，对其天性的保护，经过严谨的理论推断与课堂教学的躬亲践行，已得到同仁们的广泛认同。对于我个人而言，正是在率性教育理念的指引下，我开始重新审视学生个体，关注学生的自然天性，拓宽了我的循性、修道之路。

我欣喜地发现无论孩子、家长还是教师都对率性教育理念抱有极高的期望。从反馈中我们可以看到，家长和教师已经厌倦了传统教育对孩子的束缚，他们急切地想要找到一种方法，将孩子从繁重的学业中解放出来，让孩子将学习看作一件快乐的事情。率性教育理念一定程度上符合家长和教师的这种期望，因此当率性教育提出之后，他们积极响应，从日常生活中发掘以前被忽略的孩子的价值。他们更加理解孩子的想法，更加珍视孩子的朝气，更加欣赏孩子的纯真，更加赞叹孩子的力量。在这个过程中，得到善待和理解的不仅是孩子，更是他们自己。

附　录

附录一　顾明远：让懂教育的学者办教育

教育是有规律的，要按照规律来办教育。因此，我个人一直都比较坚持让懂得教育的人来办学，这样的校长才能按照教育规律办教育，不会出现反教育行为。我过去曾在《让懂得教育的教育家办学》一文中指出过，目前教育工作者大致分为两种：一种是教育实践工作者，他们辛勤工作在第一线，但很少有理论的创新；另一种是教育理论工作者，他们一般具有系统的教育理论，但很少参与教育实践，所以他们的理论往往不能有效地影响教育实践。这两种人都有不足之处。这几年来有了许多进步，一批高校的教育理论工作者开始走向基层、走向学校，和学校的教师共同开展研究；许多中小学教师也开始学习教育理论，开展教育研究。

从我国小学校长的实际情况来讲，大多产生于教学一线，从优秀教师中选拔为校长。他们积累了丰富的教育经验，经过几年锻炼，成为既有自己的教育思想，又有自己教育风格的好校长。近些年来，一些师范院校为了理论联系实际，更好地为我国教育改革服务，从教授中遴选附属学校的校长。这是一项创举，东北师范大学带了一个头，20 世纪末就把留学日本的熊梅博士派作附属小学的校长。前几年又把原教育学部的部长于伟教授派去领导附属小学。这两位都不是等闲之辈，在附小开展了多种实验，取得丰硕成果。于伟教授担任校长以后开展了"率性教育"的教育研究。今天终于看到于伟校长的《率性教育的理论与实践探索》的佳作。

于伟是一名学者，是教育部"长江学者特聘教授"、博士生导师，学问做得好，在我国教育哲学研究领域有一定影响。从《率性教育的理论与实践探索》一书中可以看到，学者当校长，也会遇到不少困难，因为作为一名理论研究的学者走进小学教育实践的田野，将教育理论转化为教育教学实践成果不是一件容易的事情。

主要的困难一是"办出高水平难"。因为学者出身，大家对学者、教授自然有一种角色设定，总觉得学者、教授有先进的理念、理论指导的教育教学活动，应该体现出不同一般的水准。如果达不到心理预期，即使带领学校实现了发展，仍感觉水平还不够高。

二是"系统改革难"。一般的小学校长都会选择一个切入点实施改革。但学校的整体改革涉及方方面面，尤其是课程与教学改革，需要慢功夫，如果得不到教师、家长的认同，很难成功。

三是"理论转化难"。这是学者担任校长面临的最大挑战。这里的转化，包括角色转化、理论与实践的转化。角色转化，就不是写好文章，搞好研究就了事，而是要在许多事务中"拍板儿"，做决策。理论到实践转化更难，在小学实际中要考虑其实践的可行性、操作性，这是很困难的事情。因为"应然"是一回事，"实然"又是另一回事。

仔细品读了这本《率性教育的理论与实践探索》之后，我想于伟校长带领他的团队较好地解决了以上几方面困难。将学校办学理念深深根植于中国优秀文化传统之中是于伟校长智慧的选择，增强了全体教职员工的道路自信、理论自信、制度自信、文化自信，形成具有共同愿景的教育共同体。"率性教育"办学理念引领了包括课程与教学改革在内的学校系统变革，包括率性学校的建构、率性学生与率性教师形象的塑造、率性德育的探索。在率性教学探索中，"有过程的归纳教学"是当前小学课程与教学改革中一个大的突破。东北师范大学附属小学的探索给大家带来了新视角。"有过程的归纳教学"是实实在在的理论与实践创新。于伟校长和他的团队，用了短短四年的时间完成了从书斋到田野的转变。

可以说，"率性教育"之路是于伟和其带领的团队在田野中一步步"用脚踩出来"的。愿我国的小学教育中这种大学与小学的高水平联姻越来越多，愿懂教育的学者到小学去成功办学的校长越来越多。

2018 年 6 月 12 日

（本文系《率性教育的理论与实践探索》一书序言）

附录二 石中英：未来学校的一种样态

近些年来，经常听到或看到中小学校长提出的一些教育理念，总体感觉这些理念与改革举措文化底蕴不足、中国特色不鲜明。东北师范大学附属小学校长于伟提出的"率性教育"，则令人对基于本土文化的教育实践创新有了新的期冀。

于伟本身是一位教育理论家，他长期关注的研究领域就是"教育现代性的本土生长"。他几十年的学术梦想也是有志于突破教育改革的"文化偏见"，克服对国外教育尤其是西方教育理论亦步亦趋的痼疾。他主要聚焦研究的是三个基本问题：一是通过对现代性与教育的哲学研究，着重探究中国教育发展的"现代性境遇"；二是通过对教育现代化进程中的本土化教育理论与实践问题研究，着重阐明现代性中国教育理论与实践的"本土性自觉"；三是通过对以儿童与教师为本的"率性教育"研究，探索中国基础教育现代化的"本土化道路"。这三个基本研究中，前两个问题是理论研究，而后一个问题则着眼于将自己的理论研究成果应用于改进基础教育实践。

中国有悠久的教育文化传统、丰富的教育思想和独特的教育智慧，支撑着并引导着中华文明从一个时代走向另一个更加辉煌的时代。做好中国教育文化优秀传统的创造性转化工作，是实现教育现代化的一个重要前提。于伟提出并践行"率性教育"理念，就是这种创造性继承和发展的一个尝试。"率性教育"的思想源泉来自《中庸》，但它不是简单的"拿来主义"，也不是浮躁的"功利主义"，而是熔科学与人文、理论与实践、自然性与社会性、个性与共性于一炉的实践哲学。

东北师范大学附属小学提出和践行的"率性教育"，从一个独特的视角对未来学校的存在样态进行了大胆的想象。它基于现代生物学、脑科学、心理学、教育学等多学科研究最新成果，对其进行了小心的求证，抱有对解放儿童、发展儿童、成就儿童的坚定信念与价值担当。在该校，"率性教育"的理念已经生根开花，并结出五彩斑斓的果实，体现在课程、教学、教材、活动、评价、环境等方方面面。如今，保护天性、尊重个性、发展社会性，就像空气一样充盈在学校的每一个教育空间。

（原载于《中国教育报》2017 年 8 月 30 日）

附录三　反思与对话——小学语文学科寓言故事单元研讨实录

2019 年 4 月 27 日

于伟：

我们的团队已经开发了十几个单元的学习内容，这学期有几个单元正在开发，有的单元已经告一段落了。大家都不同程度地看了中外智慧故事以及中外寓言故事教学单元的设计、教学、说课等环节，智慧故事、寓言故事在整个基础教育阶段十分重要。今天下午我们把主创人员请来了，王廷波副校长是小学语文特级教师、正高级职称教师；艾庆华是校长助理、自由校区教学管理部主任，有 26 年的语文教育管理经验；丁嫄媛是教学团队核心成员。今天下午我们就相互交流和学习一下。

丁嫄媛（附小语文学科任课教师）：

课虽然是我上的，但其实我是演员，导演和编剧是于校长和王廷波副校长。我就是按照领导的思路把课呈现出来。我们三年级下学期进行的是"走进中国古代寓言故事"这个大单元的学习，这个大单元一共有 8 个课时，第一、二课时学习生字和生词，了解课文的大意，这部分跟以往的教学是完全不一样的，对于学生来说也是第一次尝试。以前的教课方式是"串联"，比如今天我们学习的《揠苗助长》，我们就把这一课读一读，学习生字，然后阐明寓意。第二天我们再讲第二篇课文《亡羊补牢》，第三天再讲第三篇《惊弓之鸟》。但是进行大单元教学时，王廷波副校长提出："既然是大单元，就需要有一种整合的思想，最好将这三篇课文统整起来进行学习。"

我们最后的课程安排是：第一、二课时读这三篇课文，学习这三篇课文里的生字、生词，保证学生能把它们读通顺、读明白，知道课文主要讲的是什么。

第三课时和第四课时让学生读《揠苗助长》《亡羊补牢》和《惊弓之鸟》这三篇寓言故事，然后问同学们：读完这三篇中国古代的寓言之后，你发现它们有什么相同的地方？学生就发现了一些相同点——题目都是 4

个字的、题目都是成语、每篇寓言都告诉我们一个道理、篇幅很短小、都是古代的流传下来的故事等。学生说了很多，然后老师根据学生说的，再根据老师自己提前做的预设，就可以给出相应的资源，从而促进学生更进一步确认他们的发现。

第五课时老师又提供给学生四篇寓言故事。当时我们给学生发了一本小册子，里面都是课外的中国古代寓言故事，包括《南辕北辙》《守株待兔》《塞翁失马》《鹬蚌相争，渔翁得利》。学生阅读后，老师提出一个中心的问题——这四篇寓言故事，与课文的三篇故事相比，有什么不一样的地方？学生发现：原来寓言的题目也不光是 4 个字的，还有 8 个字的，如《鹬蚌相争，渔翁得利》，主人公也不光是人还有动物。学生用了三个课时发现了中国古代寓言的特点。

第六课时和第七课时就是让学生发现寓言有什么作用。老师给出阅读材料，阅读材料是教材中这三篇课文的出处，比如，孟子《揠苗助长》这个寓言故事是怎么来的，《亡羊补牢》的出处，等等。老师把这些寓言故事的前因后果给学生找出来，让学生读，学生阅读之后发现我们中国的寓言故事原来是这个样子的：都有一个开头，还有一个结尾。至于课外的五篇寓言故事，老师就让学生们回家去找，找完之后把资料带到学校来讲，课堂上大家交流所找的故事。交流之后，大家就发现，原来在中国的寓言故事中，作者不是为了讲故事而讲故事，一般都是用来劝告或者是用来讽刺的。接下来老师就请同学们归纳一下："我们已经学了七节课了，那你们知不知道什么是寓言呢？"有学生说："寓言就是一个非常简短的故事，它有道理，它能够起到劝诫或者讽刺的作用，这就是寓言。"这个结论，不是老师告诉的，也不是查字典得到的，而是学生逐渐感受，总结、归纳出来的。

第八个课时开始尝试运用寓言。老师先给出一个小例文，为寓言创设情境，然后让学生当堂创作，儿童的作品很有趣。我记得我们班一位学生创作了《都是钢笔惹的祸》，这个故事特别符合小孩的生活。学生通过运用寓言故事，发现中国的寓言都已经很古老了，但是，为什么 2000 多年来寓言能一代一代地流传下来呢？就是因为它非常有道理，无论是在古时候还是在现代，都有出现这样情形的人，而寓言恰恰就能够起到警示的作用，所以寓言就这样一代一代地流传了下来。以上就是我们三年级下学期"走进中国古代寓言故事"的大单元的教学课时设计。

我们这学期进行外国寓言的教学，一开始我们的定位是让小孩知道外国寓言有什么特点，它和中国寓言有什么不一样。通过阅读中外寓言，让学生进行二者的比较，进一步使儿童认识到寓言这种文体的独特性。在指导备课的时候，王廷波副校长说："寓言的独特性，小孩在三年级的时候已经掌握得挺好了，所以，这方面就不应该作为你们这个学期教学开发的重点，你们应该把落脚点放在中外寓言有什么不一样，为什么会不一样上。"王校长说得特别有道理，因此我们赶紧调整了教学框架，教学主题确定为"中外寓言故事对比研究"，一共有七个课时。

第一个课时是单元的起始课——回顾学生三年级的时候学习中国古代寓言的经历，请学生们谈一谈当时的学习收获。老师又让学生猜一猜外国有没有寓言故事。学生说外国也有寓言故事，也读过一些外国的寓言故事，这个环节是让学生畅谈自己的阅读经验，然后老师又帮同学们梳理了一下外国寓言的发展历程，为接下来的教学做铺垫，这是单元起始课的任务。

第二课时和第三课时是阅读学习材料——外国寓言故事。我们这次找了八篇外国寓言，包括二年级学过的《狼和小羊》，在二年级的时候小孩仅仅感觉到狼很凶残，羊很可怜，不管这个羊怎么辩解，狼都把它吃了，这是二年级学生的认识。现在学生已经四年级，他们的认识发展了，这个故事又是伊索寓言中讽刺性极强的一篇，它对儿童理解伊索寓言有很重要的作用，所以我们就又选了这个经典的寓言故事。还有《爱美的梅花鹿》，这是语文课本中的一篇课文，剩下的几篇也都是比较具有代表性的。我们不光聚焦于伊索寓言，还关注到克雷洛夫寓言、托尔斯泰寓言及拉封丹寓言等。学生阅读后就发现外国寓言也有一些特点，比如它的题目很多都带有动物，像《狼和小羊》《爱美的梅花鹿》《农夫和云雀》及《鹿和葡萄》等。寓言的主人公主要是动物，道理一般都是在原文的末尾，而且作者直接说出这个故事说明了什么道理。外国寓言故事的篇幅也很短小，都是独立成篇的。在很古老的时候，外国就已经有寓言故事集了，而中国直到柳宗元的时候才有独立成篇的寓言，之前它都是存在于一个大的文章中的。① 第二、三课时的教学目标是发现外国寓言的特点。

第四课时和第五课时是对比中外寓言故事有什么相同之处和不同之处。老师着重讲一些不一样的地方，比如题目上的不一样、主人公的不一样及叙述风格、呈现方式、寓意出现的不一样。

第六课时和第七课时就是我周四上的这节公开课，初步探讨中外寓言故事为什么不一样。课堂上总结出三点。一是作者的身份不一样，成长经历不一样。中国的作者一般是学者、大臣，而伊索则当过奴隶，他们的身份不同，创作的目的也不同。中国的寓言主要是为了劝谏君王，让君王能够采纳自己的主张。伊索的寓言有的是对生活经验的总结，还有就是对奴隶主残暴统治的讽刺。二是倾听的对象不一样。中国的寓言故事几乎是国君来听，外国寓言主要是伊索讲给他的同伴，包括奴隶，也包括他获得自由之后的平民朋友。三是它的文明类型不一样。中国以农耕文明为主，而古希腊恰恰相反，它是典型的海洋文明，不同的文明造成了人们不同的思维方式，不同的思维方式又反映在了文学作品中。

王廷波（附小副校长）：

我认为丁嫄媛设计的几个环节，显示出她有比较独特的思考。比如说有一个教学环节，当谈到伊索身份的时候，老师追问：小羊代表什么？狼代表什么？这个细节我觉得挖掘得既深入又恰到好处。老师一提到伊索的身份，学生一下子就豁然开朗，如果老师不提身份这一细节，学生可能不会有那么强烈的感受。

---

① 陈蒲清：《中国古代寓言史》，188 页，长沙，湖南教育出版社，1983。

艾庆华（附小校长助理）：

丁老师刚才说的这些，如果没听课的人会觉得教学内容怎么那么难。因为这里面既有文化的东西，又有文体的东西，非常硬，像压缩饼干一样咬不动。那你在上课的过程当中，怎么把它转化成学生可学的东西呢？课的内容易于学生思考和操作，大家听了之后都很兴奋。为什么兴奋？不是因为老师设计得好，是因为学生学得非常有效，还愿意学，这就是所谓有兴趣，这一部分是值得交流的。

于伟：

我听了你的这几节课，特别到最后第六、七课时，涉及原因分析的时候，我和廷波都觉得，这节课的一些环节已经达到了初中甚至高中学生要求的程度，涉及政治、经济、文化，包括地理条件这些方面对文学作品的影响。到这个层面显然就不仅仅是小学的教学内容了，但是孩子们并不觉得非常难，因为老师对学生学材（学习材料）的功夫下得比较多，材料找得比较适合。尽管难，但是梯子搭得好，有的学生说得非常清楚，可以看出学材对于学生更好地理解所学知识起到了关键作用。

丁嫄媛：

因为这个大单元是校本研发的内容，所以没有现成的学材，要靠老师自己去搜集材料，去粗取精，编写创造。

于伟：

我记得你给孩子们提供了两张图，一个是战国七雄图，一个是古希腊地图，里面的文字也都是经过精心选择的。乍一看可能没有什么，仔细读里边有奥妙。

丁嫄媛：

这个材料是我自己编写的，大概花了一两个星期的时间。我希望学生通过阅读这个材料，能够知道中外寓言故事为什么不同，至少能找出一两点原因来。老师也不能有太高的期望，让学生一下子就可以找到很多，或者说得很透彻，但是起码要让他们有这样的一种认识。在给学生的学习提示里面，我也是从这个方面去引导他们的。

　　因为学习提示很简单，就是阅读材料，然后用笔记录下导致中外寓言不同的原因。但是在下面的学习提示中，我给出了一些引导性的句子，比如说讲故事的人有什么不一样，听故事的有什么不一样，国家状况有什么不一样。这样，学生在读材料的时候，就会关注到老师给的提示，虽然他们不一定能解释得非常深，但是他们会有意识地去提取信息。

　　但是这里面有一个脱节的问题，就是国家的地理情况为什么会影响文学作品。这个是他们不知道的。在学材里面，我也没有办法给他们讲清楚，但是在自学的时候学生会猜测，比如我们班有一个学生，他解释得非常有趣："因为古希腊沿海，海里的动物很多，所以古希腊的故事以动物为主；中国田地多，没有那么多动物，就以人为主。"其实他猜得也不是很准确，所以我说："那你看伊索寓言里面是海洋动物多还是陆地动物多？"

　　就在学生愤悱之时，我给他们展示了几幅岩画，有非洲的，有印度的，有中国的，也有欧洲的。这样学生就明白了，世界各地的先民们，在最开始的生活中都离不开动物。我给出岩画的目的，就是让学生知道一万年甚至两万年之前，人类是怎样生活的。但是由于我们中国的中原地区地理环境好，那里的祖先弄明白怎么种田了，就不出去狩猎了，还学会了养牲畜，想吃肉的时候宰杀就行了，过上了农耕的生活，这样人与动物就离得越来越远，祖先们的关注点逐步聚焦在了人的身上。而西方国家可能由于地形的不合适或者是什么原因，农耕不像我们那么发达。

　　于伟：

　　课上这个点给我留下了深刻印象，为什么要用狼和羊来写寓言故事？孩子们说："伊索不敢直接说，如果说了，他就没命了。"

　　王廷波：

　　寓言故事、童话故事、神话故事在小学的教材里是很重要的一个板块。这类故事看似是幻想的，虚幻的，但其实是写实性的。这类故事的比重比较大。如何找到这类文本教学的规律值得我们探索。

这几年语文学科开发了几个单元，包括丁老师给三年级上过的《神笔马良》。课上归纳概括出中国民间故事的叙事特点：都有一个好人，都有一个坏蛋，都有一个神仙，神仙都有一个好宝贝，神仙赋予这个宝贝一种超能力并且把宝贝给了好人，好人拿这个宝物惩恶扬善。中国民间故事的叙事框架和叙事规律大体都是这样的。通过有限的学习和学生一起归纳出一类文章的特点，这个也就是于校长提出来的"有过程的归纳教学"。

语文教学主要包括中小学语文教学、大学语文教学。大学主要讲文体和文学的赏析。对于中小学的语文教学，叶圣陶谈到"少慢差费"的问题。语文教育界"三老"——张志公、叶圣陶、吕叔湘这三位老先生提到为什么"少慢差费"的痼疾很难医治好，其中一个很重要的原因是，中小学语文教学分析内容的多，但分析表达的少；分析课文讲什么的多，分析为什么这么讲的少。再进一步说，研究"是什么"的多，研究"为什么"和"怎么样"的少，这是一个问题。

还有一个问题就是我们现在都倡导引导小孩的"海量阅读"，这是对的。但是"海量阅读"的背后，学语文最后的目的是什么？海量阅读可以提升阅读和鉴赏的能力和水平，增长知识，但是教师对小孩子有无指导、牵引，这个很关键。为什么我们长期说读得多，写得少？这跟中国传统语文教学的特点，也就是"重阅读、轻习作、轻表达"的特点就有关了。如果我们翻阅教材，就会发现一本教材有30多篇课文，但是表达和习作才8个，一个单元才1个，练得远远不够，这叫"君子动口不动手"，这是对小学语文传统教学最好的诠释，我们总是要求学生读，一到写的时候学生就不行了。

丁媛媛老师他们的"中外寓言故事对比研究"值得我们认真总结和反思。这里面值得反思的东西很多，其中核心的是如何比较好地给教材定位，教材要达到的教学目标到底是什么。这是很重要的。一旦这个目标和方向错了，怎么做都是事倍功半，甚至适得其反。我记得我十几年前在教学一线的时候，我肯定没有丁媛媛他们这个团队讲得这么好，因为那时候对教学的理解，对教学改革思路的理解还不清晰。那时候就是咬文嚼字，寓言读完之后，让学生理解一下这个寓言反映什么样的哲理，讥讽什么、弘扬什么，仅此而已。一般优秀的老师能达到这一步就不错了，但是我觉得丁媛媛老师的这个课远远高于我们的预期。她已经追溯到寓言故事产生的文化背景和文化土壤，甚至跨越了中外民族的鸿沟。如果不对中国寓言故事进行单元的探讨，我们讲多少年也不知道中国寓言故事为什么这么讲，中国寓言故事会有什么样的规律。外国寓言也是一样的，伊索为什么要这么讲，克雷洛夫为什么这么讲，一定是因为其有民族的宏大背景来支撑，或者有作品产生的历史渊源。

伊索为什么这么讲故事？因为他曾是一个奴隶，他接触到的都是现实生活中他能触碰到的，还有一个就是他要考虑到他的受用群体，他讲故事给同伴听，所以只能讲猪狗羊等。这给四年级孩子的信号是，任何一类文章的创作，都是有道理、有过程、有根源的。这里提到了有道理，是指伊索这么讲故事一定是有道理的，这七八个课时让学生明白了这个道理，将来学生升到初中、高中遇到类似这样的或者不类似的文本，他们也会往这个方向思考，包括于校长听过的，"边塞诗"为什么这么写，"送别诗"为什么这么写，都是一个"类"的特征，这非常重要。

原来我也担心，丁媛媛老师他们也担心的是：第一，这毕竟不是大学的文学鉴赏课，这样讲会不会太抽象，远离文本、远离小学生的现实生活？第二，这个单元是不是太难了，抽取出来的结论跟语文的关联有多少？事实证明，他们做得非常好，学生对文本理解得深刻，体现了高思维阶梯的学习，也体现了核心素养。语文学习的目的除了文化传承、审美之外，就是发展孩子的思维，引导孩子去思考问题。不管将来他们从不从事跟文字有关的工作，凡是他们经历学习生活的时候，读到一本书的时候，他们会想为什么作者这么讲，这种思维方式引导他们去思考其他的问题，这就是思维的迁移。

这个单元是有价值的，课时不是很多，容量却是很大的，学生接触到很多接近原点的东西。我们要给学生高级的学习、深度的学习，一定要给他们最有营养、最有价值的学习内容。这个单元的教学已经打破了低层次的、文章解析式的教学模式。附小教学这两年逐步在深度、高度、广度上都有发展和创造。

于伟：

课堂上有一处让我有点震撼。说到"身份"这块，丁老师转折得恰到好处。为什么写《狼与小羊》？狼意味着什么？小羊意味着什么？为什么以动物为主角？孩子紧接着给出回应。老师和学生说到"身份"，又说到什么是"奴隶"，这是一个"扣"，把这个"扣"解开了，主题、内容、内涵也就豁然开朗了。这种课可遇不可求，师生之间要有默契。

王廷波：

其实我们见证了这个班级孩子的成长。有一个孩子说到了"科举制度"，另一个孩子说："那时候哪有科举制度？"

于伟：

这一句话就暴露出这孩子至少有初二初三的水平。起码这个孩子懂一点儿中国教育史，知道科举制度是隋唐的。

丁嫄媛：

讲完寓言后，孩子就问："什么时候讲中国古代诗词？"我说："以后会有机会的。"

王廷波：

四年级的小学生就反映出未来的潜力，这样的孩子在附小经历六年丁老师的教学，到了初中，起码语文、历史、政治没问题，基本上已经形成系统化的知识。

这其实也反映出在"有过程的归纳教学"中，同学们一直在思考。我跟丁老师说，三年级学的是"中国寓言故事"（《守株待兔》《亡羊补牢》等），四年级涉及"外国寓言故事"，这是一个环环相扣的过程。三年级的课讲中国寓言故事，给孩子开启了一个崭新的领域，让孩子去初步探索中国寓言故事的规律。四年级的时候，在三年级的基础上，通过对比的方式，探讨外国寓言故事的特征，寻找中国寓言故事和外国寓言故事的相同点和不同点，最难得的是探讨它们为什么相同或不同。

……

老师课堂上呈现出来的学材，都是他们收集大量的资料所得。

于伟：

这是筛选材料的过程。从多少份材料中选择了这些？有哪些材料保留得比较多？又有哪些材料是经过哪些修改的？课堂上呈现的可能只是几分钟、一瞬间，但是背后老师做了很多功课。有的人可能就看到老师怎么讲了，没看到老师为什么这么讲，如何讲出来的。

王廷波：

从第一课时到第七课时，老师把每课时学生需要读的材料整合在一起，我们能看出老师的思想融于其中，学生学习的痕迹也融入其中，这个远远超过教材。

于伟：

我能看出这个单元的设计和整个教学设计都是花费了很多时间和精力的。比如学材的整理，老师需要反复酝酿、反复筛选。老师在孩子们学习的过程中，通过对孩子们的直觉、反应的观察与判断，做进一步调试，以符合孩子的需求。教师不仅要满足孩子的需要，还要引领孩子们的需要、引发需要。其实，"学材"就是老师引领、引发需要。这个单元开发可以作为博士论文的选题。我认为核心不是写"率性教育"，也不是写什么教学，而是通过这个单元来体现教学准备过程、教学实践过程，通过细节加以辨识。

我们这次探讨，也是一次头脑风暴。我们下一步的教学探索还要更加开放，还需要不断地完善，不断地发展和提升。你们几位研究生有什么需要进一步了解的可以提问，你们对我们来说是局外人，你们虽然听得少，但可能更敏感。

周凡（东北师范大学教育学部研究生）：

我直观的感受是周四听的那两节课，第一节课和第二节课的对比还是很强烈的，第一节课学生和老师的互动很流畅，反响很好，第二节课是由一个年轻老师执教的，老师和学生之间的互动有点尴尬。老师抛出的问题，学生没有及时地给予回应。我最近负责了一个教育评价的专题，发现年轻老师在课上用的否定评价比较多，如"这样不对"。学生如果没有按他的思路走，他就会否定学生。这会在一定程度上打压孩子的积极性。整体来看，第二节课孩子的积极性比较差。我在想，课程开发，一是对老师素养的要求会比较高，二是学生在课下准备的东西也会比较多，这样他们在课堂上才能有一个比较好的展现。像第二个课堂，孩子们可能准备得不够。单元教学对学生和老师的要求都会比较高，所以我觉得推行的话是不是会遇到很多困难？

艾庆华：

单元教学要求师生有共同的话题，没有这个前提，单元教学是不能进行下去的。上周我们进行"庄子寓言探秘"单元学习，一同听课的呼和浩特的校长就说，"跟这些学生探讨，我们像是幼儿园的小朋友，他们说的话我们听不懂。"因为到那节课为止，关于庄子寓言，有的学生已经读了54篇，最少的也读了20篇，所以学生和老师之间的对话，对于未读过庄子寓言的人来说，可能听都听不懂，因为没有相似的经验和基础。学生如果什么都不读，对这个主题没有积淀的话，是做不到的，这里面有内在动机的问题。年轻老师上公开课的前一天给学生棒棒糖，学生们就更有热情了，在第二天的公开课上都举手发言，但是过不了几分钟热情就减退了，因为真正持久的绝对不是热情。真正持久的，第一是课上的共鸣，如果存在认知冲突就非常好，就会不断地引发学生的思考；第二是新颖的原则，内容太新颖了学生也接受不了，但是内容要是太熟悉了，他们也觉得不新颖，所以老师给的东西都是适度新颖的。这两个是非常重要的。

丁嫄媛：

有人看了这个课的感觉是：这个班的学生怎么这么积极举手发言？这个老师是不是之前布置了预习的问题，让学生回家自己去查找？其实并没有。我们班有一个同学，周三的公开课上发言很精彩，我就跟他妈妈说："你儿子表现特别好，今天校长表扬他了。"家长就问我："老师，你明天讲什么，我预习一下？"我说："不用预习，早点休息，明天继续积极发言。"老师没有留什么预习题，就是在课堂上常规化地进行教学。

于伟：

附小的课是真实的，这个很重要。如果是事先重复练了几遍的，就打折扣了，所以好课要真实，不要排练。比如作业，第一次做和第二次做是不一样的，要做研究课，不要虚假的课，我们是在研究和研讨，这是附小很重要的一点。我听了800多节课了，一个重要收获就是我知道这课是真是假。这个很重要，就像看小孩画的画，一眼就能看出这画家长有没有帮忙，这需要长期的积累。所以我们今天为什么要花时间跟团队的主创人员在一起交流，因为它有价值，真实、朴实。

周凡：

但是这样的话，基础好的小孩能跟上，基础相对薄弱的小孩就可能落下了。这样会拉大差距。这两节课就让我们觉得孩子的素质好像也有差距。

艾庆华：

你说的这个特别重要，我一直以来也在想这个问题。在学习的过程中，每个人都有学习成果，这是学生自己的发现，如果有的资优生将自己的发现用很抽象的、很费解的语言表述出来的话，有一些同学就很难理解他的想法，因为学生的认知差异是很大的。这就像压缩饼干一样，需要把它"泡软了"，"泡软了"之后大家才能分享，每个人才能继续消化。但是如果没有泡软的过程，别人是没法跟他一起分享的。这个过程也是一个学习的过程，我现在听了很多课也有这种感觉。这个过程的重点在于理解。理解的过程需要不断地举例子。比如庄子寓言，有学生说出自己的一点发现之后，别的学生可能不知道他在说什么，这个时候老师一定要停下来，试着让学生举例子来进一步解释，一举例子同学就听懂了。所以你说的是特别重要的一件事，有的经验是别人能够理解的，但是必须有一个过程。

于伟：

周凡提了一个很重要的问题，我对这个现象是这么理解的，附小有一句话叫"尊重个性"，实际上，通过家庭、成长经历、成熟程度可以看出，孩子们的遗传是有差异的。上小学的时候，虽然一个班的同学都是 6 岁、8 岁或 9 岁，但他们之间一定是有差异的，这是一个重要的点。刚才你提到了学生有差异，而且孩子们提的问题有差异，回答也有差异，我们该怎么看？一个题目不是谁都能回答的，有的学生能答出来；而且你没说出来，一旦他说出来了，好多孩子就能理解了。那天老师说的那个题挺难的：怎么看待伊索的身份？这个问题往《狼和小羊》这个寓言上转，跨度挺大。狼就相当于奴隶主，羊就是奴隶，奴隶主欺负奴隶。有的孩子说："为什么主角是动物呢？因为伊索是奴隶，是'羊'，他不敢反抗，反抗就没命了。"这个问题难，但是有个别孩子答出来，好多人就都会了。如果还没有会，可以用其他方式，而且一个组的个别学生可以起引领作用。可能学生想绝对做到理解，很难，但是同学还是起到了重要的辐射作用。

丁嫄媛：

我的感受就是老师在设计教学的时候，要以孩子的视角去设计，比如说我们都知道什么是"奴隶"，但是小孩不一定知道，或者是他们只知道一点。我是从学生的发言中追问奴隶的意思的，当时有一个学生说讲故事的人不一样，伊索是一个奴隶。然后我就问：那什么是奴隶？第一个小孩说："奴隶就是帮人干活的，比如说保姆。"奴隶确实是帮人干活的，但是保姆有自由，不想干了可以辞职，还可以挣钱。第二个小孩说："但是不给钱。"其实他就是补充了第一个孩子的发言。第三个小孩说："主人让他干什么他就得干什么。"这个时候我又追问了一句："要是不干呢?"他说："那就会被杀。"第四个小孩说："奴隶像东西一样可以被买卖。"其实小孩对奴隶的认知不是非常全面，你知道一点，我知道一点，他知道一点。第五个小孩很聪明，他总结了前面人的经验，说："奴隶就是替别人劳动，还不给他钱，然后主人让他干什么他就得干什么。"

他说得就很接近奴隶的含义了，他总结了前面那几个小孩的答案，这个时候老师就给出了一个奴隶的定义，还配图帮助理解。第一幅图是奴隶在市场像牲口一样被买卖，第二幅图是奴隶辛苦工作的情景。老师设计的问题可能很高难，为了让小学生理解，老师就要站在学生的视角，舍得花时间让学生讨论。就像艾助理说的，要"泡软"。如果老师直接给出幻灯片，小孩读了之后也知道奴隶挺惨的，但是他们没有一个自己去理解和消化的过程。

接下来的这个问题就是伊索为什么要以动物为主人公，这是这个小板块里面的一个终极问题，但是这个问题我也没有通过老师的嘴去问他们。前几天讲课的时候，学生小乔当时就猜是因为作家怕得罪人，所以就以动物为主人公，其实那个时候他并不知道伊索身份的特殊性。现在我旧事重提，让学生想想小乔的猜测对不对，学生都说对，说伊索怕得罪奴隶主。我又问小乔："你觉得你猜得对不对?"她说："对。"当时只是一种模模糊糊的直观的猜测，现在就比较有理论根据了。几轮交锋下来，教学目的就达到了。

于伟:

刚才丁嫄媛说了几个细节特别关键。小艾刚才提到"泡软了"，千万不要小看"泡软了"这一本土化的概念。语文比数学还难，寓言对小学生来说很难。维果茨基说的最近发展区，就是摘桃子的时候有一个高点是孩子要达到的，但是一下子够不着。老师的作用就是滋润、软化，刚才丁嫄媛说的五个孩子在她的指导下搭了"梯子"，"泡软了"，孩子就爬上去了。比如什么叫奴隶，什么是资本，什么叫平等，都是这类概念。一个孩子说了之后大家可能不理解，几个孩子从不同角度说了，经过几个碎片式的理解，最后全班同学的理解渐渐就上去了。

所以要抓住"泡软了"这个本土性概念，正如维果茨基所说的"支架式教学"。为什么搭支架？因为如果没有支架学生无法从现有水平到新水平。丁嫄媛这节课是比较典型的"搭梯子"，而且搭得比较自然，孩子能迈上去，而且不费劲。勇敢者和智慧者先爬一步，后边的再跟上去。所以"搭梯子""泡软了"这几个词值得我们研究，是有价值有意义的，它们不完全是在书斋里憋出来的概念。刚才廷波说到"类"，通过单元设计开发，孩子们对寓言这个"类"都理解了。中国寓言、外国寓言、中外寓言比较三部曲，搭了三个梯子，像三层楼似的，一层楼是中国寓言，二层楼是外国寓言，三层楼是中外寓言比较，这特别值得反思，因为这已经不仅仅是设计了，而是进行了大胆的尝试。

这节课尤其适合小学高年级和中学，附小虽然是小学，但是孩子们比较早地从高起点来看一些问题，这符合趋势。史宁中教授、高夯教授多年前就讲高观点下的中学数学教学。我们的语文教学就是高观点下的小学语文教学，老师用的材料不是一般的学材，而是画龙点睛之笔。比如《击壤歌》，不少孩子不一定知道，它讲的是尧那个时期的事。

《击壤歌》恰如其分地反映了中国的农村社会的"日出而作，日落而息"的特点，我们都知道这句话，但是不知道它的出处。而且丁嫄媛还找了几张图片，给孩子们留下很深的印象。

王廷波：

好的教学环节设计不仅是解决孩子当下的问题，让他们破解一个难题，而且对孩子的未来会产生很大的影响。我们每个人都经历过中小学各门学科的学习，上了无数次课，但是我们越往后就会发现能让人记住的并不多。可能10年、20年甚至30年之后我们记不住课堂中的情景了，但是有些课可能给人一辈子都打下了烙印，这个绝不夸张。

所以老师给孩子什么样的材料，让他们对什么有认识，是很重要的。好的语文课应该是一个在课堂过程中师生相互成就的过程，要有老师长期的培养和老师给学生很多日常的积累。公开课是平时教学的平面的折射，它是一个放大镜，还是照妖镜。好的能放大，不好的也能放大。年轻老师在驾驭课堂的过程中可能感觉到很局促，其实是因为公开课把老师教学的实践性知识中最薄弱的地方放大了，他们可能平时上课的时候不一定那样。学生发言时能说得非常好，理解得非常有深度，知识面非常广，是因为老师平时引导到位。

学生在学习的过程中思考，他们的高阶思维品质也促进老师往"根"上刨，要求老师去追根溯源，促进老师对学科课程和教材深度的挖掘，所以我总强调语文老师备课最难的就是深入浅出。浅入浅出很容易，深入深出可能要难一点，深入难，深出是因为他们没经过二次消化，没转化成学生学习的方式。刚才丁嫄媛说她考虑问题往往都从学生的现实状况出发，考虑孩子可能会想什么问题，这是老师备课时很重要的一点，所以最难的可能就是深入浅出。

我们小时候学政治的时候，老师肯定给出资本、商品的概念，让学生都背下来，考试的时候这四点都答上去就是满分，但是现在回头想想，发现自己根本记不住。当时记住了，后续也记不住，只有经过自己探索的经历，像拼图一样，你拼一条腿，他拼一个眼睛，最后放在一起，发现原来是个人，才会豁然开朗。一开始每个人看到的都是大象的大腿和耳朵，这不要紧，老师不要一下子给学生概念。这个环节其实就反映出老师怎么从孩子的视角，把一个相对概念化的东西和现实生活联系起来的。小孩不知道奴隶，小孩说我家雇的保姆是不是奴隶，四年级孩子认为保姆就是让你做饭你就得做饭，其实奴隶远不只这些。所以孩子的认知是不断地在孩子之间相互补充的过程中日趋接近准确答案的，这就是老师想要的。接着，老师又给出一个跟终极目标有关的东西，让学生在这个基础上加深对这个问题的认识，而不仅仅停留在知道准确的概念上。然后老师又给了学生一些信息，学生就明白了：原来是这样的，奴隶这个概念直接影响到古希腊的伊索寓言的创作背景。所以说，学生是一步一步地接近真相的。

丁媛媛：

还有小孩对孔子、孟子的"子"也一知半解，我问：为什么叫"子"呢？第一个小孩说："因为这样好听。"第二小孩说："他有学问，所以人们尊称他是'子'。"第三个小孩说："我猜是因为他很谦虚，他认为自己应该像学生一样不断地学习。"这就反映出，虽然学生知道有孔子有孟子，但是究竟什么是"子"，其实他们并不完全清楚，至少不是所有的学生都清楚，所以这个时候老师就需要给他们时间才能"泡开"。然后老师出示了字典里的解释，"古时候对有学问的男人的尊称"，随后又出示了一个诸子百家的图，图中都是当时最有学问的人，学生就理解了。

于伟：

我想到"冰山理论"。像这样的一节课对老师的要求很高。我经常提到，老师也好，导演也好，演员也好，不在现场时要做大量的案头工作。其实老师这个职业就有这一特点，做那么多准备，在课堂上能够闪现的可能就是很小的一部分。丁媛媛做得很好，比如《亡羊补牢》，中国的寓言故事都是某一篇里的一部分，没有"亡羊补牢"的标题，这四个字是别人给起的。丁媛媛把整个故事的原文放在那里，大家就理解了中国寓言故事是干什么的。在大情境中，寓言不仅原来没有这个题目，而且只是整个文章的一部分，它起的作用大家都能看清楚了。包括前面说"亡"是什么意思，丁媛媛做了很多解释，否则小孩子以为"亡"就是死了，不是丢了。你说了不少细节，有些材料组织得恰到好处，事先准备得很充分，能够帮助孩子理解中国寓言故事的特点。

思考学生的起点在哪？奴隶也好，中国寓言故事的名字也好、定位也好，起点就是让孩子联系自己的实际，跟孩子的生活经验挂上钩。从不同角度、不同渠道反思这几节课可以发现，孩子们能结合自己的经验一步一步升华，孩子们能够想明白，这就是史宁中教授说的"学会沉思"，沉思包含推理过程，比如孩子说作者怕得罪人，这其中就有推理过程。《狼和小羊》中的身份意味着什么，也是有推理过程的。沉思意味着推理。有的语文课，学生能将课文背下来，但是看不出思考的作用，看不出理解的功夫，但是我们的课能走得比较远，孩子能以逻辑的方式长久地记忆，孩子经历了思考才能"扎根"。我们的语文课引发孩子们思考是大突破。什么能让孩子留下深刻烙印？触动心灵的故事、情境；真正想过的事；亲自体验了的事；等等。这些才会记忆犹新，真正成为思想的一部分。

思考就意味着推理，不推理就不会思考。从这个意义上语文比数学难，如果老师不鼓励、不引导孩子的语文推理，孩子就不知道自己在推理。情境不足、问题线索不清、指导不力，孩子就不知道该思考什么，该如何思考。

深入浅出是小学老师的功夫，大学老师不一定有。我是学教育学原理出身的，学教育学原理的人如果不能有一只腿站在"田野"里、站在课堂里思考教育，这个教育研究容易虚。理论研究者可以看世界、看孔子、看各种理论，但是一定要脚踏实地，一定要知道研究的"根"在哪里，教育的奥秘在哪里。教育的奥秘主要在中小学，甚至在幼儿园。

王廷波：

附小孩子学习的风格、思维的品质的确是高水平的。孩子在课堂中会学习、真学习的品质可遇而不可求。我们更应该探讨是什么造就了这种学习的特征和风格，比如为什么四年级学生的思考和表达这么深刻，虽然他们的语言方式还是孩子的语言方式。

男孩和女孩的语言表达方式不一样。比如某些学习好的男孩，低水平的问题是不会出手的。一个孩子在课堂上提出科举制，另一个学生瞬间就驳回说隋唐之后才逐步出现科举。这样的知识一定不是老师在课堂中教授的，一定是自己读书或者在家庭教育中得到的。丁老师班级中的女孩说话的方式也是儿童的方式，是非常真实的，比如有一个小女孩说："伊索小时候还是个哑巴……我也没弄明白哑巴为什么能成为寓言大师。"这样的语言一定是儿童思维方式的体现。小孩子的语言特点就是率真性，他们不会猜老师想要得到什么答案。

丁嫄媛：

我有一个感受，就是上公开课之前有的老师很怕自己准备不足、没有学生发言，就给学生准备了很多问题，让学生回家预习，这样的话课堂上有一些东西就生成不出来，生成不出来的课堂就没有那么有意思了。

艾庆华：

课堂是要通过相互对话激荡起来的，这种发言是通过激荡引发的。

丁嫄媛：

如果课前我告诉同学们回家查资料，写本上背下来明天老师提问，上课的时候就不会有精彩的发言，学生都跟词典上说的一模一样，就没有什么可进一步补充、互相理解的地方了。

王廷波：

师生要"踩点"。老师要博观约取，大量的阅读跟课的主题无关甚至毫无关联。在这个过程中老师要经历一个筛选的过程，才能发现什么东西对孩子有益。不经历大量筛查的过程，老师也不知道什么有用、什么没用。比如丁嫄媛老师对这个单元资料的搜集远远超过我和于校长，因为我们没有教学驱动，我们只是直观感觉"应然"是什么样，我们都没有看到实际课堂。我们没讲这个单元，只是凭直觉探讨东西方文化的内容可能让孩子挖掘出来什么东西。究竟能出来什么东西？怎么出东西？我们也不知道。但是丁老师要把教学想法转换成实际教学活动，这其实是最难的，把理想转换成现实呈现这个才比较难。

为什么说丁老师能从大量的阅读过程中筛选出有用的东西？因为她太了解学生、太有经验了，直觉促成了她为孩子们准备的课上读的一些资料和老师"留一手"的资料，你看不到的部分是很重要的，而这往往是年轻老师上课时不知道说什么以及什么时候说的原因，其实就是没有跟孩子合上拍。孩子说的时候，老师不知道想什么；老师说的时候，孩子也在听，但师生没有互动对接的平台。丁嫄媛老师的教学更注重：第一步，要找到什么东西，就是要把内容都准备好；第二步，什么时候呈现出来，呈现出来的目的是什么。这就是重点，就是教学的实际问题。老师提出来早了，相当于老师替代学生思考了，学生就没有相对完整的思维过程；老师提出来晚了，教学效率就低，课堂就拖沓。时机把握非常重要。

于伟：

年轻老师反映出来的问题是说得不少，也很主动、很积极，甚至有时候很强势，问题在于他全包，材料都是他拿，节奏控制得很紧，老师知道的就都得告诉学生、展示出来，学生都要跟上老师的节奏。

艾庆华：

不仅年轻教师愿意展示，很多老教师也愿意展示。

于伟：

丁嫒嫒老师的课把握得非常好，看起来不经意，也不是喋喋不休，但是丁老师备课前有大量的预设，有大胆预设。课堂可能会出现多种情况，丁嫒嫒老师想得更多，能想到的大都想到了。还有廷波校长说的"留一手"，不仅要"留一手"，而且要"留几手"。不是所有孩子的问题老师都要发挥，有的就是轻轻过去了，有的就要浓墨重彩地说，好的课就是细微处见功夫。这几节课至少有 10 处令人印象深刻的地方，比如清末的时候，伊索寓言在广州禁止发行，这个细节就是画龙点睛，孩子们听了恍然大悟。

丁嫒嫒：

学生很早就读过《伊索寓言》，但是没上过这节课，他们会觉得寓言讲的是狮子、老虎的故事，上过这节课之后，孩子们就会觉得寓言不是讲狮子、老虎的，而是讲当时的社会矛盾的。

于伟：

寓言大多有革命的力量，包括安徒生的《皇帝的新装》等都是不朽的，不能直白地说，因为寓言是逼出来的，就像人的本性是懒的，创新是逼出来的。

我想到这么几个词：引而不发、含而不露、顺其自然、水到渠成。

这几个词是可以做文章的。如果没有这个个案，这几个词理解起来很抽象；有了这个个案理解就会很具象。

陈元晖先生曾说[①]：《学记》那 1000 多个字不是一个人写出来的，教学相长、长善救失、豫时孙摩的思想不是一个人教几节课总结出来的，而是一群人归纳出来的，总结了上千年的教学经验。一个人很难经历那么多的教学实践。那时候老师也少，学生也少。

王逢贤老师留给我、留给学生的财富就是思考问题的方式。他说："教育学的奥秘在学校、在课堂，在学校的革新过程中。"王逢贤老师说自己是当不了教育家的，就是纸上谈兵，教育家还得是中小学老师。中小学是最有资格讲教育学、讲教学规律的，大学老师讲有大学老师讲的优势，但是教育学更需要扎根教育大地。教育学像临床医学，今天我们围绕着单元开发、丁嫄媛老师的课谈感想、交流互动、研讨就是一种"临床"教育学的研究范式。教育学需要在大学课堂里讲各国教育史等，还需要在附小讲。这样能唤起很多思考，对教育的思考是对现实的思考，就像医生看病一样，教育研究不光是写文章、看文献，还须操作。

叶澜老师是研究教育基本理论的最早觉悟者之一，1994 年她辞去华东师范大学副校长职务，到中小学去搞基础教育研究。叶老师指明了教育学原理学科到底该怎么建设，教育学原理从哪里来，教育学原理是干什么的。

今天的研讨不仅仅是一次研讨，也体现了我们今后的方向。现在讲扎根中国大地，对基层来说，光说扎根中国大地还不够，太抽象。不论研究什么都要扎根中小学课堂这片沃野，这次讨论的范围不仅仅是一堂课，它还涉及我们的研究方向，包括方法。丁嫄媛老师有发言权，像一线的医生一样。到底什么叫治病？什么叫望闻问切？不是光说，而要操

---

① 参见陈元晖：《中国教育学史遗稿》，137 页，北京，北京师范大学出版社，2001。

刀做。看花容易绣花难，教育学不仅是看花的事，而是绣完花再看花。我现在已经听了 800 多节课，这绝不仅仅是量的积累。思想也一样，一两周不听课都没有感觉，要时时做、时时想。今天说的这几个词，像"泡软了"，没有功夫的人是说不出来的，虽然这些词很口语化，但这是经过长期积淀的。

艾庆华：

这是一个非常关键的问题，因为这种课堂必须有几个标配，如果没有经过这样一个"泡开"的过程，那些认知水平高的学生和认知水平低的学生会拉开很远的距离。我们不管上什么课，一定要关注到全体，所以老师必须想办法拉近这个距离。老师在课堂上就是"兵教兵"。

周凡：

其实这个过程中，老师的作用是很重要的，尤其是老师的授课水平，所以我想这就需要老教师和新教师就单元开发的授课过程多进行一些磨合。

艾庆华：

肯定需要磨合。其实每个老师在课堂上收集呈现的资料，和老师的品位、风格有很大关系。

丁嫄媛：

其实这也和领导给我们灵感并且对材料进行准确把关分不开。上学期，我最开始在"群英降马"单元拓展的时候，想讲金庸的武侠小说，因为金庸小说的情节发展带有很多中国式的演绎——先出来一个"菜鸟"，接着出来一个高手把他灭了，接着又出来一个更厉害的把这个高手灭了。最厉害的永远放在最后压轴。王廷波副校长说："这个也行，但还不够好，以中国传统文化中的'马'为主题或许更有研究价值。"

王廷波：

"中国传统文化中的马"做得非常好，这个专题有大量素材，有现实意义，而且属于我们中国。

于伟：

"中国智慧故事"专题选得也很好，主题设计得好，这个专题是"肥沃的土壤"，挖两锹还能挖，有的选题挖半锹就见底了。"中国智慧故事"我们挖三五年没问题，有空间，有弹性。

艾庆华：

其实我们做一个单元，不能提前提出一些问题让孩子们去做准备。因为老师开发得好，课堂上交流的氛围才会非常宽松，在这种非常轻松的氛围和情境中，孩子们交流带来的碰撞和激荡才能越来越好。孩子们愿意推测，他们能抓住各种线索。课堂环境越宽松、越安全，孩子们就越敢尝试——孩子们每一次推理都是冒着风险的，但是他们愿意承担这个风险。

校长之前提到过"逻辑性思考"，这个词我思考了两三年也没参透，但是前一段听了很多课之后我有了一些感悟：孩子们经过思维运作，凝结成一个观点或主张，这不是课本里教的，也不是读课文能读出来的，而是他们推论的结果，而他们想到之后就会去寻找支撑观点的根据。我们刚才提到，一节课中得出一个结果需要三四个人一起搭梯子：首先需要三四个孩子提供理由，然后又有孩子在这个基础上拿例子给予佐证，让这个理由站得更稳、更有说服力。其实这个过程就体现了逻辑性思考——有人提出观点，有人帮忙提出理由，有人帮忙提供例子。

于伟：

到了一定年龄，这一整个推理的链条是集中在一个人身上的。但是在成长过程中，比如七八岁，可能需要多个人扶着他，多个人凑在一起，才能形成一个完整的推理链条。

艾庆华：

就像王廷波校长说的，好比摸象，一个人摸到腿，一个人摸到耳朵，这就需要一个省思的过程。其实我们的课上有很多省思的环节。

于伟：

"盲人摸象"就是一个人摸到腿，一个人摸到耳朵，但是在小学课堂上，经过老师的引导，这些局部凑在一起，就成了大象。单个孩子的能力还不能形成完整的大象。

艾庆华：

对，这是孩子们最后归纳的东西。

于伟：

我们在课堂上就是把孩子们不同的观点汇集在一起，形成一个完整的观点。将不同角度观察的结果，汇集成一个完整的推理链。

艾庆华：

我们时常说的"框架"，就是这样搭建出来的。

于伟：

其实这也是优势互补，在课堂教学经验上，一线教师的经历更丰富，研究生们在文献检索和研究上有一定优势。这样我们就在各个方面、层面上都有触及，形成研究共同体。

丁嫄媛：

其实我女儿是我很重要的教学资源。我女儿现在读三年级，我教四年级，所以每次备课的时候，我都会把准备好的资料让她看一遍，看她能不能读懂。比如对比国内外寓言的区别，我会问她："你觉得这两篇文章有什么不一样？"她会说："一个是奴隶，一个是学者；一个是讲给国王的，另一个不是。"我看差不多，就能运用到课堂了，如果她说读不懂，就说明这个材料的编排有问题，需要修改。我认为教学，需要把"教学系统"转变为"学习系统"，这样我们的教学对学生才能有效。

周凡：

我和室友讨论咱们附小的大单元教学之后，她们有一个困惑：我们附小搞大单元开发，老师的很多精力要放在对材料的综合性整合上，通过这种方式训练孩子的思维能力，那我们的评价方式有随单元开发过程进行相应的配套或改动吗？如何确定孩子们是否达到了我们预期的效果，也就是吸收内化了这种推理逻辑思维？再有就是这种教学怎样和现有的评价机制相结合？咱们现在的考试肯定还是注重知识技能的考察。

丁嫄媛：

一方面要通过老师的课堂观察，比如孩子在课堂中能一直跟着老师的思路，那他基本能达到我们的预期。因为孩子不会或者跟不上了，他的精力一定会涣散；如果他能一直跟着老师想问题并且能说出自己的观点，这就说明他和课堂的融合性好，这样他就会一步一步达到我们预设的目标。还有一个方面是，这个课结束了一段时间后，比如一周或者一个月之后，老师可以再问问学生，中外寓言故事有什么区别？如果这个时候孩子回答上来了，就说明孩子不仅记住了这个问题，而且这个问题还深深印在了他们的脑子里，这和复习笔记再想起来是完全不一样的。

《镜花缘》里讲，唐敖中了探花后，因为与起兵造反的官员有牵连，被降为秀才，所以弃绝红尘，跟着妻兄林之洋出海了。到了一个小岛上之后，他看到一个不认识的果子，但长得挺好，于是他就摘下来吃。吃完之后他去上了厕所，结果发现以前写的文章只剩下一两篇还能记清了。林之洋告诉他，这个果子的功效，就是会帮助人忘记一些东西，只留下深入人心的。

其实孩子们也是这样，如果孩子依照笔记或者作业本说出答案，说明他们肯定没记住，只有他们什么也不看，只通过自己的理解说出来的答案，才是真正记住的。

于校长说，医生和老师的职业有相似之处，我们住院一段时间回家之后，护士会给我们打电话随访，如果病情严重可能随访的频次要更多。老师也是这样，过一段时间，我们要问问孩子，这个点你记没记住，在这种情况下还能记住的那些内容，才是真记住了。

周凡：

所以我们还是通过学生对相对成形的知识的记忆情况，来判断他们的收获的，是这样吗？

丁嫄媛：

还有一方面是思想的迁移。为什么我们班孩子上课愿意推测、愿意想问题呢？就是因为课堂环境的营造和知识的迁移。

比如这学期我们讲的《一千根弦》，是根据史铁生的《命若琴弦》改编的，史铁生的原文很长，但是选入教材的课文不能占用那么多篇幅。这篇文章我自己也很喜欢，所以在正常的教学环节结束之后，我问孩子们："你们再看看这篇文章，有没有什么漏洞？"孩子们就有各种想法。然后我引导孩子们看文章结尾，说主人公已经拉完1000根弦了，但他还是看不见，然后他就把琴弦给徒弟了，让他继续拉。那徒弟跟了师傅这么久，他知不知道药方的秘密呢，他知不知道师傅已经拉完1000根弦了呢？孩子们说应该知道了。那在知道的情况下徒弟为什么还会这么做呢？这可能是文章在改编的过程中，由于缩减篇幅而出现了漏洞。

这个时候我就给孩子们讲了一下原文的大概情节。徒弟生病了，师傅就让他在庙里等着自己，说自己去找人看药方，如果治好了自己的眼睛就给徒弟带好吃的回来。师徒两人都是瞎子。师傅出去之后才知道药方只是一张白纸，所以他还是什么都看不见。但他回来之后，就跟徒弟讲，是他记错了，不是1000根弦，是1200根弦，师傅少拉了200根。结果没过几天师傅就去世了，去世之前他想：要拉断1200根弦啊，徒弟你肯定拉不完的。师傅实际上是给了徒弟一个活下去的希望。

其实这些内容考试都不会考，但是会引导孩子去想，课文上呈现出来的东西，不一定都是对的，可能也有漏洞。

后来我们又讲了一篇课文，叫《野荷塘》，这篇文章是写景的文章，但文章前半部分有很长一段故事性的内容，是描述小男孩是怎么带主人公去看野荷塘的。这篇课文讲完之后，我又让孩子们分析这篇文章有没有漏洞，结构安排上有没有问题。孩子们有了之前的经验，就能指出：这是一篇写景的文章，重点就应该写景色多么美，那前面为什么用这么长的篇幅写小孩？另一个孩子说："我推测这就是个节选。"

孩子们为什么会这样推测？就是《一千根弦》打下的基础。我接着问大家想不想看原文，他们说想看，然后我就呈现给大家，原文后面还有一部分是讲夜晚的荷塘的，那两个小孩知道这个主人公明天要离开了，就摘了两片荷叶给他，说这里不让摘荷花，送你两片荷叶吧。于是

　　主人公就把这两片荷叶夹到笔记本里了，说："我每次见到这两片荷叶，就想起了祖国边塞的野荷塘，就想起我那两个热情淳朴的少年朋友。"

　　孩子们知道整个事情的前后脉络之后特别兴奋。因为我们平时这样引导，所以孩子们在课堂上就愿意推理、愿意表达。

　　艾庆华：

　　对于这种评价我们要宽容一点，不要纯粹针对知识点评价学生知识技能的掌握。我看在一本书中，幼儿园老师对幼儿的第一句评价就是："我特别赞赏你在计算过程当中的参与和贡献，因为在这个过程中你承担了风险。"首先，孩子们计算的结果可能会错，但孩子愿意去算；其次，孩子们能用语言解释自己为什么这样计算，这一个解释的过程仍然要承担风险。就是在承担这么多风险的情况下，孩子还愿意去做，所以老师要赞赏孩子们在整个学习过程中的参与和贡献。所以我认为对于整个单元的教学评价，我们也应该对学生宽容一点。

　　一位老师的孩子给我留下了很深刻的印象，带给我很多启发。她一年级回国的时候，不愿意说话，我们也看不出她的特别；今年回来的时候，还是不愿意说话，但是我们明显能看出来，她的倾听能力比别的孩子高出很多。课堂上有同学发言的时候，其他的孩子基本上都是坐在那里听，但是她会很自然地转回身，看着其他孩子发言，或者转到侧面，或者扬起头看着前面的同学，真的像向日葵一样盯着说话的人，表情也很自然。再比如，我们的孩子很少会主动捡掉到地上的东西，但是她会很自然地捡起来，下课她基本就干这个事儿了。在走动的过程中，看到地上有同学掉的东西，她会自觉地捡起来放到同学的位子上，我们的孩子很少有做到这一点的。

　　我和其他老师一起研究了一下这个孩子。我们观察发现，她在整个过程中都很缓慢、很放松，这些行为已经内化成她的一种很自觉的习惯了。有一次语文老师给她打了字头，想让她练练汉字，第二天来了之后，老师问她写没写，她说："没写，昨天晚上妈妈带我去看了一个小弟弟。"她很诚实地告诉老师没有写。然后又过了一天，她说："老师，我写了。"我们能看出来她是凭自己的努力去写的，但是并不强求自己写到最好。她就是在非常自然地长大，但是在这种自然宽松的环境下，一些行为习惯的养成，反倒根深蒂固。而我们每天都是常规教育，甚至是轰轰烈烈的活动，但是掉在地上的东西，没有人捡。

教育还是要宽容一点。我女儿到日本上的第一节课就是垃圾分类，要把不同的垃圾放在 7 个桶里，而我们的孩子连垃圾往垃圾桶里扔都还做不好，更别提分类了。

所以我也在思考，我们的评价机制和国外究竟差在哪里，会让孩子们几年之内的习惯养成被落下这么远。其实对于单元开发的评价，我们也还在探索，并不是特别针对知识点和技能的评价，孩子们在整个过程的参与和贡献，才是最重要的。

于伟：

周凡提的这个问题，这几年也一直有人问。比如，质疑附小这种快乐的教育方式，或者关心孩子们到了中学发展得怎么样，或者我们的探索能不能改变中国教育，等等。我也一直在想：附小这样做的好处到底在哪？我们教育教学改革的动力在哪？这是需要信念支撑的，没有信念的支撑，遇到一点困难就会退缩，我们什么也做不了。一个好学校，一个好老师，带给孩子的可能是三个方面。

第一是习惯。在附小相当多的课堂里，我们能看出附小带给孩子们的学习习惯。比如如何听课、如何发言、如何倾听、如何有根据地说话、如何查资料等。附小的孩子们为什么敢说？因为孩子们不怕说错，不怕失败，甚至不怕有人笑话自己，因为他们有自信，习惯了发言，不觉得这会影响自尊，这些都离不开老师的培养和鼓励。

第二是方法。比如怎样思考、分析、归纳问题，怎样推理，这不仅是学会某个知识点，也不是答对了某个题，背下来某个知识点（背虽然是基本功，我们也鼓励孩子用背诵来记忆，但是超过一定量就不行了）。真正理解知识还是要用思考的方法。我请史宁中老校长给附小题字，他想了几秒钟就写下了"学会思考"。其实史校长最开始提的是"沉思"，他认为附小的孩子，想"快乐"大概不是难事儿，但是孩子会不会思考，能不能沉思，能不能在相对长的时间里想一个问题，这很重要。学会思考是一辈子的事儿。

我们现在倡导的"有过程的归纳教学"，通过"举十归一"，让孩子看大量材料，包括中国的和外国的，目的是得到一个相对宽泛的意义，有点模样的意义，然后达到"闻一知十"，这个才是永恒的。说到底知识是背不完的，题是做不完的，作品也是读不完的，那么我们就用有限的时间给孩子们最有营养的方法和习惯。

第三就是态度。最重要的态度就是喜欢。孩子喜欢，愿意上语文课、数学课。如果只告诉孩子有用，但孩子不喜欢，不能养成习惯，那么一切都等于零。

所以孩子愿意听老师的课，喜欢老师是硬道理。

王廷波：

培养思维和看待事物的方法，最大的一个好处就是他们的知识储备越多，他们的潜力就越大，而且这是一个非常好的矿山。

国宁（东北师范大学教育学部研究生）：

刚才老师提到了在课堂中老师给学生搭框架。搭框架的重要方法就是老师跟同学一起解决一个问题，是把大问题细化和拆解成很多小问题。在这个过程中，老师有很多自己的预设。例如，丁老师的课是分析、探讨不同的寓言产生的原因。丁老师的预设可能有几种，老师把这个问题细化成小问题的过程，其实就是在通过这样的问题引导学生逐渐地接近答案的过程。我觉得这个过程其实是教师将自己的抽象思维转化成具体，然后让学生从这些具体中再提取出抽象的思维的过程，我觉得这是恰好相反的两个过程。

那么，您如何设定的这些预设？怎么确定通过这些预设来分析，既能够激发学生的想象和解决问题的方式，又不限制他？有的时候您有一个自己的答案，其实就是一双无形的手在拉学生接近您的答案，这个过程中会不会产生一种限制？

我不知道孩子们会不会有别的想法，不在您的假设之内的。如果学生的想法不在老师的预测范围内，老师又不知道属于哪个类型，不太成熟的老师就会把这个东西排除掉。如果这个老师很成熟的话，他会随机应变，会产生一个新的维度。但是这个其实很考验老师预设框架的能力。

丁嫄媛：

如果是有过程的归纳教学的话，老师其实是让小孩经历一个发现的过程。小孩的发现完全都是在教师的预设之内的。

国宁：

对，有老师的预设之处。所以我想知道是怎么提出这样的框架的。

丁嫄媛：

像于校长说的，老师的案头功夫要做很多。我们在三年级讲中国寓言故事的时候，当时也有一个想法，就是做一个中外寓言的比较研究的课时。当时我们在集体备课的时候，王廷波副校长就问过这个问题了。他说："中外为什么不一样？"当时我就从自身理解的角度考虑，我说："讲故事的人不一样，听故事的人不一样。"王廷波副校长说，我说对了一部分，但还不完全，于是我就继续找书读。后来于校长到繁荣校区参与了"走进中国寓言故事"的备课并提出建议："中外对比对于三年级小孩来说有点难，你们可以把这个往后放一放。三年级下学期把中国寓言研究得差不多，就挺好了。"所以当时就只研究中国的寓言故事，但是我一直没有放弃寻找"中外寓言故事差异成因"这个问题的答案。

后来，我看了王力的《中国古代文化常识》，其中提到了古希腊历史学家波希多尼提出气候对于人的性格有重大影响的理论。不同的文明类型催生了不同的文明，影响着人们的思维。所以我就将作者身份不同、听者不同、讲故事的目的不同、文明类型不同这四方面作为预设的答案。

我们自从开展率性教学以来，我觉得有过程的归纳教学的最大好处就是发动了所有学生的力量。例如，老师先给学生学习资料，提出中心问题，然后学生自学。老师在巡视的过程中能看得见每个学生圈画、书写的内容。接着，学生在小组里学习，大家把自己的意见说出来，有一些意见可能特别一致，有一些可能出现一些争议，但是学生都会把它们写到板子上。这个好处就是发动了群众，老师能看到所有学生的想法。这其中，每个小组出现频率特别高的就是全班的共同观点。通过观察个人学习、小组学习，老师就会对班级的情况做到心中有数，从而有针对性地进行集体学习的指导。

当然会出现学生的回答不在老师的预设范围内的情况。比如老师预设了 4 个答案，但是学生说出 8 个，怎么办？我通常的做法是，把皮球再踢给学生，让其他小组来甄别。在学生互动的过程中，有一些站不住脚的观点被否定了，一些教师预设外的有道理的观点被保留了，还有一些新观点生成了，这种教学组织形式为课堂的丰富性提供了一个非常好的前提条件。但是会不会出现由于"真理掌握在少数人手里"，所以真理不被认同的情况呢？也是有的，因此为了避免冤假错案，教师自己要多读书、多积累、多思考，也要学会从不同角度来看待同一个问题。

于伟：

老师做了很充分的准备。但实际上附小的老师在语文课上，说话的机会和数量很有限，这对老师来说也是考验，因为人都有表现、表达的欲望。但是附小现在的教学要给孩子表达、表现机会。因为表达就是一种体验。孩子单纯地接受老师所说的话和自己说过并与同伴讨论过之后所获得的理解是不同的。老师讲得再好，学生也不一定会表达，说一遍和想一遍不是一回事。老师准备得多，讲得少一点，讲的内容才是画龙点睛，这是附小老师普遍存在的一个特点。

教师课前预设和课上生成。比如，老师预设可能有 10 条，但孩子们说出了 21 条，其中有很多条是老师没想到的，一定会有这个情况。如果老师引导得不好，可能孩子们说出的只有 3 条。学生的答案超过老师的预设范围，说明老师引发得好。要有预设，但不拘泥于预设。

附小的课堂是热热闹闹的，这恰恰是好课。因为老师敢让孩子看、让孩子读、让孩子尽力地思考。上课不是表演，表演是给别人看的，教是为了学。就像丁嬡嬡的课，丁老师的话语不多，所做的更多的是看、想，在关键的时候抛出东西。不像有的老师随便出手，给人感觉像花拳绣腿，没有力度。因为准备不足，年轻老师在所难免，对于年轻老师不要要求太高，要有个成长的过程。

王廷波：

老师要多"助攻"少"射门"，做幕后的推手，不要做台前的黑手。推动孩子才是高水平的。

于伟：

好的老师不容易，不亚于导演。

王廷波：

其实在所有课堂的教学中，最简单的就是老师讲。最没有办法的办法，就是老师讲学生听，而人们长期认为它是最有效的，其实它是短期有效，长期有害。

于伟：

现在还有一种更高效省事的方法，就是放PPT，照着PPT念。要是能脱稿讲出来，就说明理解了，所以让孩子讲很重要，这样才能看出孩子是否理解，理解到什么程度，写也不一定能看出来。通过课堂上学生所表达出来的，才能看出他们真实的程度。

王廷波：

这个单元的教学，采取学生充分自学思考，学生小组之间交流，然后通过师生、生生互动的方式，让孩子自己去探索、发现，最后得到一个他们认为比较理想的结果。从语文课堂教学的角度来看，这个过程其实是一个高难度的教学的呈现。因为课堂中要冒着巨大的风险，会随时发生很多可控和不可控的课堂状况。老师不知道孩子会说什么，孩子的思维会流向哪里去。课堂上发生的种种状况需要老师在短时间之内做出准确的判断和应对，这个是极难的。

中国小孩打乒乓球好，实际上他们的教练才是高手。教练能把球发到他最想让孩子练的那个位置，正手发 100 个，反手发 100 个，让孩子够得着，却不让他们轻易够得着。语文课的道理其实是一样的。所以我们总说"高水平的语文老师要善于'装傻'，善于'整景儿''找碴''和泥'。"要给孩子创设他们觉得有意思的问题和有悬念的情境。并且老师要善于找碴，没事能找事，没问题能捕捉问题。一个浅问题能深入，一个错误能放大，数学也是这样，要能把思维引到高水平。老师要会"和泥"，翻来覆去地让杂糅的思维水平，在不断地碰撞过程中，碰撞出火花，将学生的思维调和到一起。所以，我个人认为这样的教学是高难度的教学。

老师在课堂上走的过程中，要捕捉孩子形形色色的问题，然后要跟他的预设不断地对应，教师要想怎么去应对孩子的理解。老师不停地说其实是低水平的。所以这个课的背后，更多地应该分析老师教学的角色定位和艺术，这个是门道。

于伟：

要关注刚才廷波说的这几个本土化的概念，就是他长期观察反思梳理出来的几个关键词——"装傻、整景儿、找碴、和泥"。比如"装傻"，这里边有非常深刻的道理，符合苏格拉底"我知道我无知"的核心理念。在小学范围内，受过科班训练的老师，面对七八岁的孩子，大概对于多数问题都是有知的，但是为了鼓励孩子们大胆思考，老师就得装出无知来。在一定意义上，这和苏格拉底的思想是一致的：老师不断地鼓励学生去想，引导他们一步一步地深入思考。所以"装傻、整景儿、找碴、和泥"这四个词值得研究，就像刚才说的"泡软了"一样。一个关键词里边有丰富的内涵。中国有句话叫"偏方治大病"。这四个关键词是接地气的，虽然听起来有点儿土，实际这里有大智慧。

2019 年 4 月 27 日

附录四 儿童的普遍性问题之思——附小道德与法治学科 四年级"自由与规则"说课研讨实录

于伟：

我们一直探索儿童哲学的精神理念及其对我们的教学意味着什么。附小许多学科都在探索。这学期卜庆刚老师和韩玉琢老师就在思考儿童哲学和道德与法治学科的教学如何融合。上周韩美琳老师上了一次课，今天我们附小团队与东北师大教育学部教师、研究生团队一起围绕韩美琳教学过程的说课分析探讨一下：这样的探索课怎么体现儿童哲学的精神？这样做的意义在哪里？如何进行改进？希望在 2019 年 5 月 10 日杭州举行的"第一届儿童研究与教育学术年会"上，我们可以把附小最新的探索用最简短的话语报告一下。

韩美琳（附小道德与法治学科任课教师）说课汇报：

各位领导、老师大家好！下面我向大家介绍一下我这节课。"自由与规则"选自人教版教材第三单元"我们的共同生活"第九课时"生活离不开规则"，本课是在原有国标教材的基础上进行的校本化处理。本课首先通过图片导入的方式来创设情境，激发学生的学习兴趣，让学生能够关注自由和规则。自由和规则的概念对于学生而言比较抽象，我在课前曾经做过一个问卷，考查学生对"自由"这个概念的理解程度，他们想到与自由联系最紧密的就是能够自由地玩。所以这节课的第一部分我创设了一个迪士尼游玩的情境，还原生活情景，让学生能够想到在迪士尼自由自在玩的时候，还有一些规则要去遵守，这就将自由和规则联系起来，生成了本节课的主题"自由与规则"。

第二部分首先让学生联系生活说一说，他们认为什么是自由，什么是规则，以此来了解学生的学习起点。我先让学生们说一说他们眼中的自由是什么样的。学生普遍认为自由就是想做什么事情就可以做什么事情；有的同学认为自由就是随心所欲地做某些事；还有的同学认为自由就是不受限制、没有拘束，可以自由自在地玩。这就是学生眼中原生态的对于自由的理解。

　　我再让学生联系生活实际，谈一谈他们还知道哪些规则。比如说在教学楼里、家里、马路上、加油站里、公园里、电影院里等需要遵守哪些规则。学生也提到了他们认为规则就是在电影院里不能大声喧哗，不能拍照和吸烟，在加油站里不能玩手机，在班级里不能跑跳等，这就是学生所了解的规则。最后让学生用一句话概括什么是规则，他们认为有局限性、有限制性的，不能够做的事就是规则。其实这就是从个别到一般、从抽象到具体的归纳过程。

　　第三部分我让学生了解自由和规则的关系是什么。我设计了一份学习卡片，让学生自己探索，寻找自由和规则之间的关系。我希望学生通过学习卡片的学习，能够读懂图意，做出正确的判断。再让学生逐步分析图片，发表观点并进行讨论，说出什么是真正的自由，为什么自由不应该是随心所欲的，为什么自由应该是有边界的，什么是规则，为什么生活中必须要有规则，进而指导学生理解自由和规则之间的关系。

　　让学生完成学习卡片之前，我带领学生先了解基本的图意，再让学生完成学习卡片，进而让他们能够关注学习问题，引发他们的思考。

　　在集体学习的过程中，我请学生依次观察三张图片有什么不同，关注自行车的摆放、人员的变化，讲一讲这里面有没有需要遵守的规则，有没有自由，规则和自由之间又是什么关系。

　　在三幅图中我设置了一些问题，让学生能够有一个方向性的思考。比如在第一幅图中，两年前小明来到自行车场，他想把自行车停进去却发现没有地方，请学生观察两年前自行车的摆放，想一想这些人为什么这么摆放，他们这样随心所欲的自由给别人带来了什么影响，给别人带来的是便利吗，这种自由是对的吗，别人有没有自由。在第二幅图中，一年前小明又来到这个停车场，请学生看一看自行车的摆放有什么变化，人们这时候为什么这么停，这时候又多了一个人，这个人是谁，他为什么会出现在这里呢，他出现在这里的作用是什么呢，这里面有没有要遵守的规则，规则的制定者是谁，小明能按照自己的想法停吗，这里有没有自由，说明了什么。在第三幅图中，今年小明再次来到这个停车场，请学生看一看这些自行车的摆放有没有什么变化，管理员为什么消失了，这时还有没有要遵守的规则，规则的制定者是谁，小明可以怎么停放自行车，有没有自由，给别人带来了方便了吗，这说明了什么。

其实展示这三幅图片主要是想引起学生关注学习问题，学习卡片设置了两个任务，第一个任务是观察图片、思考问题，并把他们观察到的问题记录下来，这是让学生了解图意并写明图意的过程。第二个任务是小组成员轮流说一说：如果你是小明，你喜欢按照哪种方式来摆放自行车？并逐一对比其他两种方式，联系生活实际举例说明理由。这是让学生进行价值判断并讨论。学生完成学习卡片之后，有一个集体学习的过程，这个过程就是师生问答，让学生逐渐明确图意并发表观点进行讨论，让学生明白什么是自由，什么是规则。

第一幅图的目的是让学生知道自由并不是随心所欲的，随心所欲的行为会给别人带来一些不便和不自由，让学生结合生活实际进行举例说明，逐步使全班学生明白自由不应该是想做什么就做什么。第二幅图片蕴含的教育目的是，之前人们不能够自觉遵守规则，所以管理员才会出现在这里，当人们和小明再来摆放自行车的时候，他们的自由就会受到一定的限制。这就让同学们明白，如果我们不遵守规则，我们的自由反而会受到一定的限制。第三幅图让学生知道，自觉地遵守规则才能够给我们带来更多的自由，并能形成自律意识。当没有管理员的时候，周围自行车依然摆放得很整齐，就是因为人们能够开始自觉地遵守规则了。当人们自觉地遵守规则，人们的自由度就更大了，人们能够按照自己的意愿去摆放自行车，说明只有我们自律了才会带给我们更多的自由。很多学生在自主学习过程中，在认知判断上也随之经历了他律到自律的转变。

为了推动学生们发表个人观点和理由，我组织全班进行了讨论：如果你自己是小明的话，会选择哪种方式去摆放自行车？通过对比和讨论，让学生知道什么是真正的自由，自由是有边界的，自律才能够获得真正的自由。我想让学生说一说，如果有学生喜欢第三幅图片，可以对比着第一幅图片和第二幅图片来说明，为什么不喜欢其他两种方式。将第三幅图和第一幅图进行对比，会发现它们的区别在于第一幅图中没有规则，即没有限制的自由，让同学们联系实际来举例说明并讨论，自由不能是随心所欲的，自由应该是有边界的，真正的自由是在规则范围之内的。这里就可以生成板书："自由不等同于随心所欲，自由是有边界的。"我画了两个同心圆，中间是自由，边界是规则。师生共同总结出：真正的自由是有限制的，比如在班级上自习，如果师生滥用随意的自由，我们没法学习，如果大家享受有规则的自由，既能保证有秩序，大家又能有自由，做自己想做的事情。

接下来再让学生进行第三幅图和第二幅图的对比，这两幅图的不同点在于它们所显示的自由度不同，第二幅图所显示的是，自由受到更多的束缚和限制。这说明，如果想拥有更多的自由，就要自觉地遵守规则，即自律。学生也能够举例说明，如果生活中我们不遵守规则，反而自由会受到更多的限制。这里也生成了板书："自律，才会获得更多的自由。"

最后进行第二幅图和第一幅图的对比说明。两幅图的区别在于，一个是随心所欲，没有规则限制的自由，另一个是有规则的，我们的自由会受到一些束缚。学生可能更喜欢第二幅图，然后老师让他们举例说明为什么生活中必须要有规则。老师让学生们举例并展开讨论，让他们逐步明白生活中应该有规则，要遵守规则。

通过这几幅图的对比讨论，让学生们自由地发言来说明他们自己的想法，让他们逐步了解什么才是真正的自由，了解自律才能使我们每个人都获得更多的自由。

这节课的最后就是总结。自律才会带给我们自由，只有我们每个人都严于律己，遵守规则，社会才会发展得更好，世界才会井井有条，我们才能更自由，更幸福。守规则的行为体现着我们国家的形象，自觉守规则的行为越多，我们的国家形象就越美丽，我们的国家就越文明，越和谐，越富强，我们每个人才能越自由！

卜庆刚(附小教育研究部主任)解释三幅图片：

第一幅图片：孩子推着自行车，停车场是比较混乱的场面，人们按照自己的想法，想怎么摆就怎么摆。

第二幅图片：停车场有了管理员，管理员告诉你放哪，你就放到哪，与束缚有关。

第三幅图片：停车场要求自己停放，但要按照规则停放。上面写了一个牌子："这个场所的管理员是你自己"。展示给学生的就是三幅图片，没有其他。题目就叫"心灵的管理员"。本课的目标：珍惜自由，有规则地行动。本课有三个小目标：第一个是使大家明白，并不是只有自己喜欢自由，每个人都向往自由，这是基于个体的自我主张的自由；第二个是使大家明白，所谓自由并不是自己想做什么就做什么，而是建立在自我管理基础上的；第三个是使孩子逐渐懂得日常的具体生活情境中有自律的责任，从自律的角度实践自由，这是联系生活的一种目标。整个文本很简单，只用这三幅图片来讨论、设计。

韩玉琢(附小道德与法治学科委员会主任)：

韩美琳老师刚才介绍了这个课的主要环节和流程，我介绍一下这节课产生的背景。道德与法治人教版教材三年级下册有一个关于规则的学习主题，这个教材目前还没有真正进入课堂中，但是我们获取这个文本之后，做了一些加工。

还有一个背景，原来道德与法治学科有一个内容是"心灵的管理员"，我们做了一个资源整合，三年级道德与法治课也讨论什么是规则的问题，两个内容整合之后有一点好处，我们可以从第一人称的角度出发，更贴近学生生活，引导学生一直探讨：如果我是这个主人公小明，在不同的情境下，我要怎样去遵守规则？什么才是真正的自由？老师引导学生逐渐深入思考这些问题。同时我们还兼顾了道德与法治学科关于规则的学习，规则板块是社会基础性常识当中一个很重要的方面，也就是说，我们在真正进入法律学习之前，要知道什么是规则，这是前概念和基础。

我简要介绍一下，这样整合之后的效果：不难看出，这节课的整体效果比原来更立体了，也更丰满了。三年级道德与法治课里面有一个主题叫"生活离不开规则"。教材的编写往往是以一种成年人的思维方式进行概念式的叙述，教材虽然是给小学生看的，但是这种思维模式对学生影响还是很大的。教材首先让孩子在游戏当中找规则，呈现一些孩子们在游戏当中的情境，比如猫捉老鼠，如果想要游戏进行下去的话，大家都要遵守游戏规则。老师从游戏里面提炼出的道理就是，没有规则游戏就不能够产生，进而让学生去发现生活中的规则，比如去银行办业务要排队，买东西要排队，上下楼梯的时候要右侧通行，这些是生活层面的规则。接下来学生们表述自己对规则的认识。

通过课前的调查，包括课上的发言，老师感觉到学生们对规则的理解是"不让做的事儿就是规则"，这是学生内心世界非常直白的一个想法。教材里面是怎么呈现儿童对规则的理解的呢？教材中继续提问：如果没有规则会出现什么情况？老师往往会引导学生联系生活去思考，没有规则会很混乱，在交通方面会怎么样，在学校里会怎么样，在家里会怎么样，如果很多人都不遵守规则，你要不要遵守。这是我刚才介绍的三年级教材对于规则的探讨，这实际上存在一个问题：学生会觉得规则这件事情存在于我的生活当中，但我一直都是一个旁观者，我在看别人守没守规则，别人这样做对不对，这样做好不好，联系自己的部分不够，参与度也不够，教材的逻辑是没有问题的，但是没有与学生自己的生活建立必然联系，没有完全深入学生的思维深处、心灵深处。国标教材需要从儿童角度思考问题。

将"心灵的管理员"中的图片故事素材引入到道德与法治课堂教学中，是要使学生能够以第一人称的角度，想象自己就是故事中的主人公，在不同的规则与自由的情境当中，触发学生思考，所以我们把这个素材跟国标教材融合到一起，课堂讨论的效果比较理想。这是这个课的另一个背景。"心灵的管理员"素材中的三个画面是我们生活当中非常容易捕捉到的，基于此，老师还可以继续深入联系更多的话题，所以我们把它作为课堂当中核心的学习材料，以学习卡片的形式开发出来，用学习指南做流程上的指导。师生逐一分析每一幅图的背景、含义，里面微妙的变化，比如：第二幅图多了一个人，这个人是什么身份，起到什么作用？第三幅图，画面变得非常整齐，人们都很自觉地整理自行车，这是产生了什么变化？最后把两者融合之后，这个课最明显的一个变化就是我们能够把自由与规则联系起来。原来的道德与法治课讨论的是规则，德育课讨论的是自由。当把两者结合起来，便会产生一种辩证统一的关系，学生可能会有一些深入的思考。皮亚杰在《儿童的道德判断》里，提出儿童的道德发展经历了一个从他律到自律的发展过程。学生在学习过程中，对于规则与自由辩证关系的认知，也经历了一个对他人（特别是成人）观点的认同，逐渐到自我认知的觉醒，不断明晰并使自己观点确立的过程。通过生生互动交流，学生们对三幅图的理解认知不断提升，这个过程可以看出这一普遍性。

这个课的核心环节，让学生说一说这三幅图中对哪一个更感兴趣。有的学生表述得很有深度，认为没有规则的自由不是真正的自由；有的学生表示自由是规则的基础，如果没有自由的话，一味地去遵守规则，也是很乏味的，但是一个人的自由一定不能妨碍另一个人的自由。这都是在讨论当中生成的。此外，这节课还探讨出了自由与规则之间的联系。除了韩美琳老师之外，董力嘉老师也上了这节课。她们两个的侧重点不同，韩美琳老师重点带领孩子们讨论三个画面。董力嘉老师进一步联系生活实际，将规则上升为法律问题，当规则被破坏，影响到社会群体的利益，就需要法律来制裁。董老师引入了一个案例：新闻里一个女子坐高铁的时候，因老公没上车，强行不让列车员关门，整个人撑在门口，不让高铁运行。讨论涉及了在自由与规则讨论的基础上，对于这个事件有什么看法。我们对于今天这节课的思考，比过去深入了一点，但是还有很多想法不成熟，请于校长和各位老师给我们一些指导建议。

卜庆刚：

我从三个角度全面介绍一下这个课。第一个是"儿童哲学"。去

256

年(2018年)杭州有一个儿童哲学会议，是我替于老师去做报告的。当时的报告角度是"儿童哲学教育的第三条道路"。这是我们东北师范大学附属小学在李普曼、马修斯两条儿童哲学教育路径的基础上做的将儿童哲学渗透于各个学科的理论与实践的探索。去年主要是从有过程的归纳教学，即归纳的角度来探讨的，还是比较宏观的。今年(2019年)，我们在想研究题目的时候，想更加深入一些，深入具体的某一个学科，研究一下究竟在一个学科中怎么走这"第三条道路"。

所以，我想到了罗素的话："当有人问一般的问题的时候，哲学就诞生了，对科学来说也是如此。最早表现出对一般问题的好奇心的是希腊人。"[①]这句话强调了普遍性的问题。

儿童哲学在具体学科当中，在生生之间、师生之间谈论到一般性或普遍性问题的时候，其实哲学探讨就开始了。在语文、数学和其他学科中，可能普遍性的问题都存在，归纳教学其实也是从特殊到一般的，所以我觉得这个点非常好。道德与法治学科的思辨性特点还是比较明显的，所以我们在语文、数学等学科探讨的基础上，选择了道德与法治学科中的一般性的、相对普遍性的问题来讨论。

第二个是在道德与法治学科里面，应该怎么实践"儿童哲学"。政治思想家萨托利认为，自由是一个变色龙一样的词语。自由的话题可以引申出许多哲学家和思想家的思想。关于自由的概念大概有几百种，"自由"和"规则"有广泛的讨论空间。自由的几百种概念是在不同意义、不同层面上定义的。自然意义上的自由是完全出于自己生存考虑的，这是最基础的基于生物基础的自由。但是还需要其他很多层面上的"自由"。我们这节课选择的"自由"是基于自律意义上的自由，即人们要考虑自己管理自己的有限度的自由。当然，"自由"的层面还有很多。

这节课是四年级的课，四年级孩子正好处于思辨的、逻辑思维特征

---

① ［英］罗素：《西方的智慧：西方哲学在它的社会和政治背景中的历史与考察》，瞿铁鹏等译，4页，上海，上海人民出版社，1992。

的发展阶段。刚刚老师也介绍了国标教材中涉及规则的内容在五年级下册，此外，国标教材还有一个特点：注重外在的规则，涉及不到人性的层面，最基础的、最底层的基于人的生物意义上的自由也很重要，在欧洲，不受限制的、不受阻碍的自由，很大层面上是被写入法律的自由。国标教材强调外在的限制。国标教材修订可以结合人的生物学基础，可以从人的内在去思考自由问题，和现有内容相互补充，所以我们就选择了这个课。

这个课强调孩子的具体表现，是学习的起点，即在没有任何老师引导的情况下，孩子的一些表现。这是从董力嘉老师和韩美琳老师课堂上提取出来的。比如学生 1 说："我觉得自由就是想做什么事情就可以做什么事情。"这是最基本的。韩老师和董老师整理录音的时候是原文整理过来的。学生 2 说："我认为自由就是随意地做某些事情。"学生 3 说："我感觉自由就是不受限制。"学生 4 说："自由就是没有拘束地自由玩耍。"这个观点是具体的，前三个观点是抽象的。

对"规则"的认识。学生 1 说："我觉得在班级里，我们的桌椅很多，所以我们不能跑跳，跑跳打闹会不安全。"这是学生非常具体的理解，他们觉得规则不是抽象的。学生 2 说："在电影院里不能大声喧哗，不能拍照片、吸烟、看手机，就是说，所有不能干的事情就是规则。"这个有一点抽象的意义。学生 3 说："我感觉有局限性的就是规则。"这个是对"规则"的理解。

关于第一幅图给孩子的直观感受，一个孩子说："我觉得自行车的摆放特别乱。自由是好事，但是得有一个度，那个度掌握好了就是好事，如果过了那个度就变得乱了，就是说如果想要自由一点的话，还得加上点规矩，这样的话大家可以有车位停，如果太过自由的话，随便乱停，差不多两个车就会占三个车或四个车的车位，然后就会有很多自行车停不进去了。"这是孩子看完第一幅图的感受。另一个孩子说："我曾经在香港的海洋公园坐过山车，每次坐过山车之前都要把手机和能照相的东西交上去，但是我后面有一位叔叔，他当时并没有把手机交上去，在坐过山车的时候使用手机拍照，边玩过山车边录像，后来被管理人员没收了，通过这件事我知道，如果你带着手机上过山车，手机很可能会掉下去，好几千买的也挺可惜的，再说有可能掉落的时候给别人带来生命危险。"这个孩子看到了这个图片之后，他的直观感受就是他讲的这个事情。

　　关于第二幅图片，一个孩子说："自行车的摆放变得整齐划一了，但是我认为这也不是一种好，因为这是需要他人帮助的，我摆的位置需要管理员来摆才摆得整齐，管理员不来摆，就像上一幅图那样杂乱无章，没有秩序了，这就像奴隶一样，你必须看着我，我才能干好。"这是孩子看了第二幅图的直观感受，他觉得这个也不是好的，觉得自己像奴隶一样受别人控制。

　　关于第三幅图的感受，一个孩子说："我觉得第三幅图处于自由、规则这两者中间，因为我觉得不能太极端、太自由、太有规矩，我觉得太有规矩和太自由都不好，处于它俩中间是那种很令人舒适的自由和规矩。"这是孩子的思考。另一个孩子说："我喜欢第三幅图片，因为第三幅图片是一种有限度的自由，而第一幅图片是将自己的自由建立在他人的不便之上的，第二幅图片需要有人看管，就是你看着我，我才能干好，我才能摆好。"这是孩子的理解。

　　看了这个图片之后，整个流程进入下一个阶段：讨论什么是"真正的自由"。之前是孩子在学习起点的时候对自由的认识。进入现在这个层次之后，就触及孩子对什么是"真正的自由"的理解。一个孩子说："如果每家都有台印钞机，每个人都有好几个亿，金钱就不值钱了，什么东西玩过几次就不喜欢了，必须离开它几次才会真正地爱它。比如说我有一个朋友去北京了，他暂时离开我，我见不到他，不是想见到就能见到的，我就会很想他。我的观点是真正的自由必须在得到束缚之后才会得到。"我觉得这个孩子的思考还是很有深度的。

　　于伟：

　　这是男孩吗？

卜庆刚：

是男孩。在董老师的课上，因为董老师对"儿童哲学"还不熟悉，这个孩子当时被董老师的话打断了，其实这个孩子会用很多例子去证明他表达的这个观点，但是老师不让说，孩子就不说了，老师给他压力了。

还有好多都是原生态的孩子的表达。另一个孩子说："我最不喜欢上课外班的时候，一上课外班我就特别想回家睡觉，如果每周的课外班中可以有一次回家睡觉，我的自由就实现了，吃一个东西，尝完鲜就可以了，千万不要吃恶心了，包括游戏，如果爸爸妈妈让你一直玩游戏，不让你上课，你也会觉得没意思，也会担心自己的前途。"这个孩子这节课始终在说课外班的问题，他对课外班是特别讨厌的。一说到课外班，老师就引导他说，那就天天在家睡觉吧，他说自己天天在家睡觉也不行，那是过度的自由。

还有一个孩子说："我觉得自由加规矩才是真正的自由。为什么中国有句话叫作'没有规矩，不成方圆'。这句话我是这么想的，如果现在我们没有要求，我们也是自由的。比如没有事情我可以睡觉，这个时候我可以自由支配，但是我天天睡会变成什么样子，天天打游戏、天天玩，将来自己就会沦落到自己养活不了自己的地步，这是一件很可怕的事情。"这孩子很现实，想的都是很现实、很具体的问题。

再看一个女孩，她比较感性，也是停留在原来的起点处。她说："我之前听过一首歌，歌词是'我像风一样自由'，风是没有人管束的，只有童话里才有风妈妈，风想飘去哪里就去哪里，想吹哪就吹哪，真正的自由像大草原上的野马一样没有人约束，想去哪里就去哪里。"这个孩子还是坚持这个观点，她就觉得真正的自由是这样。我印象特别深刻。

下面这个男孩反对她。他说："我不赞同王同学的观点。如果世界上的人都这么做的话，要警察干什么用，想偷钱就偷钱，想杀人就杀人。我觉得真正的自由就是自己要遵守这个规则，自己自由的时候，就主动遵守这个规则。"其实他接近我们这个课设计的目标，自己认识到那个规则之后，自己内心想去遵守。

另一个孩子说："自由不可以无限放大，自由有一定的限制，因为自由太大的话就会给别人带来一些不自由。比如说放图书，如果有人随意放图书的话，书柜会很乱，其他人如果想要归还图书，就没有地方放了。"这个孩子就想到了自由就是不给别人添麻烦，这个我觉得很了不起。

下面这个孩子说："我认为自由的限制就是不影响别人。我们应该学着自己去控制一下，自由是在绝对自由和遵守规则之间的，就是自己自由的情况下不要去打扰别人，不应该把自己的自由建立在别人的不便上。"这和前两位同学的观点应该是一致的。

刚刚涉及的是什么是真正的自由的层面，接下来进入联系具体生活的层面。

结合 2018 年 1 月 5 日的"女子扒门拦高铁"的事情，从自由的层面展望法治和规则的层面，不能一味地讨论自由，因为自由与规则分不开。老师放一段视频，视频内容是这个妇女撑着高铁门，不让高铁发车，直到她丈夫上车。当时老师是这样描述的："这名女子为什么要拦高铁，她的这个行为是不是她的自由？"有个孩子认识得非常清楚，他说："我感觉这算是她的自由，但是这个自由不是非常符合实际。"他的前半句和后半句都是经过思考的。从自然规律的角度来看，这个是她的自由，她想让她的丈夫上车。当时有个男孩在课堂上说："要是从个人角度考虑的话，这个女人一定非常爱她的丈夫。"大家可能觉得他考虑的问题的层面很可笑，其实这也是一个层面的自由。

一个女孩说："我感觉这也是她的自由，但是这个自由是非常不符合实际的。"这是社会意义的，不是生物意义上的自由。老师又说："她的这个自由有没有什么后果？"这个后果就涉及法治层面了。孩子说："她因为一个小小的事件产生很大的影响，她的自由应该有规矩，她不能这么渴望自由，这样的自由还不如规矩。"这个孩子对这个事情的理解是，要批判这个女人，觉得这个女人太过分了，但是他不会从认可自由这个角度来考虑。

　　这个孩子说："她太自私了，为了等一个人，延误了一车人的时间，可能其他人要赶高铁去比赛，因为她一个人耽误大家所有人的时间。"老师说："这名女子自由有点行使过度了吧？"老师的这个引导我觉得很好。孩子直接说："罚款和拘留。"这涉及法治层面：法治、规矩为什么这么限制？这个孩子是理解了。老师说："生活中我们应该怎样享受自由？"孩子说："是要适度，要规矩的自由。"老师说："自由是有边界的，如果越界可能会付出代价，这名女子为了满足自己一时的需求，超越了规则的界限，最后得到了法律上的处罚。"我觉得老师从道德和法治上去引导是很到位的。

　　这个课以前是有基础的，但是四月份的任务都特别紧凑，所以探讨不够深入。这完全是董老师和韩老师备课的，我没参与。她们自主备课、上课，上完之后就转录过来，但是我觉得效果还是很好。假如这个课再稍微"磨"一下会更好。因为老师对"儿童哲学"没有多少概念，我们计划在7号再上这两节课，把这个课稍微备一下，重点突出一下，我觉得会更好。这两位老师上得已经很好了，我有个建议，我觉得重点还应该放在"自由"和"规则"的核心讨论上。她俩现在按道德与法治的流程往下走，她们上这个课是非常熟练的。我们现在需要的是"儿童哲学"的内容，稍微往这靠一下，关于"自由"和"规则"的探索会更深入。

　　我想在7日之前，把课先备一下。我个人觉得，我们要是认同罗素说的对"一般问题"的探讨，就可以把核心放在"规则"和"自由"上。一部人类的文明史就是规则与自由的探索史。比如什么是真正的自由，假如这个展开了，孩子的讨论会非常丰富。让孩子说，不要打断他，现在的老师感觉孩子的发言稍微有点偏离课堂，就打断他，这样不妥。有个男孩说："我觉得这个女人一定非常爱她的丈夫。"其实那个孩子一直在思考，他其实没"跑题"，他说的是基于生物学意义上的自由。因此，把重点放开，可能效果会更好。以上就是我们几个人的探讨，开个头，抛砖引玉。

艾庆华(附小校长助理)：

我对今天的研讨也特别感兴趣。一位出色的语文老师曾研究过三年的"儿童哲学"，这对她改变很多。我看了她带给我的几本有关儿童哲学的书，因为受到一些启发和影响，我就在考虑用儿童哲学的思想解决语文学科的问题。比如语文学科中，我们在进行单元教学的时候，时常经历对话的过程，而对话的过程就出现了很多问题。尤其大家质疑的时候，我就必须要重视这个问题。

记得有一个家长说："上课的时候小孩汇报的东西，是不是在家写好的？"他说了这句话，我就一直在想这件事。所以我听课的时候，就格外关注这件事。学生独立完成学习卡片之后，学习成果都出来了，接下来就会有一个大家在小组里汇报的过程。于是就有家长质疑，学习卡片已经完成了，汇报的时候是不是就读学习卡片，读完以后，小组汇报就结束了。佐藤学教授说过："小组讨论汇报成果的过程是发表还是发展？"如果仅仅是单纯的发表的话，读一下就过去了。

所以儿童哲学里面特别强调对话。但是这个对话是发展的对话。这里面提了三点。

第一点，这个过程不仅仅是发表，发表之后要有生生、师生的交流。在对话的过程中要发挥三个功能。第一个功能就是不断地澄清概念；第二个功能就是解释自己的思考过程，因为独立学习的时候，每个人都会结出属于自己的思维的果实。在大家都有了自己的思维果实的时候，对话是干什么的？借由对话，在比较中丰富自己、修正自己，有时甚至是颠覆自己、重构自己的想法的过程。通过对话，实现自我更新、自我转变的学习。第三个功能是发展儿童逻辑推论。如果仅仅是发表的话，这三个功能就没法实现，因为学生仅仅是发表而已。

第二点，每个人都有自己的思考过程。但是如果上课的时候，老师仅仅让学生把学习的结果说出来，学习是不可能发生的，这还停留在自己的个别认识上。因为每个学生的思考过程、思维运作的过程非常多元，也是非常复杂的，那是他学习经验的轨迹。儿童哲学要引起儿童的认知冲突。李普曼的书中全都是故事，故事里面都是爱思考的小孩，这些爱思考的小孩在每个故事中都思考一个特殊的问题，每个故事的每个问题都特别集中。故事写完之后，李普曼会给上儿童哲学课的老师和小孩展示这个孩子的思考过程。

第三点，在多元的、原生态的思考上，再提炼出核心的东西，引发学生的共同思考。有的学生的思考过程特别值得放大，因为很有意义，值得"放声思考"。

我愿意向会思考的人学习怎样思考，我翻看过很多于伟校长看过的书，大体能感受到他是怎么思考的。我翻看于校长读过的《老子》，发现于校长连序都看了，其间夹了很多批注。通过这个过程，就能看出于校长是怎么读书的。

刚刚在课堂上看了学生的对话，里面有很多学生思考的过程值得学习，要"放大"，让别人知道并且思考他们的思考过程。有很多学生把观点亮出来了，其他学生或者是同意，或者是不同意，但是我们看到，每个学生的理由是不一样的。刚刚有个学生说"她爱她丈夫"，拼死也要把它拦下来。这个是自由还是规则，大家的观点不一样。虽然几个学生都觉得"她做得对"，但是仔细听下去，这几个学生关于"对"的理由是不一样的。有的孩子说是因为爱她丈夫要拦下来，所以觉得她做得对。有很多学生都觉得她做得不对，但是背后的理由又不一样。

所以受儿童哲学思想的启发，首先要让学生说观点，然后说理由，理由后面一定要再举一个例子来说明。因此教师要为儿童澄清概念，有的时候这个理由和观点都很清楚，但是大家不知道为什么会有这样的观点，必须要用例子来支撑。在整个过程当中，图片和事例都能够引发学生的思考。但是，还不能够仅仅停留在思考过程当中，后续的就是别人怎么透过他的思考学他的思考，最后回归到这个主题，慢慢地澄清概念。

卜庆刚：

如果按照艾助理的想法，其实有一个孩子的发言是比较理想的：家

264

里边有印钞机，每个人都有好几亿元。后来他结合自己的经历，比如，他说他朋友到北京去，离开他了，他才会相信。我觉得孩子这种发言的模式应该是有点这个意思了。

艾庆华：

有一些孩子思考问题的模式已经有了自己的观点，我们在这个基础上已经在研发。小孩对此同意或者不同意，同意的小孩是一类，不同意的小孩又是一类，然后同意的小孩可以和不同意的小孩不断地交流。

卜庆刚：

这个女孩说听过一首歌《像风一样自由》，其实她还是停留在上一个层面，然后另一个孩子反对她，其实老师应该引导一下，对这个女孩的发展要有触动，否则她对这个问题的认识没有提升，因此需要深入地交流。小孩经常有这种认知的冲突，然后用姓名签来表现这种冲突，中间的是属于态度折中的，左边的是同意的，右边是不同意的。在表明自己的观点的时候，就把自己的姓名签放到对应位置，这个时候学生的观点大家一看就明白了。但是背后的理由就不一样了，教师允许学生在听了别人的想法之后对自己的位置做出改变，学生可以显示出自己的变化。有个小孩说自由要像风一样，他最后可能听了别人的想法之后又有改变。这样就能够将孩子的发展与变化可视化。

孙劼（东北师范大学中信实验学校语文组组长）：

给我特别大触动的是，学生是一点一点地移动，而不是直接得出结果的。学生认知的变化都是一点一点沉淀的，而不是说直接变化，这个方法很实用，其实到最后就是所谓知情意行中的"行"了。

于伟：

刚才附小团队讲了，你们从研究生的角度也来谈一谈，今天我们是头脑风暴，谈谈你们的想法、建议、思考。

国宁（东北师范大学教育学部研究生）：

这节课的教学目标除了在思维上有锻炼，是不是还有一种目标是将学生这种规则的意识运用到以后的生活中。当然这种运用不是建立在机械的说教的基础上，而是在此过程中学生能够有所反思，在意识观念上发生切实的改变。关于规则或道德行为，不能让他们仅仅是以一个旁观者的身份看别人怎么做，而没有从他自己的角度去思考规则对他来说到底意味着什么，因为我觉得关于规则最难的就是"慎独"，如果让他们自己去反思一下，他们在生活中有没有做过什么不尊重规则的事情，并思考自己为什么会这样做，进而通过教师的引导让他们明白为什么需要遵守规则，是不是更有助于他们理解规则并将规则运用到自己的生活中，使之成为自己的行为呢？

白倩（东北师范大学教育学部研究生）：

我说一说自己的理解，听了老师们介绍这个课，我就在思考授课的基础。目前授课基础是：老师认为学生对自由或者规则的理解有偏差，所以老师要把它引导到比较正确的方向上去。

我觉得这个授课的基础有其他可能。在授课之前老师调查了一些学生的观点，他们对规则的认识是这样的：不让干的事就是规则，想干什么就干什么就是自由。学生这样说，不一定代表他们不理解规则，而是有多种可能。目前我想到有三个可能的答案。第一个可能的答案是学生对规则的理解能力不够，或者是学生不能够正确地理解这个问题，前者是能力的问题，后者是价值判断问题。第二个可能的答案是学生所处的规则环境就是这样，他只是在现实地或很直接地反映出他身处的规则。比如，学生认为规则特别多就会特别烦；学生想做什么，别人都不让做，所以觉得规则就是处处受阻。在这种情况下，他所说的规则是什么，有没有进行价值判断？而我们想教给他们，自由应该是什么，规则应该是什么。在学生既有的认识和教师想教授的知识之间可能会有一个由自由到规则的引导，在这个基础上授课的话，我们可能需要事先反思学生现在所处的规则环境到底是怎样的。是不是我们现在给他们营造的规则环境，让他们产生"规则就是不让他们做什么事"的想法？总而言之，在授课之前反思学生所处的规则和自由的环境是必要的。第三个可能的答案是设想学生学习的规则和自由并不全是从老师这里学到的，他可能从他自己的生活中得到，或是他的爸爸妈妈和其他人传递给他的，在传递的过程中就造成了他对规则的误解，需要有一个从前科学概念到科学概念的转换。这个课应该是基于第一种答案的，即学生还不能正确地理解规则的含义。正确地理解规则是老师刚才说的四年级的学生应该有的核心的能力，所以我觉得如果我们的教师在课前考虑一下授课的基础，会更加深化这堂课对学生的影响。

孙劼：

首先我确认了一下，刚刚介绍的几个课堂实录里的孩子是我们班的，所以我作为班主任，作为语文老师有不一样的视角。我特意求证了一下，印钞机故事的讲述者是我们班的一个男孩，这个男孩经常会有自己的世界；另一个举手积极回答问题的是我们班的另一个男孩。所以刚才听到白倩说他前期所处的规则环境是什么样子的，我给大家做一个简要的介绍。我们班的规则有两个，说是班规也行，说是我的想法也行——读书多问几个为什么，做事常说一句我应该。我没有具体的规则要求，但是我们常常会这样说：这事儿该做吗？这就是我们班的前期规则环境。这么好的一堂课，孩子们能说出这么多深入抽象的和形而上的自由和规则的概念。他们在班级中出现具体的矛盾的时候该怎么做？举个最简单的例子，升旗的时候一个小孩在旁边唱歌，然后体育委员说："别唱了！"他还会不会唱？这个时候他有没有想到这堂课他所学到的自由和规则呢？他怎样进行从理论到实践的转换？我们在课堂上有没有后续的关注？这是我当时想到的一点。

其次就是我刚才看这堂课的时候，突然有一个很有意思的思考，因为我觉得这堂课跟语文学科中价值观的教育很相似，道德与法治和语文都有对价值观的讨论，所以我看到出示的这些例子的时候，我在想自由和需求之间有没有关系，然后我听所有的教师给的例子，都有一个这样的倾向，就是我们这堂课所讨论的自由最后都会受到惩罚，或者说它都会导致一个不好的结果，至少我们给的学材当中第一个自由——自行车没地方放就是如此，我能想象出来这堂课上班级的状况，因为我是这个

267

班的班主任，也是他们的授课老师，我能想象到当时会有几个很强势的同学，我对这样的学生做过统计，基本是 10 个到 15 个。我在想，他们对自由有没有不一样的认识，他们会不会在他人的言论导向之后，认为自由和规则其实有时候是矛盾的。当学生有一种自由的思考，当学生有一种异于他人的想法的时候，是不是最终就必定会受到惩罚？因为当一个人与大众的普遍认知不一样的时候，他往往就会受到惩罚。"独立之精神和自由之思想"还有没有存在的可能？这就是我的一些粗浅的想法，跟大家交流一下。

卜庆刚：

我补充一下，第一个自由的状态其实应该叫绝对的自由，是基于个人的绝对责任的。

孙劼：

我刚才就在反思我们生活当中可以想到的一些情景，是不是也是儿童能想到的。这个例子特别好，因为这个例子提到了一个微妙的东西——管理员就是你自己。但是在我们生活当中我能想象到的至少跟这堂课能联系到的自由，就是刚才说的高铁扒门的事情，她最后必然受到了惩罚，还有 2018 年 10 月 28 日重庆公交坠江的事，这些人在实现这种"自由"的时候，最后都必定遭遇惩罚。因此，一旦给学生提供这样的材料，是不是就会出现"规则就必然导致惩罚"的导向，会不会对我们班其余四分之三的同学有这样的导向？

艾庆华：

我想到一个反面的例子，课前有一个调查，问孩子们：你喜欢自由的还是喜欢有规则的生活？他们说喜欢自由，因为可以随心所欲，想干什么就干什么，但是有一个小男孩提出的想法挺特别的，他觉得因为我们每个人都能够拥有自由自在的生活，想做什么就做什么，所以我们才会有更丰富的想象力，才能有一些创造力，才能推动国家和社会的发展，他的意思就是说自由有好的一面，这个角度是很独特的。

孙劼：

知与行很难统一，我们在生活当中能不能搜索到这样的例子？孩子们之所以没有办法把所学到的东西迁移到自己的日常生活当中，是不是因为他们在生活当中找不到这样的例子？

卜庆刚：

我特别反对把道德与法治课的知情意和行为直接关联起来。学生学习了道德与法治课里边的知、情、意，然后马上在实践当中，行为有一个及时的转变，这是不可能的事情。我始终坚持把知、情、意和后面的行分开，因为付诸行动是一个非常复杂的机制，你怎么选择，你的选择是道德的行为还是违法的行为，背后有非常复杂的机制，比如小时候的情感体验，你心里的阴影，包括心理创伤，等等，所以我个人不建议把德和行直接关联起来。

许适琳（东北师范大学教育学部研究生）：

我听了这堂课之后深受启发，也思考了一些问题。第一点，2011年3月18日，习近平总书记在思想政治理论课教师座谈会上发表了重要讲话，其中提出了办好思想政治理论课的"八个相统一"，要坚持政治性与学理性相统一、价值性与知识性相统一、建设性与批判性相统一、理论性与实践性相统一、统一性与多样性相统一、主导性与主体性相统一、灌输性与启发性相统一、显性教育与隐性教育相统一。通过老师刚才的讲授，我体会到老师在教学中，在一些方面就在落实这"八个相统一"，比如灌输性与启发性相统一的教学。如果能够和八个相统一更加紧密地结合，可能会对整个教学过程有更大的提升。

第二点，个人在现实中的生命体验，对于小学生学好道德与法治课是至关重要的，要比单一的灌输式教学更好，灌输式教学是一个中性概念，它不是指说教，它是指用理论和理性的内容和方式让学生明白一些道理，但是我们觉得个人生命的体验可能要比灌输性的教学更能让学生有一种亲身经历的感觉，所以个人生命体验对于实践的重要性就是对于思想政治理论课的重要性。从马克思主义理论出发，马克思主义的实践论观点就是通过实践达到从必然王国到自由王国的飞跃。

第三点，刚才老师讲到，教师归纳完，学生有一句话说自由是有边界的，只有自律才能获得自由，那么，老师能否引导学生思考自由的边界在哪里？学生进一步思考边界的问题就能体现思政课建设性和批判性的相统一。我个人认为这个边界就是"是否破坏他人的自由"。

周凡（东北师范大学教育学部研究生）：

我最近在看雅斯贝尔斯的著作，他一直提倡自由。但是他倡导的自由最直观的体现是在大学里面要让学生自由地追寻真理，这应该是一个正面的例子。但是怎么去引导小学生想这个事情可能是个问题。他提到，一方面要让学生有自由选择的权利，但是在选择之后，学生一定要在做选择之前考虑到行为的后果，要对自己的自由选择负责。小学生是可以想到这一点的，做什么之前要先想一想能不能对后果承担责任。

然后是关于自由的限度，我觉得规则跟自由的限度应该是有关系的，但是在这个规则之下，比如我跟一个同学吵架了，我可以做的事情就是生气不理他了，或者我在日记本里面写他的坏话，也不让别人知道，我宣泄出来就好了。这些是我可以选择做的事情，但是我不可以伤害他，这是一个规则。但是在这个规则之下，我还是有一些事情可以做的，可以去发泄自己的情绪，可以选择我能做的，这是规则之下的自由。可能在某个场景里我没有自由，可是在另外一个场景中，我是有自由的。可以让学生从横向和纵向去思考，这是我的一个想法。但是关于规则，老师刚才一直在说，孩子们也是觉得规则只是告诉我不能做什么，好像一直在限制我们。可不可以从正面引导他们，告诉他们应该怎么样，会不会比对他们说什么不能做听着更舒服一些，这是我的建议。

卜庆刚：

这其实跟孙劢说的那个问题是一致的，非常重要的一点就是不能把"自由"看成是一个坏的东西。其实"自由"也是中性的，如果前提讲不好的话，第一个场景就把它讲成坏东西，可能就会让孩子束缚了自己的想法，但其实有一些天马行空的想法是会带来一些好的结果的。创造确实是在这样的情况下产生的，选择很重要，在一些场合中突破一个限制有时候也有好的结果。

张聪（东北师范大学教育学部副教授）：

"没有调查就没有发言权。"今天听各位老师的表述和各位的交流之后，我也尝试着来谈谈自己的想法。我没有在附小听过这节课，但我在别的学校听了很多次。我想，这节课之所以被大家听，是因为这节课特别经典，它是小学道德与法治课的一个经典课程，讨论的空间很广，里边有很多东西和命题值得我们进一步深化。所以我觉得对于这样一个经典课题，要充分认识到它究竟体现了什么。我认为，自由与规则其实就是道德与法治。"德"是一个软性的力量，"法"是一个硬性的力量，所以说自由和规则总是有一个相互协调、相互制约的关系，也在很大程度上代表着道德与法治这门课的核心精神。

如果说这里面有一些从个别到一般、从抽象到具体的逻辑关系的话，那么规则的上位是法律，总的规则是法律，如何看待规则的问题也在某种意义上被理解为如何看待法律的问题。这里我们谈到"遵守规则"，其实就是遵守法律、遵守社会秩序的一种表现。同时，既然自由是有边界、有限制的，这里边还可以引申一下，小学自由教育也是有限度的，我们在这里可以谈得很深，但是真正在课堂实施的过程中未必能这样。初中二年级也有规则教育，高中一年级讲政治常识的时候也有关于"法律面前一律平等"的知识。所以规则教育、自由教育是贯穿于整个小学、初中、高中的，是一体化的，那么我们小学的这种规则与自由教育应该聚焦这个问题所体现出的学段性、模块化，聚焦于小学课堂，这才应该是我们谈论的一个问题。

我们今天说了很多东西，但最终落实到课堂当中，需要老师自己咀嚼一下。面对小学生，哪些东西可以说，哪些东西不能说或者说无法说？这里可能涉及几个问题。首先，如果图片本身不是儿童生活经历和真实生活场景当中的，学生会怀疑。所以我们可以换一种方式，或者说书上的图没有错，但是我们因地制宜，可以换一种学生生活场景中的图片来呈现。因为生活中很多这样的场景就是我们附小孩子身边的事情，这样更具有说服力，所以现在有很多这样的规则教育活动可以去做。其次，古代人认为心脏主管人的思想，所以竖心代表人的心理和思想。规则是建构出来的，本身能不能被执行，是否符合规律？规则的本质是规律问题。客观事实和规律要求，我们制定的规则只有在符合规律时，才能被遵守，被执行；如果规则本身不符合规律，它是有违于人性的，有违规律的规则就不应该被遵守。所以我们不仅要反思自由，还要反思规则本身。不要一味地遵守规则，因为遵守规则的极端就是墨守成规。一旦墨守成规，孩子就会简单地认为，凡事的规则都应该被遵守。但刚才大家讨论这些规则存在之前现实是什么样的，规则一定是良性的吗？这堂课如果再引申一点，可以让学生去找一找身边的规则、班级中的规则、家庭的规则，让学生列一列，列的同时学生可以思考，这样可以加深学生哲学思考的能力。

与此同时，规则是有类型的，有大规则、小规则，有显性的规则、隐性的规则，有建构性的规则、自然性的规则，有建设性的规则、破坏性的规则，有正面的规则、反面的规则，等等。如果我们既说小的，又说大的，既说细微的，又说宏观的，有的时候糅合在一起不好说，不好说的时候就不容易解释清楚。这个孩子说得很细，那个孩子说得很笼统，就很容易造成误解，对自由的分析也是这样。

进一步来说，要让孩子认识到生活中的规则也是动态的，也是始终处于调整中的。我们要做的事情就是要反思规则，反思自由，我们既要遵守它，但也不是一味地墨守成规。在智能时代，停车的时候，比如共享单车是没有管理员的，真正的管理是我们去扫码，去解锁的时候。在无人工的时候，我们怎么聚焦规则的呈现？怎样去理解这其中所隐含的规则？学生在校园里的时候，有的学生会很乖巧，因为有规则存在；在班级上课的时候不说话了，这是规则。课堂也有规则，它是人为建构出来的，所以我们要反思一下生活中有哪些东西呈现出规则，反思它所具有的合理性和合法性，也可以让学生去反思一些问题。

这节课还应该聚焦一个词就是"核心素养"。我们之所以说自由和规则的问题，因为自由本身是天性的问题，能不能遵守规则可能和个体有关系，但是我们还要着眼于培养学生的社会性，所以在《中国学生发展核心素养》中有一条就是"社会参与"的问题。"社会参与"下面有两个子概念，就是"责任担当"和"实践创新"。从"责任担当"的角度来看，我们应该遵守社会的规则，因为这里面隐含着我们对社会的敬畏和参与、管理、自制的能力，在"实践创新"里我们还要反思和建构一些新的规则，并且能够突破以前的陈规陋习，这样可能会更深入一些。

当然，这些不可能完全在一节课 40 分钟内呈现出来，但是对于教者而言，要心中有数。只有这样，我们的呈现、反思才能再往前进一步，这样的一堂课才会更加凸显儿童哲学本身的味道。当然，上好一堂自由与规则的课，还是比较难的。所以我觉得附小的授课老师都是专家，能够上好具有如此深度的课。刚才大家说的很多东西，包括学生呈现的这些话语都不是一般的思考，都是比较深刻的。尤其对小学中年级的学生来说，这类课是一个很好的人生起点，而不仅仅是学习的起点。从这样一个人生的战略来看，真的如同习近平总书记所说的"系好人生第一粒扣子"。

高晓文（东北师范大学教育学部副教授）：

第一，第一幅图会产生一个误解，混乱或者没有秩序的状况。而第二幅图可能又会带来另外一个误解，就是把规则等同于管理。实际上这个规则是建构的，它不一定是一个外在的管理。管制主义的规则，也是需要反思的。

第二，我刚才听汇报时，发现讨论什么是规则或者什么是自由的时候，可能还是比较偏重结果取向，即如果不遵守规则的话，会带来什么不好的结果，或说过度的自由会带来什么不好的结果。这个可能偏离了我们一开始设计这个课的教学目标和初衷。这就是我们参与研讨的一个直观的感觉。

于伟：

他们提的一些思考，我们有什么回应？

韩玉琢：

素材这块我们可以再丰富一下，再贴近儿童一些，不要让孩子感觉离他们的生活远了。我觉得刚才提到共享单车跟第三幅图的情境非常像，我们需要多联系一下实际。刚才艾助理给我们提了非常好的建议，学生在探讨的过程当中，我们可以介入一种方法，就是可以用姓名贴的方式——当学生有观点进行表述的时候，在课堂上可以运用一下这种方法，比如谁是中立的，谁是同意的，谁是不同意的，这样可以把我们讨论的过程引发到更深层次，能把学生之间的对话的这种样态在课堂上呈现出来，这个思考就更深了。

韩美琳：

刚才各位老师也都提到了，应该让孩子们多维地了解自由和规则。规则能保证自由的实现，但一味服从规则会抑制创新，创新思维需要打破常规，突破一些限制。对于规则的维度，本节课没有考虑得特别多，而是侧重让学生知道有限度的自由，有规则的行动。在这方面我觉得应该再多结合一些生活中的例子，多角度地去看待自由和规则。当学生发表想法的时候，不能仅停留在思考的层面上，还应该让学生们有一个反思的过程。通过师生对话、生生讨论，有一个提升和发展。通过从个别到一般的归纳总结，让学生明白什么是真正的自由，自由是有边界的，而不应该只停留在学生原生态的思考上。让学生能明白这个课的核心、重点在于自由的边界。规则规定了自由的边界，如果我们超过了规则的限度，有可能会给我们生活带来不好的影响。当然如果我们能自觉地遵守规则，我们可能获得更多的自由。

卜庆刚：

刚才听大家说完之后，我记住了很多关键词。这个课突然给我打开了更广阔的视野，影响我对这个问题的思考。

第一个是"发展"，孩子提出了这么多元的观点，但是我们很少考虑发展的问题，孩子在这个课上经历了讨论，不管他们在"行"上做到了什么，在听完课之后，他们能达到多高的高度是我很少考虑的，所以很受启发。

第二个是孙劼和周凡都提到了关于自由的认识，尤其是关于第一幅图的认识，以前制高点的高度仅仅是一米二，现在可能一下能摸到两米。我以前觉得绝对的自由是不好的事，甚至是坏的，研讨给我带来一些颠覆性的认识，比如说自由在什么范围、限度之内。

这个课是非常经典的，但是我们怎么跳出来去思考这个问题是很关键的，我们自己在这个范围之内研究，希望能超越经典，不被束缚了手脚。其实这个课的重点不仅仅是"自由"，还应兼顾"规则""自律"。对于规则的认识可以划分为很多层面、很多角度，学生不一定落到什么层面，需要老师的引导。规则是建构的，至少认识到在遵守秩序与服从管理的层面，在大家认同的规则与制度下，你要求我做什么，我就做什么。还有关于"自由""自律"的角度也和"规则"结合了起来。这些对我们的理念也是一种颠覆。我之前认为法律，包括孩子生活当中的一些规则，更大意义上可能是管制，从孩子建构的角度想得很少。所以今天特别受启发，深入深出容易，深入浅出不容易，尤其在小学范围之内，关于自由的限度的问题，要给学生讲到什么程度是我一直思考的问题。刚才我们探讨了老师备课就像长流水，能流多远、流多深是个问题，将教给孩子的内容把握到什么分寸同样需要深思。自由是不是更容易产生一些坏的结果？国标教材也有它设计的道理，所以我们还要研究这个教材。

韩玉琢：

这个课我们可以上得开放性再大一些，思维和讨论深入一些、放开一些，推动学生不断评价、思辨和推理。

卜庆刚：

正如艾助理说的，孩子之间的对话，应再多一些。其实我也在思考儿童哲学，它可能也会改变老师上课的理念。比如不打断孩子，无论那个孩子是什么状态，你要让他把话说完。如果孩子说得不对，先让他通过对话去矫正，最后老师再引导。所以，我们再继续去完善这个课。

韩玉琢：

我们把自己先武装起来，这些理论再深入一点去思考。

于伟：

今天是一个"高峰论坛"，不拘泥于规模、形式。老师把一节课上成了实验课，是很可贵的。今天听了几十分钟，各位对这几节课怎么来的，怎么讲的，怎么想的，是比较清楚的。即使没有身临其境，大家对主要的环节也都清楚。

刚才大家都谈了非常好的想法，我很受启发。

第一句话，"道德与法治课不好讲"。我在大学讲的第一门课就是思想品德课，我参加过教材编写，知道这门课的定位，备课难度在哪里，讲课难度在哪里，尴尬处在哪里。难在哪里呢？数学课也难，但它主要是知识层面的、事实层面的。道德与法治课，比如这节课，让大家知道什么是自由，什么是规则或规矩，不遵守规则、不懂得自律会有什么结果，这些要说清楚、讲明白，是一级难。更难的是价值判断。什么样的自由是我们要的？什么样的规则是我们追求的？也就是说，道德与法治课不仅是事实层面的课，更是涉及价值与选择的课。而且我们的教学不是在真空里，而是在社会环境、家庭环境发生巨大变革的时代。孩子们在进课堂之前，有几年时间接触家庭、社会。他们有不同的家长、不同经历，有不同的价值观和知识储备。所以，讲好道德与法治课比讲好数学、语文课更不容易。

第二句话，"冰山一角"。我们今天探讨的一多半问题，都是冰山下边的问题。我们今天探讨得比较深入，包括探讨到思想自由，在小学三年级适不适合讲真是个问题，但这是老师讨论的，不是孩子讨论的。我们要清楚，附小老师和其他学校老师不一样，我们不仅根据课标讲、根据教参讲、根据教材讲。之所以说我们的教学是有根源的教学，就是因为我们附小的教学并不满足于课标和教材，不单单是教教材，还要深入地思考，但是呈现出来的只是一点。所以说我们今天看到的只是冰山一角，但是我们探讨的好多都是冰山下的东西，课堂中的导向怎么样取决于冰山下边有多少。今天韩老师提出的这三句话是对的：自由不等于随心所欲；自由是有边界的；自律才有自由。这三点是清晰的，孩子们可以接受。所以从这个方面可以看出，做一个优秀的道德与法治课老师不容易。附小的道德与法治课有基础，韩老师是东北师大毕业的研究生，有深厚的基础，而且我是义务教育道德与法治课程标准修订专家组的成员，卜老师和韩老师都参加了课标修订的调研工作。附小做得比较扎实，调研报告我们也参与了起草。我们清楚国家标准怎么修，教材怎么编，至少我们和国家的想法是同步的，这都属于冰山下面的内容。

第三句话，"发表不等于发展"。小艾提醒得非常好。原来我也没有清晰的认识，附小的团队很细致。发表不等于发展，关键在于通过什么发展。今天我们探讨的一个重要的词是儿童哲学。它不光是一个概念，它还是一个动词，是我们通过什么样的表达和行动促进孩子发展。儿童哲学里面的核心精神是苏格拉底法。韩老师和董老师的课下一步还可以深入探索，因为孩子们有想法。东北师大和附小的优势不仅在于我们对世界儿童教育发展趋势的及时把握，也在于我们的课能把世界教育前沿的思想与探索迅速吸收转化，如体现儿童哲学的一些核心理念，让孩子们在安全的环境里敞开心扉地表达。像自由规则这样的事情不是一个人的事情，一个人无所谓自由不自由，也无所谓规则不规则，两个人以上就涉及自由与规则。所以这个问题适合共同探讨，适合让学生发表意见。这门课要创造一个安全的环境，否则我们得到的孩子们的表达未必真实，学生把真实想法表达出来，这本身就是发展。如果能针对真实想法进行交流又是发展。无论是师生之间，还是生生之间都是如此。所以儿童哲学看起来抽象，核心是：有没有安全的环境让他们自由表达？他们能不能倾听别人的话？老师能不能在某些环节上呈现什么材料，适时引导一下？老师不是唯我独尊，所以在目前的情况下，小学生能够呈现一些比较丰富的思考和观点，这本身就是一种发展。如果都是呼应老师说的，或者不说话，这样的课就是一般的课。我们的这几节课起码是思考的课，体现了儿童哲学的精神。儿童哲学最重要的是思考和推理，自由地思考，自由地推理，没有这两条就不叫儿童哲学了，只能叫儿童服从，所以发表不等于发展。如果是事先准备好稿子念，就只能叫发表，如果没有互动和交流，也不叫发展。学生要发展，需要积极回应，回应本身就是一种尊重，倾听也是尊重，积极的甚至带有评论性质的不同意见的交流，说明学生是用心想的。老师仅仅是夸奖还不行，还得提出真知灼见。有真知灼见不容易，能当面发表出来更不容易，这需要学生感到安全和没有担忧。体现儿童哲学精神的发展才是真发展。

艾助理刚才提到了一句话，李普曼也反复强调：引发认知冲突。为什么教学要创设情境？这里边还有老子的精神，老师要示弱，老师首先不能强势，但是课堂基本都在老师的掌控中，这和传统的不一样。能讲能表演，现在看来也是好老师的标准之一，但不是绝对标准。老师都讲了孩子们还能讲什么呢？这体现了一个教学观念的变化。这个课为什么经典？自由本身就是有差异的，而且孩子们也有差异，不仅有生活背景的差异，也有认知水平的差异，还有看问题角度的差异，他们之间会有意义上的冲突，遇到困境就得想办法。这节课还有进一步探索的空间，如果第一堂课就上得完美了或者是准备太充分了就虚假了。现在看孩子们画的画，一看就知道家长有没有动手，我大概能看出来这节课是不是事先准备好的。所以好课不应该求完美，求完美的课就没有思想自由了，自由就意味着允许偶然存在，人世间不都是绝对的，总会有偶然性存在，特别是孩子。今天大家都贡献了智慧，通过这次研讨，大家能感受到我们提倡儿童哲学不是为了增加老师的负担，儿童哲学的精神拿进去了，我们的教学可能就会深入一个层面。我们这门课的一个深层目标就是能不能激发学生思考，提出思想深处的相应问题，如自由问题、法治问题等。这很重要，学生在课堂上不仅仅是记忆和被动地接受。这门课能看出我们的率性教学追求，就是让孩子们思考，让孩子们主动积极去学。

今天是我们这两个团队在一起进行交流，以后我们还可以这样交流，今天我们比较深入地探讨儿童哲学和学科的教育。儿童哲学有通行的做法，我们可以有我们自己的探索，只要不违背儿童哲学基本精神就可以，附小的做法是把儿童哲学的精神渗透在学科教学中，渗透在每一节课当中，而不是开一门课叫儿童哲学或者儿童逻辑。我们要进一步阐述附小的想法：为什么这么做？我们怎么做？我们下一步还想怎么探索？这不仅仅是概念层面的，而且是行动当中的。

卜庆刚：

我设想现场可以有一个引题的环节，比如说上课发言的时候，老师说今天我们讨论什么？一般同学都会举手发言，这是一种规则。老师先把这个环节设置改变一下，说今天大家自由地说，发表自己的看法，然后大家不需要举手，老师也不作声，让大家体会这种自由式的发言是什么样的。科尔伯格也有相关的研究，还有调查报告或者调查分析。所以我们的研究对中国的学科建设，包括伦理学和德育都有影响。

张聪（东北师范大学教育学部副教授）：

前面老师的总结和深化非常好，课堂的活动设计可以再细致一些，课堂的小结和课后的作业布置，可以往前推进一步。孩子不一定能够想到那么多，但是我们退一步的时候，还可以再做一些可为的东西，在冰山之上我们能够把冰山雕刻出来，因为这是一堂非常经典的课，很多人呈现的都是不同的视角，不同的深度，但是没有一个是绝对好的，因为里面会有很多个性化的东西，所以我觉得还可以在活动设计上往前推动，比如从天性、个性、社会性等维度，比如自由和规则。人的天性可能不是生下来就守规则的，可能自由更偏向于天性一些，但是学生走上社会的时候是要逐渐走向规则，在规则过程当中来建构出自己的人生。

于伟：

自由和规则，我们要往深挖掘，有基因和经验的基础。我们现在能够遵守规则，能享有自由，这里面也是多少万年进化的结果。现在国外有一些学者也在探讨，比如合作，不仅从伦理学角度来研究，甚至从博弈论，从基因的角度研究，研究很深入。但是我们不一定呈现，我们深入思考的想法可能会影响我们怎么呈现，所以自由和规则是小学课程的重头戏，将来这样的课也可以做单元开发，我们要解放思想，探索一下。对我们来说，老师怎么讲是一方面，孩子们怎么想是另一方面，从国内学术界来看是这样。皮亚杰的《儿童的道德判断》给我们启发很大，他对儿童的研究很深刻。像皮亚杰这样原生态呈现的研究比较少，现在数据统计多，临床研究比较少。皮亚杰的理论对我们来说有教研价值，还有学术研究价值。

张聪：

刚才艾老师和在座老师提到的都是深入课堂所做的思考，是在一定的框架下或者理念之下所做的思考。

于伟：

我们就在附小，和老师以及优秀的团队在一起，扎扎实实地做。所以大家也能看到，我们最近做了两次交流，以后争取做到一个月一两次在一起深入交流。听课、交流是我们的优势。叶澜老师的优势是去很多学校进行研究，我们的优势是在一个学校1000多天不动摇，一直坚持下去。

卜庆刚：

我想到了三个词。第一个是"研究方法"。我一直在学校的教研部门，以前我觉得一线教师研究问题的时候，对于调查法、问卷法等实验方法，虽然也能做，但是达到说做就能做的水平也不容易。于校长来了以后提出了原生态的研究方法，最近几年我也一直都在关注，我到了学科之后，更加鼓励大家不论什么学科都要采取这种方法。这种方法主要就是课堂实录，把实录转录过来之后，再细致分析，这就好比用显微镜观察课堂，我认为这种方法可以成为主流的教科研的方法，因为这是每个老师都能操作的。像问卷调查法，涉及问卷设计、数据统计分析，老师们运用起来可能相对困难。我想大家都会有这种感觉，就是听转录的时候可能会感觉：我的课是这样上的吗？学生们当时的回答那么好吗？

老师自己熟练了之后，对孩子们的一些话可能就麻木了，但是转录过来之后，会发现孩子带给我们的感受是完全不一样的。

第二个是"团队融合"。我今天切身体会到了团队合作带来的好处。在参加研讨之前，我对这个课的呈现是很自信的，而实际上今天听大家交流了之后，我发现每个人都会从个人的角度去看待同一个问题，有各自的道理，有利于我们对问题的深入挖掘。我之前非常坚持自己的角度，认为自己是对的，今天交流了之后我深刻体会到每个问题都是很多面的。我们的团队有理论研究领域的学者，也有一线教师，其实我们一线教师需要理论基础，这种融合是本土化理论生长的一个很好的土壤。

第三个词是"归纳"。我们以前道德与法治学科探索的基础可以说就是"归纳"，上课之前要先有"情境"，先不要把"自由"和"规则"直接呈现在黑板上。因为教师一旦把关键词呈现在黑板上，孩子们就"接收了暗示"：这节课老师就是让我们讨论"自由"和"规则"。为了不犯错，孩子们的讨论可能就会紧紧围绕着两个关键词展开。但是按照我们"有过程的归纳教学"的要求，这个过程是不能出现的，因为这等于直接给出了结果和答案，孩子们为了得到老师认可，就会揣摩怎样的答案会合老师心意。就好比课前给大家呈现的那个案例，题目是"心灵的管理员"，这个题目读起来就很中性，同时三幅图为孩子们提供了情境。后来在多元的讨论、对话里面，老师让孩子们自己总结出"自由"是什么、"规则"是什么，然后"自由"和"规则"的关系是什么，真正的"自由"是什么。这节课就把归纳做得非常典型。所以我们现在的教学，虽然也应用了归纳，但是演绎的比重可能更多。我们在这方面的探索还有很大的空间。

于伟：

刚才卜庆刚的发言让我想到了一个词——陌生感。理论就是让人们对原本感觉很熟悉的事情忽然产生陌生感，这是反思的重要基础，给人一种蓦然回首的感觉——原来我们习以为常的事情还有这样的价值。课堂实录的整理反思，就会让我们更珍惜孩子的语言。

卜庆刚：

确实，在课堂上我们很少产生这种"陌生感"，而继续揣摩孩子们的发言时，才会有不一样的感觉。

于伟：

课堂实录的价值就在于"原生态"。只要我们有足够的检索本领，就都可以看到文献，但是想要接触原生态的课堂是会受到各种限制的，毕竟课堂不是随便就能进入的，并且我们看到的也并不一定都是真实的。"知"和"行"不是那么容易统一的，尤其从"知"到"行"的过程，知道不一定就能办到。

第一个阶段是"观察渗透理论"，我们要做细致的研究，一个单元一个单元地跟进。第二阶段是理论指导原生态研究。我们已经进入了深度研究的阶段，原生态深度融合不是表面的文章、经验介绍，也不是表面的概括。我们要深入某个学科、某节课、某个老师。我们不仅可以呈现文字，还可以呈现视频；我们不只是挑毛病，更要知道视频中的动作、话语背后反映出的东西。

梁力元（东北师范大学教育学部研究生）：

通过艾老师刚才讲的"发展"以及于老师刚提到的"观察渗透理论"，结合今天的题目"心灵的管理员"，我在想，我们在设计这个课的时候，可不可以让学生真正地回归到现实情境中，比如"共享单车"，可不可以给每个班都留一个作业，让孩子们都观察这一个事儿，也可以采用拍照的方式，让孩子们自己呈现。我相信在这个过程中孩子们会有自己的感受，就不用我们一步一步找这些资料了，不然孩子们没有真实的想法。就像刚才孙劼师兄说的那样，有 30 多个孩子没有想法，因为他们看到的是老师给的例子，他们也知道怎样是对的，怎样是不对的，但是他们并没有切身体会。我想老师可以尽量为他们提供这样一个真实的情境，让他们自己去做。老师可以说："同学们，我们都是心灵的管理员，我们自己去观察、拍照，然后把自己的感受带到课堂上来分享。"这样进行会不会更好一点呢？这样，孩子既能发表，也能发展，而且是作为一个研究者的身份参与观察的。

卜庆刚：

我们做单元设计的时候还要再整体考虑一下，怎样去设计这个单元。

于伟：

我们今年重点要考虑"小科"，包括"道德与法治"的单元开发。语文学科在这方面有了很多探索，比如作文环节，我们用了"观察蜗牛"的方式。我们看的散文是朱自清写的，是老舍写的，孩子们看了，能背下来，不一定能模仿出来。比如《三峡之秋》，人们去了三峡也不一定能写出来，何况那么多人没去过。教学在这个过程里就要搭"脚手架"，搭"梯子"了，我们让孩子养蜗牛，观察十回，观察一回孩子可能只能写两三句话，观察十回可能就写出六句话了，合在一起，就是一篇不错的文章了。孩子们知道如何写作，就是从观察开始的。

这几节课上我们也有"搭脚手架"的意义，比如"自由"是很抽象的概念，"规则"虽然相对"自由"而言是具体的，但也很抽象。如何能让"规则"和"自由"离孩子更近，让孩子能够触景生情，想到"自由"和"规则"？刚才梁力元提到的方式特别好，其他课也可以这样做，这样我们转移的幅度就更大了，慢慢就脱离了我们过去习惯的教学样态和方式，真正做到"有过程的归纳教学"——让孩子们真正走进生活情境，去思考、提炼。其实每个孩子的回答和观察都是小局部，但是集腋成裘，很多局部加起来就是一个相对完整的整体。这就是相对过去的进步。

韩玉琢：

刚才梁力元提到的这一点，给这个课找到了很好的代入感，不然我们直接从"自由""规则"引入可能相对生硬。

卜庆刚：

梁力元提到的那一点我之前做博士论文时也做了。我当时感受很直观，我在六年级试过"搭脚手架"的课。当时整个年级都有悠悠球大赛，这里就涉及"自由"和"规则"。因为我们玩悠悠球的时候孩子要来回甩，有的时候就会打到别人，尤其自己高兴的时候，可能不小心会把别的孩子打哭了，老师每天都会处理类似的纠纷。

当时有个班主任为了处理这个问题就选择"一刀切"，所有人都只能在家里练习，准备比赛，不允许把悠悠球带到班级里，因为涉及安全问题。但即使用这种管制式的规则去禁止，孩子们还是会忍不住偷着带，老师只能看到了就没收，但是仍然没有太好的效果。

后来这个班主任就来找我，问我有没有什么好办法，我一看，不就是我这节课嘛，我就拿这节课去班级里讲了，用悠悠球代表的"个人自由"切入，然后针对"悠悠球怎样使用"来制定班规结束。孩子们最后制定出来的班规特别细致，包括用多少钱的线，因为有人买得太贵了，别人买不起，这就属于影响到别人的自由了。所以孩子们最后协商的结果是，买线要买 20 块钱以内的，球买 100 块钱以内的，这样才算公平。最后孩子们形成了班级公约贴在墙上，这就是孩子们自己体验到的规则，老师们也不需要一刀切来处理这件事情了。这大概是"建构性的规则"。

韩玉琢：

今天的交流让我特别有感触，今天我们谈到在一线教学就像临床经验一样，需要不断积累和研磨。孩子们平时的发言，我们看得多了、听得多了，如果不是有这样一个机会把实录整理出来，很多类似的闪光点可能就捕捉不到了，因为一堂课上老师还要关注授课内容以及把控整节课的节奏。今天头脑风暴式的讨论，对我们的帮助特别大，我们以后如果能经常用这种研究式的视角看待教学，一定会发现很多"冰山"下的东西，这些理论性的东西对我们老师来说是需要学习和补充的。儿童哲学和学科的结合，可以为我们的学科开发提供很多新的思路。我们可以一边实践，一遍看书上的理论，然后把它们再运用到平时教学中，这对我们的提升可能和过去单纯讲课是不一样的了，可能就比过去我们自己私下反思帮助要更大一些。其实很多理论并不是高深到我们不能触及，我们还是可以从学生中来，到学生中去的，但是理论运用的灵活性和技巧，需要我们老师去深入思考。

艾庆华：

最开始我也感觉，备课就是我带着大家一起备就可以了，但是人多了之后，我们才感受到了这种思想的激荡。实践和理论结合，相互打开视野的过程，是非常重要的。其实我们有很多想法是基于经验的，很需要有人从理论的高度去点拨和提升，但是这样的机会太少、太宝贵了。

韩美琳：

感谢各位老师给我的建议，我很受启发，我最开始设计教学的时候，也一直在构思怎样创设一种情景能让孩子们有代入感，同时把"规则"和"自由"联系起来。今天我找到了答案，根据校长说的"观察渗透理论"，我想应该让学生亲自从生活中寻找答案，这样他们才能够真正理解这个事情，并且能够有思考，有真实的感受。孩子们通过观察，分享生活中的所见所闻，来发表观点，进行对话讨论，他们能更主动地参与到学习中。学生们既发表了也得到了发展。如果被动接受老师给的例子和观点，效果可能并不是那么好。今天的交流可以说是颠覆了我的想法，我想应该重新设计一下，我有一个更开阔的思路了。另外，艾助理提到了"发展性"的观点，引发学生思考，但不能仅停留在思考上，发表不等同于发展，我们更应该关注他们能力的提升，谢谢大家！

2019 年 5 月 3 日

后 记

　　本书从筹划到成书共历时两年半。几年来，我一遍遍地回顾自己的学术生涯，发现这些年的经历恰如"在林中路上"。林中有歧路，虽同处一林却各自延展，仿佛彼此相类却不能同归。唯有用心的林业工和护林人才识得这些路，懂得什么叫"在林中路上"。在附小的近八年时间里，我的这种体会尤其强烈。这也是本书创作的初衷——给教育理论界和同行提供一个真实的理论与实践碰撞的个案。本书在访谈录的基础上加工而成。我们团队前后对我共进行了 12 次访谈，包括半结构化访谈、追访以及针对某一问题的集中访谈。访谈共形成了 20 余万字。我们对这些文字进行了分析、处理，并回忆和添加了一些典型事例。我力图翔实、生动地展示自己从一名书斋中的教授向一名"田野"中的校长的转变，全面回顾"率性教育"理论在东北师范大学附属小学的创生和成长。我的这些经历如果能给各位"护林人"提供批判分析的靶子，那么本书的目的也就达到了。成书过程中有不少同行和朋友提供了意见，在此特意表示感谢。同时，我还要感谢附小教师团队的王艳玲、脱中菲、卜庆刚、王俊杰、张瀛、张艳红、刘丹、马薇然、郝瑞等为本书付出的辛勤劳动，感谢师门的各位学生为本书做大量的工作，他们是高晓文、张聪、白倩、周丽丽、李政林、国宁、赵小雪、黄绮莉、张志慧、苏慧丽、邓阁钢、刘爽、尹璐。感谢东北师

范大学档案馆提供的帮助。最后感谢北京师范大学出版集团出版本
书，让我的经历得以和大家见面。感谢编辑对本书的校订和润色。此
外，本书是从我个人视角经验的有感而发，难免有疏漏浅薄之处，还
请海内外方家不吝赐教。

于伟

2020 年 3 月 1 日

于东北师范大学附属小学教研工作坊